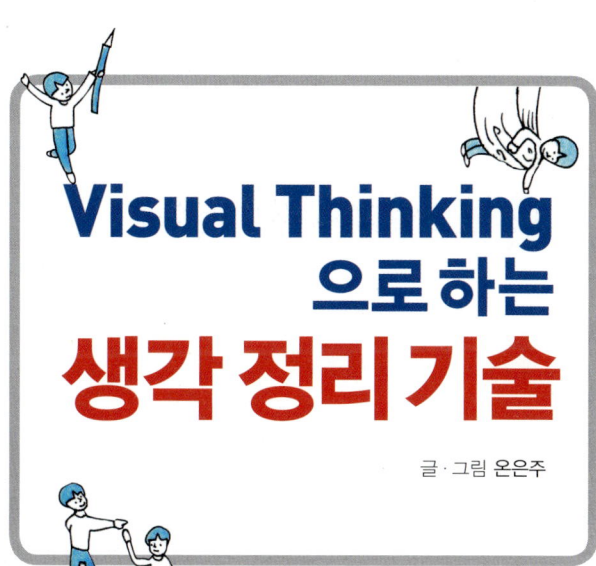

Visual Thinking 으로 하는
생각 정리 기술

글·그림 온은주

YoungJin.com Y.
영진닷컴

Copyright © 2019 by Youngjin.Com Inc.
1016, Worldmerdian Venture Center 2nd, 123, Gasan-digital 2-ro,
Geumcheon-gu, Seoul 08505, Korea
All rights reserved. First published by Youngjin.Com Inc., 2014. Printed in Korea

저작권법에 의해 한국 내에서 보호를 받는 저작물이므로 무단 전재와 복제를 금합니다.

독자님의 의견을 받습니다

이 책을 구입한 독자님은 영진닷컴의 가장 중요한 비평가이자 조언가입니다. 저희 책의 장점과 문제점이 무엇인지, 어떤 책이 출판되기를 바라는지, 책을 더욱 알차게 꾸밀 수 있는 아이디어가 있으면 이메일, 또는 우편으로 연락주시기 바랍니다. 의견을 주실 때에는 책 제목 및 독자님의 성함과 연락처(전화번호나 이메일)를 꼭 남겨 주시기 바랍니다. 독자님의 의견에 대해 바로 답변을 드리고, 또 독자님의 의견을 다음 책에 충분히 반영하도록 늘 노력하겠습니다.

이메일 : support@youngjin.com
주 소 : (우)153-778 서울특별시 금천구 가산디지털1로 24 (가산동) 대륭 13차 10층
등 록 : 2007. 4. 27. 제16-4189호

STAFF

글 · 그림 온은주 | 책임 김태경 | 진행 김연희 | 본문 디자인 임정원 | 표지 디자인 임정원

PROLOGUE | 머리말

왕초보를 위한 비주얼 씽킹, 당당하게 도전하세요!

그림으로 생각을 표현하고 싶으세요?
이미지로 프레젠테이션을 돋보이게 하고 싶으세요?
화이트보드에 그리면서 설명하고 싶으세요?
소셜미디어에서 이미지로 표현하고 싶으세요?

비주얼 혁명 시대가 도래했습니다. 비주얼의 힘이 문자보다 세다는 건 알지만, 어떻게 시작하고 연습해야 하는지 어렵습니다. 30대를 넘어 40대를 바라보는 15년차 마케터로서 이미지 혁명은 재앙에 가깝습니다. 필자는 제대로 그림을 배운 적도 없어서 쩔쩔매는데, 그림이나 이미지로 생각을 표현하는 동료들을 보면 주눅이 들었습니다. 그렇다고 포토샵, 미술학원을 장기간 다니면서 배울 엄두도 나지 않았습니다.

나와 같은 비주얼 왕초보도 쉽게 비주얼 사용법을 터득할 수 없을까 고민하던 중 우연히 비주얼 씽킹(Visual Thinking)이란 단어를 외국 사이트에서 발견하게 되었습니다. 그리고 Visual Thinking, 이 신선한 단어조합에 한 순간에 매료되었습니다. Thinking은 논리이고, Visual은 감성인데, 이성과 감성이 결합된 단어가 새롭게 느껴지며 앞으로 사람들에게 엄청난 관심을 받고 한 시대를 이끌어 갈 중요한 분야가 될 것이라는 확신이 들었습니다. 이후 2007년부터 이 단어를 구글링하면서 관련 자료들을 모았습니다. 그리고 2007년 12월, 'Visual and creative thinking'이라는 운명적인 슬라이드를 만나게 되었고 30장 슬라이드에 정리되어 있는 비주얼 씽킹 기본기를 토대로 응용하고 발전시키면서 회사 업무와 개인 활동에 적용하게 되었습니다.

저와 비슷한 처지에 있는 사람이 많습니다. 비주얼이라는 새로운 방법으로 일을 하고, 놀라운 성과를 내고 싶은 사람들이 바로 그들이죠. 필자는 그들에게 비주얼 씽킹을 전파할 수 있는 방법을 찾고 있었어요. 그리고 지난 해 비주얼 컨텐츠 제작기업인 소셜프로그를 창업하면서 우연히 강연전문기업 마이트임팩트와 인연이 되어 국내 처음으로 비주얼 씽킹 워크숍을 열었습니다.

그리고 2007년부터 구글링을 통해 찾은 자료와 15년 직장생활을 통해 얻은 경험, 그리고 비주얼 씽킹 수강생들의 생생한 사례가 집대성되어 있는 이 책을 집필하게 되었습니다.

비주얼 씽킹 워크숍을 열다

비주얼 씽킹 수업시간에 '동그라미는 그릴 줄 아시죠?'라고 물어보면 수강생들이 웃습니다. 동그라미는 그림이 아니라고 생각하기 때문입니다. 동그라미만 그릴 줄 알면 비주얼 씽킹에 들어가는 그림은 모두 그릴 수 있습니다. 비주얼 씽킹에서 사용하는 그림 사용법은 원근법, 소실점, 명암을 배울 필요가 없어요. 간단한 선을 이용해서 동그라미를 그리듯 사람 건물 사물을 표현하면 그것으로 완성입니다.

좋은 것은 나눌수록 힘이 세집니다. 비주얼 씽킹 워크숍 1기 수업은 잊을 수가 없습니다. 수업인지 파티인지 구분이 안될 정도로 웃고, 공유하고, 즐기는 수업이었어요. 이 워크숍을 통해 비주얼 씽킹은 누구나 쉽게, 즐겁게 배울 수 있다는 확신이 들었습니다. 그리고 비주얼 씽킹 워크숍을 준비하면서 직장 생활뿐만 아니라 일상생활에서도 활용범위가 넓다는 걸 알게 되었어요. 수강생 중에는 이미 스스로 비주얼 씽킹을 실천하는 분들도 있었어요.

살아있는 그들의 생생한 일화는 비주얼 씽킹 수업에 소개되어 다른 이들에게 나도 할 수 있다는 자신감을 불어넣어주었습니다.

이 책은 모든 왕초보 비주얼 씽커를 위한 책이다

비주얼을 업무에 활용하는 방법을 알려주는 마땅한 책이 없었어요. 그림 그리는 책들은 있었으나 필자는 그림을 잘 그리는 사람이 되고 싶은 건 아니었기 때문입니다. 또한 생각에 관한 책들은 있었으나 이미지로 표현하는 방법을 가르쳐주는 건 아니었어요.

그래서 필자는 이 책을 집필하게 되었습니다. 이 도서는 뇌를 스케치하고 싶은 모든 비주얼 씽커를 위한 책입니다. 단순히 기법 위주로 나열되어 내킬 때만 꺼내 보는 박제형 책도 아니고, 어려운 전문 용어로 채워진 이론가형 책도 아니며, 방법을 알려주지 않고 하면 된다고만 외치는 웅변가형 책도 아닙니다. 비주얼 씽킹 수업 시간에 '생각을 그림으로 표현 못한다고 생각하는 병'에 걸린 이들을 수없이 만나왔어요. 그나마 다행인 것은 필자도 같은 병을 앓은 적이 있어서 이들과 공감할 수 있었다는 겁니다. 디자인 전공자도 아니고 그림을 배운 적도 없는 사람은 그림으로 표현하라고 하면 덜컥 겁부터 납니다. '나는 그림을 못 그리는데'라는 생각이 머릿속을 채웁니다. 왕초보 비주얼 씽커가 겪는 심리적인, 방법적인 어려움을 필자도 겪어왔기 때문에 그 부분을 뛰어넘을 방법들도 구체적으로 알려드리고 싶었습니다. 그래서 그림에 자신 없는 사람들에게 더욱 필요하고 바로 활용할 수 있는 책을 만들게 되었습니다.

'미래의 문맹자는 글자를 모르는 사람이 아니라
이미지를 모르는 사람이 될 것이다'

21세기 레오나르도 다 빈치라고 불리는 라즐로 모홀로 나기가 말했어요. 이렇듯 미래에는 이미지를 해석할 줄 모르는 사람은 살아남기 힘든 사회입니다. 그 미래가 바로 코앞에 다가와 있습니다. 하늘은 스스로 돕는 자를 돕습니다. 이 책을 읽으면서 스스로 비주얼 씽커로 성장할 수 있기를 기대합니다. 이 책을 읽기 시작한 당신은 이미 괜찮은 비주얼 씽커임을 잊지 마세요.

지난 해 7월 불완전한 비주얼 씽킹 베타북을 구독해주신 독자님들에게 감사드립니다. 7장으로 시작한 베타북이 있었기에 총 16장으로 확장할 수 있었습니다. 그리고 무엇보다 필자가 운영하는 비주얼 씽킹 워크숍을 스스로 발견하고, 수업 듣고, 친구들에게 소개해준 모든 비주얼 씽커에게 감사한 마음을 전합니다.

국내 1호 비주얼 씽킹 강연자

온은주

PREVIEW | 이 책의 구성

이 책은 비주얼 씽킹의 모든 것을 담고 있습니다.

제1부. 비주얼 씽킹 입문편

"이미지로 소통하는 시대야! 알고 있지?"

"당연히 알지. 그런데 살던 대로 살면 안될까? 나도 바뀌어야 할까?"

복잡한 글 보다는 단순하고 한눈에 알아볼 수 있는 이미지가 중요한 시대로 접어들면서 비주얼 씽킹의 중요도가 높아지고 있습니다. 하지만 당신은 아직 비주얼 씽킹이 무엇인지, 어떻게 해야 하는지, 그리고 꼭 이것을 배워야 하는지 고민이 될 것입니다. 그리고 무엇보다 당신은 자신의 그림 실력에 대한 의구심이 들 것입니다.

이 파트에서는 비주얼 씽킹은 무엇이고, 왜 해야 하는지, 어떤 점이 좋아지는지 소개하고 있으며 비주얼 씽킹 입문자를 위한 비주얼 씽킹 5단계 프로세스를 통해 비주얼 씽킹에 한발 다가서는 법을 배울 수 있습니다.

제 1 장 천재처럼 그림으로 생각하라고?!
제 2 장 혹시, 그림을 못 그리나요?
제 3 장 비주얼 씽킹이란 무엇인가?
제 4 장 비주얼 씽킹은 왜 해야 하는가?
제 5 장 비주얼 씽킹을 하면 어떤 점이 좋아질까?
제 6 장 비주얼 씽킹 5단계 프로세스

제2부. 비주얼 씽킹 도구편

"비주얼 씽킹을 배우고 싶은데 어떻게 시작해야 할지 모르겠어"

"일단 노트와 펜을 사고, 이 책에 나온 샘플을 따라 그리기만 하면 돼"

비주얼 씽킹을 배우겠다고 마음을 먹었지만 막상 어떤 것부터 시작해야 할지 막막한 마음이 앞설 것입니다. 이런 여러분을 위해 비주얼 씽킹을 시작하기 위한 기본 재료인 노트와 펜을 선택하는 방법부터 간단한 도형, 사람, 사물 등의 샘플 이미지를 통해 쉽게 그림을 그릴 수 있는 방법을 소개합니다.

비주얼 씽킹은 요리를 배우는 것과 같습니다. 프라이팬과 계란, 소금, 콩기름을 사용해서 요리를 하면 뚝딱 계란프라이가 만들어집니다. 비주얼 씽킹에서 펜과 노트는 프라이팬과 같은 도구이며 비주얼 씽킹 시각언어는 계란, 소금과 같은 비주얼 씽킹 재료입니다. 이러한 재료를 잘 다듬는 방법을 통해 실질적인 활용 방법과 원페이지 레이아웃을 통해 앞서 배운 재료들은 한 장에 잘 배치하는 방법을 배워보도록 하겠습니다.

제 7 장 노트와 펜 선택법
제 8 장 비주얼 씽킹 시각언어
제 9 장 원페이지 레이아웃

제3부. 비주얼 씽킹 직장 생활편

"비주얼 씽킹을 기업에서 써먹고 싶은데 어떡해?"

"아이디어 낼 때, 프레젠테이션 만들 때 써봐. 회의할 때도 유용해"

회의 중, 혹은 내가 짠 아이디어를 좀 더 획기적인 생각으로 탈바꿈하고 싶을 때, 비주얼 씽킹을 직장 생활에서 사용하는 방법에 대해 배워보는 단계입니다. 아이디어를 시각화하고 프레젠테이션을 할 때, 그룹으로 브레인스토밍을 할 때도 비주얼 씽킹은 유용합니다.

아이디어 시각화를 통해 아이디어가 생각나면 간단한 그림으로 표현하는 기본적인 방법부터 아이디어 회의를 할 때 활용할 수 있는 비주얼 씽킹 방법, 그리고 보고서 및 프레젠테이션 자료를 텍스트에서 이미지로 전환하는 방법까지 비주얼 씽킹을 업무에 사용할 수 있는 방법에 대해 배워봅니다.

제 10 장 아이디어 시각화
제 11 장 그룹 비주얼 씽킹
제 12 장 프레젠테이션 시각화

제4부. 비주얼 씽킹 개인 생활편

"비주얼 씽킹을 일상생활에서 쓸 수는 없을까?"

"활용범위는 무궁무진하지. 우선 꿈, 생각정리, 습관화 먼저 배우자"

비주얼 씽킹을 일상생활에서 활용하는 방법을 통해 복잡한 머릿속 생각을 그림으로 표현하는 생각정리 시각화를 배워보는 단계입니다. 단순한 생각정리부터 나의 꿈까지, 비주얼 씽킹을 통해 생각을 단순화하고 미래를 꿈꾸는 창조인재가 될 수 있는 방법을 소개합니다. 더불어 비주얼 씽킹을 습관화할 수 있도록 스스로 할 수 있는 1년 프로그램과 가족, 친구와 함께 소모임을 만들어서 꾸준히 비주얼 씽킹을 하는 방법을 알아보도록 하겠습니다.

제 13 장 생각 정리 시각화
제 14 장 꿈의 시각화
제 15 장 비주얼 씽킹 습관화
제 16 장 비주얼 씽킹 소모임

CONTENTS | 이 책의 차례

제1부. 비주얼 씽킹 입문편

제1장 천재처럼 그림으로 생각하라고?!

- 천재들의 그림 활용법 ... 23
  - 아인슈타인은 이미지 사냥꾼 : 상상력은 지식보다 중요하다 ... 23
  - 레오나르도 다 빈치는 스케치 노트광 : 모든 것은 이미지로 시작된다 ... 26
  - 보이지 않는 것을 그리는 파블로 피카소 : 마음을 시각화하다 ... 27
- 비주얼 씽킹은 좌뇌-우뇌를 동시에 사용하는 사고법이다 ... 28
- 비주얼 씽킹은 재미있게 생각하기이다 ... 30
- 시각은 정보 처리의 75%를 담당한다 ... 31

제2장 혹시, 그림을 못 그리나요?

- 그림에 자신 없는 사람들을 위한 초간단 방법 ... 35
  - 단순화해서 그리기 ... 35
  - 도형으로 그리기 ... 36
  - 삐뚤빼뚤 그리기 ... 37
- 용기를 내서 일단 시작해 보세요! ... 38
  - Special Box – 나는 어떤 색깔의 비주얼 씽커인가? ... 40

제3장 비주얼 씽킹이란 무엇인가?

- 비주얼 씽킹을 한 마디로 정리하면 ... 45
- 비주얼 씽킹의 정의 ... 45
- 비주얼 씽킹의 핵심은 단순화 ... 46
- 비주얼 씽킹 활용 범위 ... 49
  - Special Box – 비주얼 씽킹을 위한 3가지 핵심 질문 ... 49

제4장 비주얼 씽킹은 왜 해야 하는가?

- 비주얼 씽킹을 해야 하는 이유   53
- 읽는 시대에서 보는 시대로   54
- 스마트폰이 바꾼 훑어보기 문화   55
- 정보 홍수에 빠진 사람들   55
- 소셜미디어가 만든 이미지 소통   56
- 창조적 인재가 성공하는 시대   56
- 이제 비주얼 씽킹은 생존의 문제   57

제5장 비주얼 씽킹을 하면 어떤 점이 좋아질까?

- 한방에 이해된다   60
- 공감대 형성   62
- 오래 기억된다   63
- 아이디어 발상   63
- 높은 설명력   64
- 빠른 확산   66
- 비주얼 씽킹을 하면 업무에 도움이 되는 점   67
  - 기획력(Planning) 향상   67
  - 창의력(Creative) 향상   70
  - 소통력(Communication) 향상   72
  - 표현력(Expression) 향상   73

제6장 비주얼 씽킹 5단계 프로세스

- 비주얼 씽킹 START 5단계 프로세스   76
- 비주얼 씽킹 START 5단계 적용 범위   80
  - 직장 생활에 적용하는 법   81
  - 개인 생활에서 적용하는 법   82
  - 가족과 함께 적용하는 법   83
  - Special Box – 비주얼 씽킹이 가장 필요한 직업은?   84
  - Special Box – 필자는 왜 비주얼 씽킹을 시작하게 되었을까?   85

제2부. 비주얼 씽킹 도구편

Visual Thinking Tools : 노트와 펜 선택법

- 비주얼 씽킹 : Starter Tool Kit　　　　　　　　　　　　　91
  - 필기류　　　　　　　　　　　　　　　　　　　　　　91
  - 노트류　　　　　　　　　　　　　　　　　　　　　　93

- 비주얼 씽킹 : Color Tool Kit　　　　　　　　　　　　　　94
  - 필기류　　　　　　　　　　　　　　　　　　　　　　95

- 비주얼 씽킹 : Growing Tool Kit　　　　　　　　　　　　 95
  - 펜을 다양하게　　　　　　　　　　　　　　　　　　　96
  - 종이를 넘어선 종이들　　　　　　　　　　　　　　　　97
  - Special Box － 디지털로 낙서하고 그리는 스케치 어플, Autodesk Sketchbook X　　98

Visual Thinking Language : 비주얼 씽킹 시각언어

- People: 사람 표현하기-행동과 표정 표현하기　　　　　　103
  - 스틱맨으로 사람 표현하기　　　　　　　　　　　　　103
  - 별사람　　　　　　　　　　　　　　　　　　　　　　104
  - 행동 표현하기　　　　　　　　　　　　　　　　　　　105
  - 다양한 얼굴 표정　　　　　　　　　　　　　　　　　　106
  - 효과로 생동감 넣기　　　　　　　　　　　　　　　　　107
  - 사람 그리기　　　　　　　　　　　　　　　　　　　　108

- Object: 사물과 건물 표현하기　　　　　　　　　　　　　110
  - 선으로 사물 표현하기　　　　　　　　　　　　　　　　110
  - 동그라미, 세모, 네모로 사물 표현하기　　　　　　　　　112
  - 아이콘으로 사물 표현하기　　　　　　　　　　　　　　114

- Process: 화살표로 프로세스 표현하기　　　　　　　　　　116
  - 기본 화살표　　　　　　　　　　　　　　　　　　　　116
  - 다양한 화살표　　　　　　　　　　　　　　　　　　　118
  - 이미지형 화살표　　　　　　　　　　　　　　　　　　119

- Speech: 말풍선으로 생각과 느낌 표현하기　　　　　　　120
  - 말풍선에 해당되는 내용쓰기　　　　　　　121
- Keyword: 제목과 내용 표현하기　　　　　　　122
  - 제목 강조하기　　　　　　　122
  - 리본으로 제목 꾸미기　　　　　　　124
  - 내용 정렬하기　　　　　　　124
  - Special Box – 수강생들이 그린 사람, 행동, 표정　　　　　　　125

제9장 Visual Thinking Layout : 원페이지 레이아웃

- 센터 레이아웃　　　　　　　129
  - 핵심을 빠르게 파악한다　　　　　　　129
- 박스 레이아웃　　　　　　　130
  - 조직도를 한눈에 비교한다　　　　　　　130
  - 영상 시나리오를 스케치한다　　　　　　　131
  - 영화 시나리오를 설계한다　　　　　　　132
- 연결 레이아웃　　　　　　　133
  - 구성요소 간에 관계를 파악한다　　　　　　　133
  - Special Box – 비주얼 마인드맵　　　　　　　136

제10장 Visual Thinking for Idea : 아이디어 시각화

- 규칙1. 아이디어가 생각나면 한 장의 그림으로 그려라　　　　　　　141
  - 페이스북 이벤트 아이디어　　　　　　　143
  - 모바일 앱 아이디어　　　　　　　144
- 규칙2. 어떤 그림을 그려야 할지 모르겠다면　　　　　　　146
  비주얼 씽킹 5단계 방법을 사용하라
  - 1단계 Question – 질문하기　　　　　　　147
  - 2단계 Sketch – 스케치하기　　　　　　　147
  - 3단계 Look – 살펴보기　　　　　　　148
  - 4단계 See – 발견하기　　　　　　　150
  - 5단계 Share – 공유하기　　　　　　　151

- 규칙3. 아이디어를 더 명확하게 만들려면   153
  시각적 연상 기법을 사용하라
- 규칙4. 시각적이지 않은 개념들은   156
  시각적 은유 기법을 활용하라
  - 글로벌을 은유로 표현하라   157
  - 베스트 셀러가 된 책 제목   158
  - Special Box – 제대로 그리려면, 제대로 보아야 한다! 눈을 제대로 사용하는 법   160

제3부. 비주얼 씽킹 직장 생활편

제11장 Visual Thinking for Team : 그룹 비주얼 씽킹

- 뇌를 깨우는 아이스 브레이킹   165
  - 아이스 브레이킹을 꼭 해야 하는가?   166
  - 얼굴 그리기 게임을 즐겨라   166
  - 이미지 카드를 활용하라   167
  - 스토리 큐브를 굴려라   168
- 협업을 돕는 비주얼스토밍   168
  - 비주얼스토밍을 해야 하는 이유   169
  - 비주얼스토밍 준비물   170
  - 비주얼스토밍 팀 구성하기   170
  - 비주얼스토밍 5단계 프로세스 적용하기   170
- 입체적인 생각을 돕는 LEGO® SERIOUS PLAY®   174
  - 레고 시리어스 플레이란 무엇인가?   174
  - 레고 시리어스 플레이는 어떻게 만들어졌는가?   175
  - 레고 시리어스 플레이는 기업에서 유용한가?   176
  - 레고 시리어스 플레이 퍼실리테이터란 무엇인가?   177
  - 레고 시리어스 플레이 핵심 프로세스 배우기   178
  - 레고 시리어스 플레이 7단계 방법론   180

제2장 Visual Thinking for Presentation : 프레젠테이션 시각화

- 키워드 단어장 만들기 — 190
  - 키워드는 이미지 보관함을 여는 열쇠이다 — 190
- 키워드를 이미지로 바꾸기 — 192
  - 키워드를 쓰고 그림을 그려라 — 192
  - 이미지 DB를 활용하여 키워드를 이미지로 전환하기 — 196
- 메시지 만들기 — 200
  - 한 줄로 메시지 만들기 — 201
  - 메시지 시각화 = 문장 시각화 — 201
- 스토리 라인 만들기 — 203
  - 마이클 센델 교수는 어떻게 하버드 3대 명강사가 되었을까요? — 203
  - 스토리 라인이란? — 204
  - 스토리 라인의 정석 — 204
  - 스토리 라인을 효과적으로 만드는 7가지 규칙 — 205
  - 왕초보 프레젠터의 흔한 실수 — 207
- 아이 플로우 구성하기 — 207
  - 뇌의 시야는 전체 시야의 1/10000이다 — 207
  - 아이 플로우란 무엇인가? — 208
  - 아이 플로우를 구성하는 6가지 유형 — 209
  - 동적인 아이 플로우 유형 활용하기 — 210
  - 마지막 점검 포인트 – 핵심 포인트 3장을 골라라 — 211
  - Special Box – 숫자를 이미지로 활용한 프레젠테이션 — 212

제4부. 비주얼 씽킹 개인 생활편

제13장 Visual Thinking for Life : 생각 정리 시각화

- 시간 비주얼 단어장 — 217
  - 원형 모양으로 그리기 — 217
  - 시계 모양으로 그리기 — 218

- 공간 비주얼 단어장   219
  - 나의 방 정리   219
  - 책상 정리   221
  - 옷장 정리   222
  - 가방 안 물건정리   225
  - 기타 물건 정리   226
- 인맥 비주얼 단어장   227
  - 인맥 비주얼 단어장 만드는 방법   229
  - 얼굴을 기억하는 새로운 방법 – 얼굴 단어장 그리기   230
- 비주얼 단어장으로 계획 세우기   231
  - 주간 계획   231
  - 주말 계획   232
  - 쇼핑 계획   232
- 책을 읽고 나서 비주얼 단어장 만들기   233
- 강연을 듣고 나서 비주얼 단어장 만들기   236
- 영상, 영화을 보고 나서 비주얼 단어장 만들기   237
  - Special Box – 변화를 원한다면, 시간/공간/인맥을 바꿔라   238

제14장 Visual Thinking for Dream : 꿈의 시각화

- Life History Graph – 인생 그래프   245
- Career Bottle Graph – 직업 병 그래프   247
  - 직업 병 그래프를 가진 자   247
- Dream Image Map – 꿈 이미지 맵   248
- Personal Image Map – 나의 다중 역할 그리기   250
  - 퍼스널 이미지 맵 사례   251
- Finger Roadmap – 손에 잡히는 자기계발 로드맵   252
- Essay Roadmap – 5년 후 오늘의 나를 상상하기   253
- 30 years Roadmap – 30년 인생 로드맵 그리기   256

10년마다 새로운 직업을 정하라	257
나를 브랜드로 기획하라	258

제15장 Visual Thinking for Habit : 비주얼 씽킹 습관화

- **7일 프로젝트 – 라인 스케치**   263
  - 직선 긋기 연습법   263
  - 곡선 그리기 연습법   265
  - 손풀기 스케치   266
  - 비주얼 씽킹 시각재료 그리기   266

- **30일 프로젝트 – 키워드 시각화**   267
  - 키워드 시각화 4가지 방법   268

- **100일 프로젝트 – 컨셉 스케치**   271
  - 그림 보고 그리기   272
  - 실제 물건을 보고 그리기   274
  - 대가의 그림 보고 그리기   274
  - 필사 연습 시 주의사항   275

- **200일 프로젝트 – 모닝 노트**   276
  - 쓸 내용이 없을 때는 '쓸 내용이 없다'라고 쓰기   277
  - 습관을 만들기 전까지는 읽지 않기   277
  - 3장까지 쭉 내려 적기   277
  - 초보자가 겪는 모닝 노트 증상들   278
  - 모닝 노트의 수다 효과   278
  - 디지털로 모닝 노트 쓰기   279

- **300일 프로젝트 – 데일리 드로잉**   279
  - 하지 말아야 할 일은 무엇인가?   280
  - 데일리 드로잉 100가지 목록 만들기   280

- **365일 프로젝트 – 아티스트 놀이**   281
  - 내 안의 창조성과 대화를 시도합니다   281
  - 창조력은 근육입니다   282

- 비주얼 씽킹 슬럼프   284
  - '소설'이라고 노트에 적는 순간 일어난 일   284
  - 비주얼 씽킹 인턴기 1년   285
  - 슬럼프를 극복하는 방법   286

- 그림에 재미를 붙이는 방법   287
  - 지하철에서 그리기   287
  - 야외에서 그리기   287
  - 창문에 그리기   288
  - 화이트보드에 그리기   288
  - 전지에 일어서서 그리기   288
  - 왼손으로 그리기   289
  - 다양한 재료에 그리기   289
  - 캘리그라피 연습하기   290
  - 음악 들으며 그리기   290
  - 엽서 만들기   291
  - 핸드폰 케이스 만들기   291
  - 작은 전시회 열기   292
  - Special Box - 왜 어른들은 그림 그리기를 멈추는가?   293

제16장 Visual Thinking Community : 비주얼 씽킹 소모임

- 소모임 형태   297
  - 회사 동호회   297
  - 대학 동아리   298
  - SNS 소모임   299
  - 비주얼 씽킹 가족 캠프   300

- 비주얼 씽킹 소모임 10계명   301

제 **1** 장

천재처럼 그림으로 생각하라고?!

천재처럼 그림으로 생각하라고?!

그림 그리는 것이 취미인 사람은 많지만 천재들처럼 업무 효율을 높이고 아이디어를 발굴하는데 사용하는 사람은 적습니다. 알버트 아인슈타인(Albert Einstein), 레오나르도 다 빈치(Leonardo da Vinci), 파블로 피카소(Pablo Picasso), 스티브 잡스(Steve Jobs)는 일을 하는데 그림과 이미지를 활용하여 역사에 획을 긋는 일을 해냈고 천재로 기억되고 있습니다. 천재들이 활약한 분야는 모두 다르지만, 그들은 이미지를 가지고 놀면서 자신의 분야에서 큰 성과를 만들어 낼 수 있었습니다.

필자는 국내에서 처음으로 비주얼 씽킹 워크숍을 열고 '일상'에서 보고, 듣고, 느끼는 모든 것들을 낙서와 스케치, 그림으로 표현하라고 강조했습니다. 워크숍에 참여한 사람들을 살펴보면, 그들 역시 그림을 단순한 취미가 아닌 일상생활에서 창의력을 발휘하거나 업무 성과를 높이기 위한 방법으로 활용하겠다는 의지를 가지고 있었습니다. 그들에게 비주얼 씽킹을 배우는 이유를 물어보니 아래와 같은 공통점이 있었습니다.

첫째, 생각이 복잡하게 엉켜 있습니다. 그러나 창의적인 일을 해야 합니다.
둘째, 내가 잘하는 것이 무엇인지 모릅니다. 그러나 뭔가를 잘하고 싶습니다.
셋째, 성장하고 싶어 노력하지만 늘 제자리에 있는 것 같습니다. 그러나 그 원인을 모릅니다.
넷째, 늘 하던 방식이 아니라 새롭게 일을 하고 싶습니다. 그러나 방법을 모릅니다.

역사상 최고의 천재들도 이러한 상황에 처했지만 비주얼 씽킹 사고법을 통해 평범한 사람에서 시대를 빛낸 역사 속 인물이 되었습니다. 남들보다 특출한 창의력을 발휘하기 위해 천재들은 과연 어떻게 비주얼 씽킹을 사용하여 자신의 생각을 그림으로 표현했는지 아래 예시를 통해 차근차근 알아보도록 하겠습니다.

천재들의 그림 활용법

천재들은 평범한 일상생활에서도 새로운 것을 발견하기 위해서 그림을 그리면서 생각했습니다. 즉, 자신의 지식 밑바닥에 가라앉아 있는 무의식의 생각들을 끌어 올리기 위해 펜과 노트를 사용해 그림을 그리면서 보이지 않는 생각을 볼 수 있는 아이디어로 표현했습니다. 여기서는 대표적으로 아인슈타인, 레오나르도 다 빈치, 피카소가 비주얼 씽킹을 활용해 자신의 업무에 어떻게 활용했는지 알아보도록 하겠습니다.

아인슈타인은 이미지 사냥꾼 : 상상력은 지식보다 중요하다

어려운 학문을 다루는 과학자라면 진지하고 진중해야 어울립니다. 그러나 20세기 최고의 과학자 아인슈타인은 장난기 있는 유쾌한 학자로 많은 사람들에게 호감을 얻었습니다. 아인슈타인은 과학자로서 좌뇌를 사용했지만, 유연하고 창의력이 발휘된 아이디어를 내기 위해서 우뇌를 발달시키려 노력했습니다. 상대성 이론과 같이 현실에서 할 수 없는 실험을 머릿속으로 생각하는 사고실험(thought experiment, 思考實驗)이라는 놀이를 하면서 지식을 발전시켰고 '상상력은 지식보다 중요하다'는 말을 남길 정도로 이미지를 통해 상상력을 극대화할 수 있는 비주얼 씽킹을 즐겨했다고 합니다. 즉, 아인슈타인은 좌뇌를 사용하는 로지컬 씽킹(Logical Thinking)을 넘어 우뇌를 사용하는 비주얼 씽킹(Visual Thinking)의 대가였습니다.

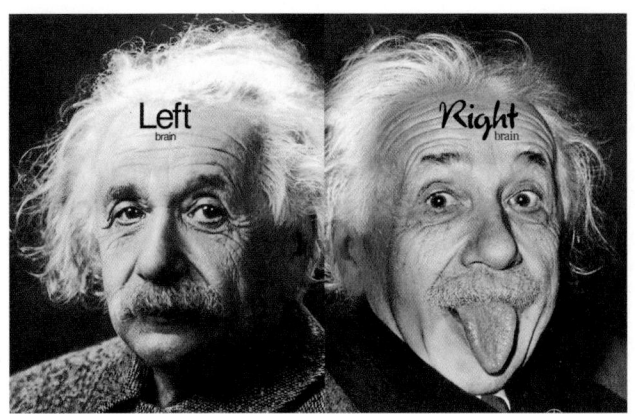

■ 좌뇌와 우뇌를 사용한 과학자 아인슈타인

책상 정돈이 잘 되어 있으면 머릿속도 체계적으로 정리되어 있고 정리를 못하는 사람보다 일을 더 잘한다고 생각하는 사람이 많습니다. 가끔 정리가 안된 내 책상 뒤로 동료나 직장 상사가 지나가면 부끄러운 기분이 드는 이유가 바로 이런 생각 탓일 겁니다. 하지만 '정리를 잘하면 일도 잘한다!?'라는 편견이 천재들에게도 통했을까요?

아래 이미지의 책상을 보세요. 수북이 쌓인 노트와 문서들, 서랍장에도 마구잡이로 펼쳐진 책이며, 칠판에는 어지러운 낙서들이 한가득입니다. 이렇게 복잡하고 어질러진 책상은 과연 누구의 책상일까요?

바로 아인슈타인의 책상입니다. 아인슈타인은 책상 정리 정돈을 잘하지 않는 사람으로 유명했습니다. '책상이 이렇게 지저분해서 일이 잘 되느냐?'고 묻는 질문에 '어지러운 책상이 어지러운 머리를 뜻하는 거라면 빈 책상은 빈 머리를 뜻하는가'라고 장난기있게 응수했다고 합니다. 지저분한 책상과 업무능력, 때론 편견이 모든 것을 단조롭고 평범하게 만들 수 있습니다. 비주얼 씽킹도 그렇습니다. '그깟 그림 몇 개 그린다고 더 나아지겠어?', '그림이 정말 내 창의성을 깨워주고 업무능력을 향상시켜 줄까?'라는 생각을 이제 머릿속 저 깊은 곳에 내려놓고 차근차근 제가 설명하는 내용을 따라해 보세요. 때론 마구잡이로 그린 한 장의 그림이 백 마디 글보다 더 효과적일 수 있습니다.

☆ 아인슈타인처럼 책 펼쳐 놓기

아인슈타인이 책상 위에 책을 펼쳐 놓고 일하다가 종종 봤던 것처럼 내가 좋아하는 책 한 권을 꺼내 인상적인 페이지를 찾으세요. 책상 위에 펼쳐 두고 오늘 하루 틈이 날 때 읽어 보세요.

레오나르도 다 빈치는 스케치 노트광 : 모든 것은 이미지로 시작된다

레오나르도 다 빈치는 스케치 노트광으로 알려져 있습니다. 그가 사용했던 13,000장의 노트 중 6,000장의 노트가 후대에 남았고, 그중 일부를 빌 게이츠가 경매에서 330억 원에 구매하기도 했습니다. 레오나르도 다 빈치는 이미지와 단어로 생각을 정리했으며, 수많은 발명 또한 스케치를 통해 완성했습니다. 당대에는 기술이 부족해서 실현되지 못했지만, 후대에 그가 남긴 스케치와 3~4줄의 간단한 설명만으로 발명품은 복원되어 현대 기술의 원형이 되었습니다.

다 빈치는 하늘을 날고 싶다는 꿈을 가지고 있었습니다. 매일 밤 닫히는 성문 위를 넘어가고 싶다는 생각으로 그린 스케치는 현대 헬리콥터 프로펠러 설계의 토대가 되었습니다.

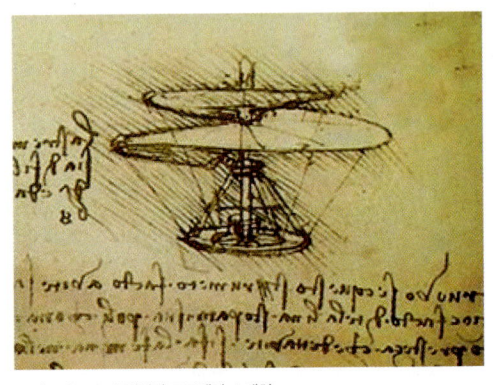

■ 레오나르도 다 빈치의 프로펠러 스케치

✶✶ 레오나르도 다 빈치 연습법

간단한 메모와 스케치를 통해서 생각을 발전시켰던 레오나르도 다 빈치처럼 아이디어가 떠오르면 간단히 손 그림을 그려보고 그 옆에 3줄 정도 설명을 써 보세요.

보이지 않는 것을 그리는 파블로 피카소 : 마음을 시각화하다

위의 그림은 오노레 드 발자크(Honore de Balzac)의 소설인 [미지의 걸작]에 수록된 삽화로, 1927년, 파블로 피카소가 그린 '화가와 바느질하는 모델'이라는 작품입니다. 그림 속 화가는 피카소 본인으로 연인이 뜨개질하는 모습을 직접 화폭에 담는 피카소 자신의 모습이 표현되어 있습니다. 근데, 이 삽화 속의 피카소가 그리는 그림을 자세히 살펴보면 캔버스에 직선과 원 같은 낙서만 가득합니다. 뜨개질하는 연인을 보면서 그림을 그리고 있는데 연인의 모습은 아무리 찾아봐도 없습니다. 뜨개질하는 연인을 앞에 둔 화가는 도대체 무엇을 그렸을까요?

연인이 뜨개질을 하는 동안 뜨개바늘이 앞뒤로 움직이면서 직선을 그리기도 하고 원을 그리기도 합니다. 피카소는 이러한 뜨개바늘의 움직임을 캔버스에 옮기며 연인의 겉모습이 아니라 뜨개질을 하는 연인의 마음을 읽었던 게 아닐까요? 기존 통념을 깨고 그릴 대상을 새로운 시각으로 바라봤던 피카소는 보이는 것이 아닌, 보이지 않는 생각을 그리는 시대를 열었다고 평가받고 있습니다.

비주얼 씽킹은 보이는 것이 아니라 보이지 않는 생각을 그리는 훈련입니다. 그림을 잘 그리는 건 중요하지 않습니다. 연인이 뜨개질하는 모습을 그린 피카소처럼 간단한 원과 선만으로도 생각을 시각화할 수 있습니다.

비주얼 씽킹은 좌뇌-우뇌를 동시에 사용하는 사고법이다

우리는 학교에서 교과서와 자습서, 프린트된 다양한 수업자료를 통해 공부합니다. 물론 수업자료에도 이미지가 있긴 하지만 대부분 글로 이루어진 내용을 보고 달달 외우는 것으로 수업이 진행됩니다. 글로 된 교과서는 논리와 언어, 분석적 사고를 담당하는 좌뇌의 발달을 돕지만 감성과 이미지, 그리고 종합적 사고를 담당하는 우뇌를 발달시키는 데에는 큰 도움이 되지 못합니다. 이러한 학습 방식으로 인해 좌뇌는 발달한 반면, 우뇌는 성장을 멈춘 상태라고 해도 과언이 아닙니다. 앞으로 우리는 우뇌를 발전시키기 위해서 이미지를 가까이하고 이미지로 표현하는 습관을 가져야 합니다.

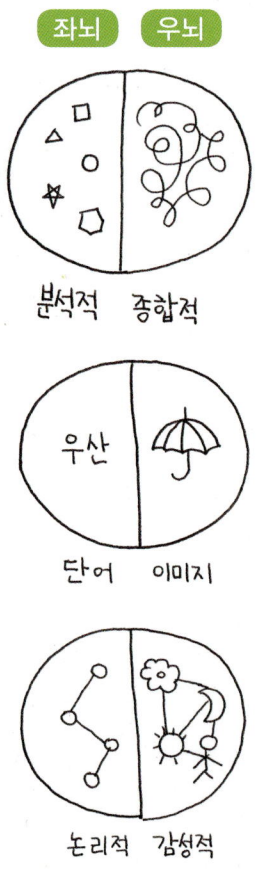

우뇌를 발달시키기 위한 쉬운 방법 중 하나로, 책을 읽은 후 인상 깊었던 내용을 적고 그림을 그려 보세요. 책에서 읽었던 기억에 남는 단어나 문장을 쓰고 간단한 그림으로 표현하면 됩니다. 그림 그리기는 우뇌를 자극해서 좌뇌와 우뇌를 모두 사용할 수 있게 도와주기 때문에 양쪽 뇌를 동시에 발달시킬 수 있는 효율적인 방법입니다.

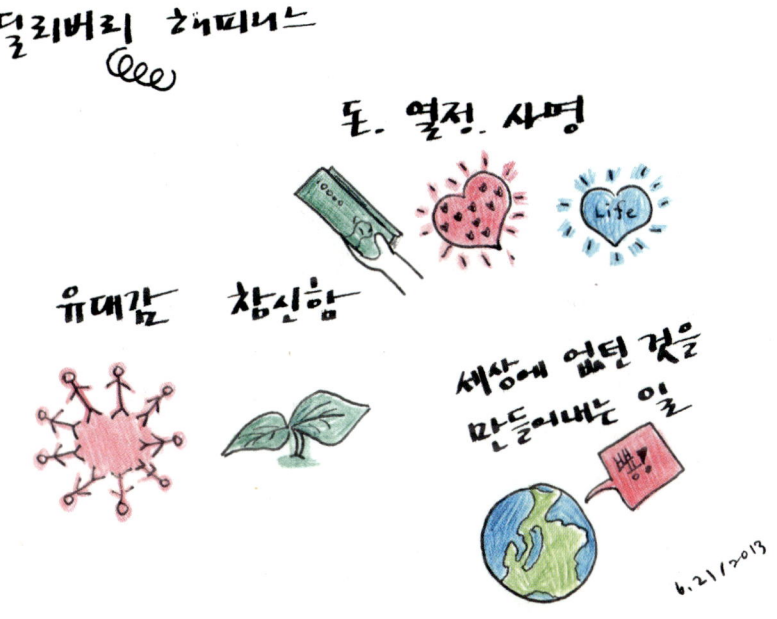

위의 그림은 온라인 신발 가게 자포스(ZAPPOS)의 CEO인 토니 셰이(Tony Hsieh)가 쓴 '딜리버링 해피니스'라는 도서의 비주얼 독서 후기입니다. 책을 읽고 시간이 지나면 내용이 기억나지 않아 금방 잊어버리는 경우가 많았는데, 감명 깊은 부분을 그림으로 그려 놓았더니 책 내용을 오래 기억할 수 있었습니다. 또한 독서 후기를 한 장의 그림으로 표현하니 전체적인 책의 내용을 한눈에 볼 수 있었습니다.

✨ 비주얼 독서 후기 쓰기

책을 읽고 나서 기억에 남은 단어 또는 문장을 적고, 옆에 그림을 남겨 보세요.

비주얼 씽킹은 재미있게 생각하기이다

비주얼 씽킹 워크숍에 참석한 수강생들은 "나는 그림을 못 그려요."라고 말을 하지만 얼굴에는 미소가 가득합니다. 대부분의 사람들은 재미있는 일을 할 때 입꼬리가 올라가고 얼굴에 미소가 번집니다. 그림을 그리면서 비주얼 씽킹을 하는 수강생들의 얼굴을 보면 딱 그렇습니다. 그림을 못 그린다고 말을 하면서 입꼬리가 살짝 올라가고 얼굴에는 미소가 번집니다. 참 이상한 일이지요. 그들의 행동을 분석해보면 이렇습니다.

'나는 그림을 못 그리는 사람이다' – 논리적인 생각

'그림을 그리니까 재미있다' – 경험적인 생각

그림 그리기는 뇌가 좋아하고, 손이 즐거워하며, 마음이 행복해집니다. 경험을 해보지 않은 사람에게 논리적으로 설명하기는 쉽지 않지만 그림을 그리는 행동 자체에 즐거움이 담겨 있습니다.

시각은 정보 처리의 75%를 담당한다

뇌가 글보다 이미지를 더 선호하는 이유가 무엇일까요? [마법의 냅킨]의 저자 댄 로암(Dan Roam)에 따르면 보통 '사람의 감각기관이 정보를 저장하고 처리하는 과정에서 시각이 75%를 담당하고 있다'고 합니다. 이외에도 학자마다 구체적인 숫자는 조금씩 다르지만 시각을 정보를 습득하는데 가장 중요한 항목으로 꼽고 있습니다. 보고, 듣고, 맛보고, 만지고, 냄새를 맡는 5가지 감각 중에서 시각이 75%를 차지하고 있음을 비주얼로 표현해보면 어떤 그림일까요? 아래 그림을 보면 총 16개로 나눈 상자 중에서 눈 그림이 무려 12개를 차지하고 있습니다. 여러분이 앞으로 배울 비주얼 씽킹은 정보 저장과 처리에 가장 중요한 부분을 차지하는 눈이 생각하고, 기록하고, 표현할 수 있도록 돕는 사고법입니다.

■ 75% 정보 처리를 담당하는 시각

제 **2** 장

혹시, 그림을 못 그리나요?

Visual Thinking

혹시, 그림을 못 그리나요?

그림을 못 그리면 비주얼 씽킹을 할 수 없다고 생각하는 사람들이 많습니다. 비주얼 씽킹 수업을 시작한 후 "그림을 못 그리는데 수업에 참여할 수 있나요?"라는 질문을 가장 많이 받았을 정도니까요. 필자는 그분들에게 되묻습니다. "진짜 그림을 못 그리는 건가요? 아니면 그림 실력이 없다고 스스로 생각하는 건가요?" 이렇듯 왜 대부분 사람들은 스스로 자신의 그림 실력이 없다고 생각할까요? 어린아이들은 그림 그리기를 두려워하지 않는데 왜 어른이 되면 그림 그리기를 두려워하는 걸까요?

그림이 두려운 이유 1. 안 그려봐서, 자신이 없어서

연필이나 색연필은 어린 시절 이후 써본 적이 거의 없고 중·고등학교를 졸업하면 그림을 그릴 일이 없습니다. 대학생이 된 이후부터 지금까지 쭉 연필보다는 볼펜으로, 종이보다는 노트북에 기록합니다. 사회에 나와 사무 문서나 회의록을 작성할 때에는 파워포인트나 워드, 한글 등과 같은 프로그램을 사용하여 정리합니다. 이렇듯 우리는 학교를 졸업하고 직장에 다니게 되면서 그림과 벽을 쌓고 지냈습니다. 그동안 그림을 그릴 일이 없으니 당연히 자신감이 없을 수밖에요.

그림이 두려운 이유 2. 나쁜 점수를 받아봐서

학창시절 그림을 그리면 늘 채점의 대상이 되곤 했습니다. 원근법, 명암 공식 등의 미술 기법을 배워서 그림을 그렸고, 그 기법대로 그리지 않으면 나쁜 점수를 받았습니다. 그러나 우리가 여기서 배울 비주얼 씽킹은 드로잉이나 스케치 수업이 아닙니다. 그림을 못 그리고, 그림에 자신이 없어도 표현할 수 있습니다. 도형으로 비주얼 씽킹을 할 수 있고, 사물을 선으로 단순화해서 그릴 수도 있습니다.

그림에 자신 없는 사람들을 위한 초간단 방법

펜과 흰 종이가 눈앞에 있지만 선 하나도 그릴 용기도 나지 않는 분들을 위해 누구나 자신 있게 그림을 그릴 수 있도록 도와주는 초간단 방법 3가지를 소개합니다.

단순화해서 그리기

사물을 단순화해서 선으로만 빠르게 표현합니다. 비주얼 씽킹에 사용할 그림에는 명암과 원근법이 필요 없습니다. 선으로 쓱쓱 싹싹 그리기만 하면 됩니다. 아래 이미지와 같이 그때그때 상황에 맞는 그림을 간단히 그리고 그림 옆에 그날 있었던 일들을 짧게 적어 놓으면 나만의 그림 에세이 노트를 만들 수 있습니다.

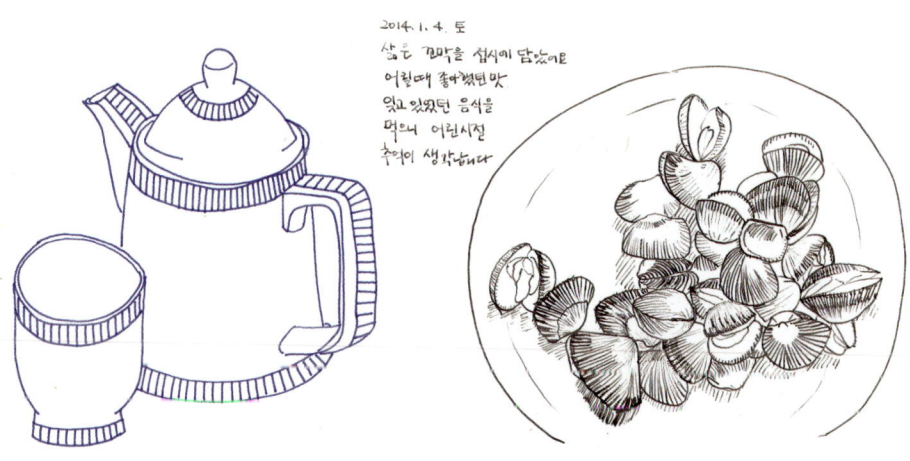

:: 도형으로 그리기

> 마케팅 포지셔닝을 사다리로 표현했어요

"세모(◁), 네모(□), 동그라미(○), 화살표(⇨)는 그릴 줄 아시죠?" 수업 시간에 이 질문을 하면 수강생들이 크게 웃습니다. 매우 쉽고, 누구나 할 수 있는 그림이니까요. 비주얼 씽킹은 도형을 잘 활용할 수 있는 기본적인 능력만 있으면 됩니다. 옆의 그림은 머릿속에 사다리가 들어있는 마케팅 포지셔닝을 설명하고 있는 이미지입니다. 소비자의 머릿속에 사다리가 있어서, 맨 위 사다리를 차지하는 브랜드가 되어야 한다는 개념입니다. 이 추상적인 개념을 설명하기 위해서 '머릿속 사다리'로 시각화하였고, 사다리는 사각형을 활용하여 간단히 표현하였습니다.

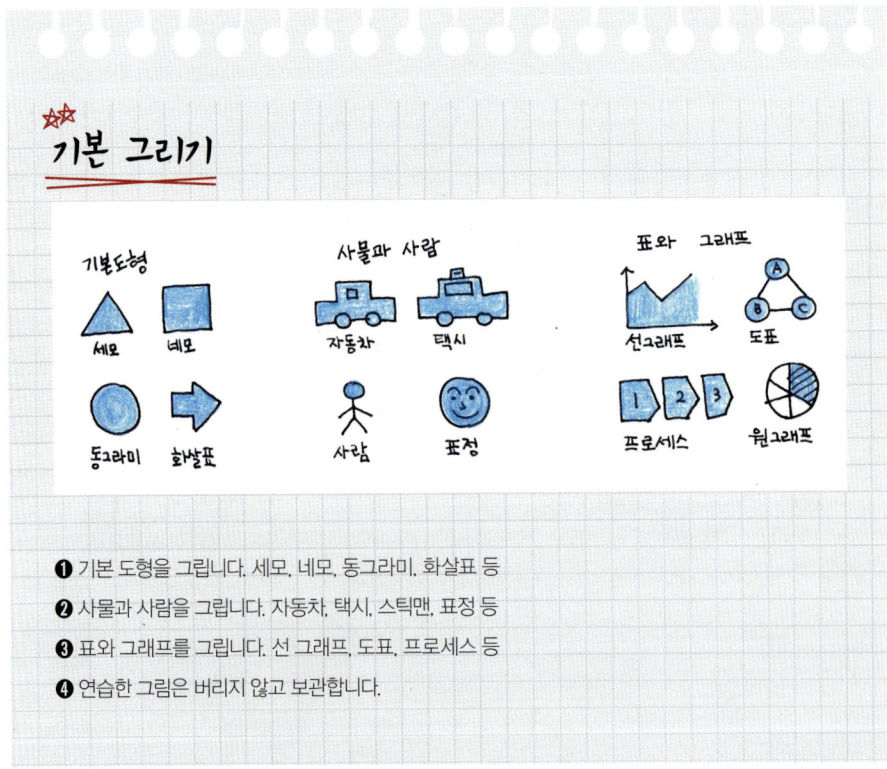

☆ 기본 그리기

❶ 기본 도형을 그립니다. 세모, 네모, 동그라미, 화살표 등
❷ 사물과 사람을 그립니다. 자동차, 택시, 스틱맨, 표정 등
❸ 표와 그래프를 그립니다. 선 그래프, 도표, 프로세스 등
❹ 연습한 그림은 버리지 않고 보관합니다.

삐뚤빼뚤 그리기

직선을 똑바로 그리기 쉽지 않죠? 동그라미도 매끈하게 그려지지 않습니다. 처음에는 삐뚤빼뚤 그려도 괜찮습니다. 자연스럽게 내 손의 감각을 따라 그리면 됩니다. 잘 그리지 못한 그림으로 표현해도 전혀 문제가 없습니다.

과학계에 알려진 세계 10대 스케치 중에서는 알렉산더 그레이엄 벨(Alexander Graham Bell)이 남긴 최초의 전화기, 토머스 에디슨(Thomas Alva Edison)이 그린 전구 필라멘트, 갈릴레오 갈릴레이(Galileo Galilei)가 그린 토성 스케치가 있습니다. 전화를 발명한 벨은 비록 잘 그리지 못해 엉성해 보이지만 스케치북에 최초의 전화기 그림을 남겼으며, 에디슨은 필라멘트의 형태를 다양하게 그린 스케치를 남겼습니다. 에디슨의 그림 또한 표현력이 뛰어나거나 잘 그린 그림은 아니지만 다양한 모양을 표현한 필라멘트를 볼 수 있습니다. 망원경으로 토성을 관찰한 갈릴레이는 토성을 본 적 없는 사람들을 위해 토성 스케치를 남겼습니다. 벨, 에디슨, 갈릴레이가 남긴 스케치는 엉성하고 허술해 보이지만 새로운 생각이 담겨 있습니다. 즉, 어떤 생각을 그릴 것인가가 중요하지 얼마나 잘 그릴 것인가는 중요하지 않습니다.

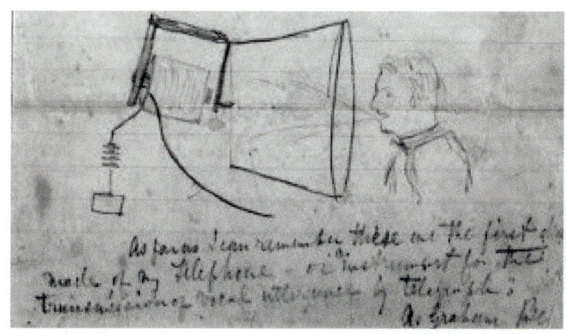
■ 그레이엄 벨이 그린 스케치

■ 시범통화중인 벨(1982년)

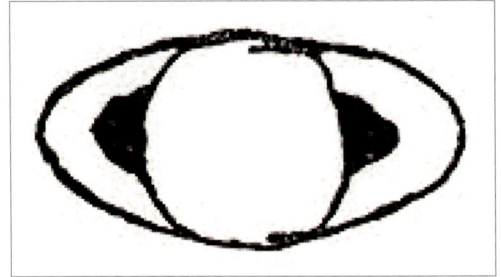
■ 갈릴레이가 그린 토성

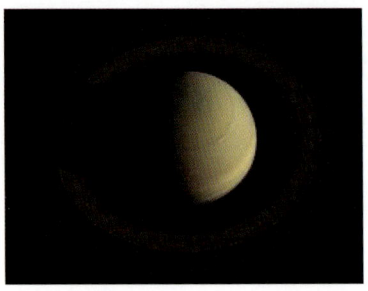
■ 실제 토성 모습

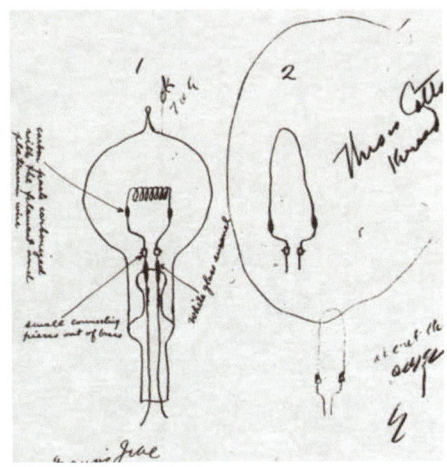
■ Francis Jehl drew sketches 1 and 2 of early experimental filaments in October 1879

■ 에디슨이 그린 전구 필라멘트 스케치

용기를 내서 일단 시작해 보세요!

    비주얼 씽킹이 '창의성과 업무능력을 키워줄 수 있는 좋은 방법이다'라는 생각이 들면 '좋아. 해보자'라는 마음을 먹어보세요. 영국의 스티브 잡스라 불리는 버진 그룹의 회장 리처드 브랜슨(Richard Branson)의 좌우명은 '용기를 내서 일단 해보자!'입니다. 고대 그리스 철학자인 플라톤도 '어떤 일이든 시작이 가장 중요하다'라고 말했으며, '천리 길도 한 걸음부터'라는 속담도 있습니다. 이 책을 읽기 시작했다면 당신은 이미 한 걸음을 나선 것입니다. 용기를 내서 한 걸음씩 다가가 비주얼 씽킹을 시작해 보세요.

세계적으로 유명한 사진작가가 강연을 마치고 청중들에게 질문을 받고 있습니다. 이때, 청중 가운데 한 사람이 자리에서 일어나 질문을 했습니다.

"선생님, 사진 작품을 촬영할 때 가장 중요한 것은 무엇입니까?"

사진작가는 빙그레 웃으면서 이렇게 답했습니다.

"제일 먼저 카메라의 뚜껑을 여는 것입니다."

비주얼 씽킹을 하기 위해 카메라 뚜껑과 같은 역할을 하는 시각화에 첫 번째 단계를 알려드리겠습니다. 자, 책상 위에 빈 종이를 한 장 펼치고 연필꽂이에서 자주 사용하는 펜을 꺼낸 후 종이에 원 하나를 크게 그려 보세요. 어떤 그림이든 첫 번째로 그리는 선이 가장 힘든 법입니다. 일단 원 하나를 그리면 스케치북은 당신의 손아귀에 들어옵니다. 원 하나만 그렸을 뿐인데 당신은 시각화의 첫 번째 장애물을 통과한 셈입니다.

어떤 그림이든
첫 번째로 그리는 선이
가장 힘든 법이다

일단 원 하나를 그려라
첫번째 장애물을 통과한 셈이나

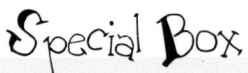

나는 어떤 색깔의 비주얼 씽커인가?

나는 어떤 색깔의 비주얼 씽커인지 알아보기 위해 아래 5문항을 읽고 가장 맞는 답 하나를 선택하기 바랍니다. 시험문제가 아니니 가볍게 심심풀이로 풀어보기를 권합니다. 다 풀고 나서 해당 번호를 합산하고 테스트 결과를 참고하면 내가 어느 정도의 비주얼 씽커인지 파악할 수 있습니다.

◈ 회의실에서 아이디어 회의를 하고 있다. 내게 볼펜을 주면서 내가 낸 아이디어를 그려보라고 한다. 나는

1 – 검정 볼펜 말고 다른 색깔 볼펜이 있는지 물어본다.
2 – 아이디어를 일단 그림으로 그리고 보여주면서 설명한다.
3 – "그림은 못 그리지만 ……"이라고 말하고는 엉성한 그림을 그린다.
4 – 아이디어와 관련된 단어를 적고, 단어 위에 동그라미를 그려 넣는다.
5 – 회의실 책상에 볼펜을 내려놓고 바로 말로 추가 설명한다.

◈ '100년 후 사무실'을 상상하면서 사람들과 함께 화이트보드에 그림을 그리는 수업 중이다. 나는

1 – 제일 먼저 화이트보드에 크게 사각형으로 사무실 공간을 그리고 싶다.
2 – 이미 그려진 사무실 공간에 추가적인 그림을 그리고 싶다.
3 – 화이트보드에 그려진 그림에 설명하는 내용을 글로 쓰고 싶다.
4 – 그림을 그리지 않고, 보고서를 쓰는 게 편하다고 생각한다.
5 – 상상하면서 아이디어를 내는 것이 싫을 때가 많다.

◈ 내일까지 새로운 아이디어를 제출하라고 한다. 양식은 파워포인트다. 나는

1 – 아이디어를 대표할 만한 영상을 찾아서 함께 제출하고 싶다.
2 – 아이디어를 손그림으로 그려서 함께 제출하고 싶다.
3 – 아이디어에 해당되는 사진을 찾아서 함께 제출하고 싶다.
4 – 파워포인트에서 제공하는 도형과 차트를 활용해서 제출하고 싶다.
5 – 간단히 텍스트로 정리하여 제출하고 싶다.

◆ 초등학교 동창회에서 만난 친구들이 내게 하는 일이 뭔지를 묻는다. 나는

1 – 가방에서 종이와 볼펜을 꺼내 그리면서 설명한다.
2 – 테이블에 놓인 물건들을 활용하면서 회사 업무를 설명한다.
3 – 마침 가방에 넣어온 회사 관련 서류가 생각나서 꺼낸다.
4 – "내가 하는 일은 말이야."라면서 말로 설명한다.
5 – "직장인이 똑같지 뭐"하면서 다른 이야기로 화제를 바꾼다.

◆ 책 읽기 모임에서 누군가 그림으로 독서 후기를 공유하자고 한다. 나는

1 – 이미 독서 후기를 그림으로 남기고 있다고 말한다.
2 – 책 표지를 보고 그리는 것도 해당되는지 묻는다.
3 – 동그라미나 세모와 같은 도형도 그림에 해당하는지 묻는다.
4 – 그림 그리기는 자신 없다면서 망설인다.
5 – 쓸데없는 시간 낭비라는 생각이 든다.

테스트가 끝난 후 5개의 문항 중에 해당되는 점수를 모두 합하면 당신의 비주얼 씽킹 점수가 나옵니다. 비주얼 씽커 테스트 결과는 다음과 같습니다.

★ 채점결과 ★

5-9점은 '굉장한' 비주얼 씽커 단계이고 **10-14점**은 '좋은' 비주얼 씽커 단계, **15점 이상**은 '썩 괜찮은' 비주얼 씽커 단계입니다. 비주얼 씽킹 워크숍에 온 수강생들을 테스트해보면 5-9점과 15점 이상은 각각 25% 정도 되고, 좋은 비주얼 씽커가 나머지 50%를 차지합니다

5~9점	10~14점	15점 이상
25%	50%	25%
굉장한	좋은	썩 괜찮은

'굉장한' 비주얼 씽커는 평소에 펜이나 연필을 가지고 다니면서 그림으로 생각을 정리하는 사람입니다. '꽤 좋은' 비주얼 씽커는 그림에 자신은 없지만 그림으로 표현하기 위해 노력하는 사람입니다. '썩 괜찮은' 비주얼 씽커는 아직 수동적인 사람입니다. 매일매일 조금씩 그림 그리는 시간을 늘려서 그림과 친해지는 게 좋습니다.

비주얼 씽커 테스트 결과에는 어디에도 나쁜 비주얼 씽커는 없습니다. 나쁜 비주얼 씽커는 아직 '시작하지 않는 사람들'입니다. 테스트를 풀어보고 있는 당신이라면 이미 비주얼 씽커입니다.

제 3 장
비주얼 씽킹이란 무엇인가?

Visual Thinking

비주얼 씽킹이란 무엇인가?

다음에 설명하는 꽃은 무엇일까요?

'원산지는 중앙 아메리카이고, 높이는 2m 정도로 자란다. 잎은 어긋나고, 잎자루는 길다. 꽃은 지름 8~60cm 노란색이다……' 두산백과에서 설명하는 어떤 꽃의 일부입니다. 어떤 꽃인지 짐작이 가시나요?

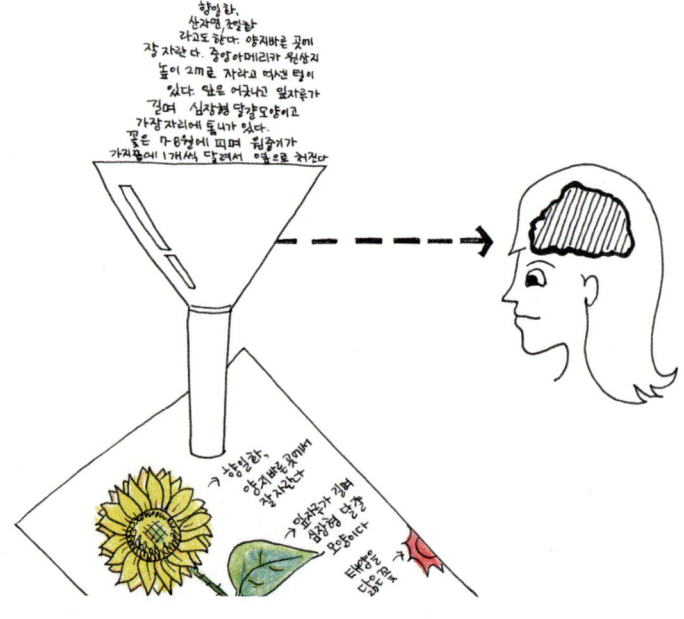

옆에서 설명한 꽃은 바로 해바라기입니다. 해바라기 사진이나 그림을 보여주면 누구나 알 수 있는 꽃입니다만, 텍스트로 설명하면 바로 떠오르지 않습니다. 아마 대부분의 사람들은 설명을 읽고도 어떤 꽃인지 맞추려면 시간이 더 필요할 것입니다. 텍스트로 설명하면 금방 떠오르지 않는 이유는, 우리 뇌는 텍스트보다 이미지를 더 좋아하기 때문입니다. 뇌에는 이미지로 저장된 많은 정보가 존재하기 때문에 이미지로 설명하면 단박에 알아보고 이해하기 쉽습니다. '백문이 불여일견'이라는 말이 있듯이 백번 듣는 것보다 한 번 보는 것이 100배 낫습니다.

비주얼 씽킹을 한 마디로 정리하면

비주얼 씽킹이란 생각과 정보를 그림으로 기록, 표현하는 것을 말합니다. 즉, '생각 시각화'라고 할 수 있습니다. 영어 단어를 직역하면 '그림으로 생각하기', '시각 사고법'이 됩니다. 다양하게 풀어보면 '그리면서 생각한다', '그리고 나서 생각한다', '생각보다 그림이 먼저다', '그리면 생각이 정리된다'를 의미합니다.

필자는 비주얼 씽킹을 '재미있게 생각한다'라고 해석하고 싶습니다. 비주얼 씽킹을 하면 머리가 복잡해지고 싫어하는 일을 억지로 하는 것처럼 느껴지기 보다 '진심으로 재미있는 일을 한다'라는 생각이 드니까요. 그림을 그리다 보면 일을 하는 건지, 놀고 있는 건지 헷갈릴 때가 많습니다.

비주얼 씽킹의 정의

비주얼 씽킹은 '좁은 의미의 정의'와 '넓은 의미의 정의'로 나눠서 생각해 볼 수 있습니다. 좁은 의미의 비주얼 씽킹이란 글과 그림으로 생각과 정보를 기록, 표현하는 것을 말합니다. 좁은 의미의 정의를 보면 그림을 그릴 줄 알고 기록과 표현을 해야 하는 것으로 파악됩니다. 기록과 표현을 하는 손쉬운 방법은 핸드 드로잉(Hand-Drawing)으로, 비주얼 씽킹에서는 손 스케치를 강조합니다.

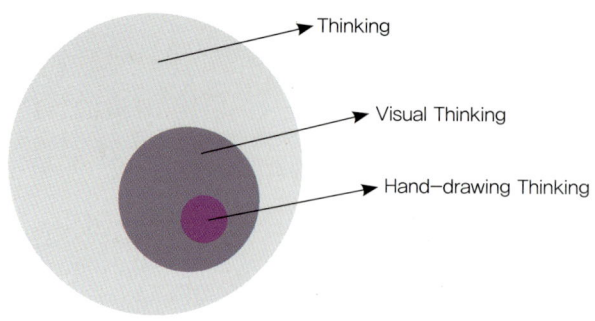

넓은 의미의 비주얼 씽킹 정의는 좁은 의미의 비주얼 씽킹 정의에서 두 가지가 방향으로 확대됩니다.

첫째, 글과 그림이라는 툴이 확장되어, 이미지와 영상, 몸을 사용한 비언어 등이 포함됩니다. 또한 레고, 자연물 등을 활용한 비주얼이 포함되며 디지털 도구를 사용하는 방법으로도 확장합니다.

둘째, 기록과 표현이라는 비주얼 씽킹의 목적이 확장되어, 다른 사람과의 커뮤니케이션이 원활할 수 있도록 돕고, 기획력과 창의력을 높이는 부분까지 확대됩니다.

비주얼 씽킹의 핵심은 단순화

비주얼 씽킹은 생각이나 정보를 한눈에 볼 수 있도록 핵심을 단순화하여 시각적으로 표현합니다. 오른쪽의 이미지는 피카소가 그린 '소' 연작 작품입니다. 처음 그림들은 완전한 소의 형태를 띠고 있지만 하나씩 소에 대한 형상들이 단순화되면서 마지막에는 소와 소의 뿔을 선 하나로 단순하게 표현하였습니다.

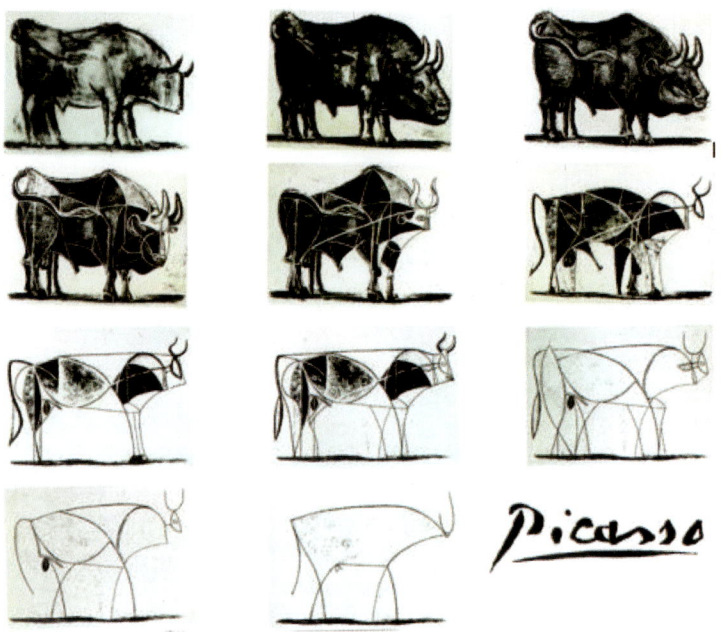

〈이미지 출처 : Pablo Picasso, Bull (plates I – XI) 1945〉

핵심을 단순화한 그림을 보면 이해하기 쉽습니다. 필자는 최근에 신문에서 '테라스 하우스가 뜬다'라는 기사를 읽었습니다. 읽다 보니 문득 '테라스'와 '베란다', 그리고 '발코니'의 차이점이 무엇일까 궁금해졌습니다.

그림을 보면 테라스와 베란다, 그리고 발코니의 차이점에 대해 쉽게 이해할 수 있습니다. 테라스는 밑에 판을 덧붙여서 별도의 공간을 만든 곳으로 편안하고 고급스러운 느낌이 납니다. 아파트 베란다는 아무런 설치도 되어 있지 않습니다. 발코니와 베란다를 비교해서 보면 베란다 밑에는 지탱해줄 만한 건물이 있어서 공간 확장이 가능하지만 발코니 밑에는 건물이 없기 때문에 공간 확장이 불가능합니다. 이처럼 말로 설명하기 어려운 개념을 그림으로 그려보면 이해하기 쉽습니다.

이번에는 기념일마다 로고를 바꾸는 구글의 예를 들어 보도록 하겠습니다. 하루는 친구가 구글의 추석 기념 로고를 봤냐며 다음과 같은 쪽지를 보냈습니다.

'구글 추석 기념 로고 봤어? 강강수월래 + 보름달 + 로고'

당신은 추석을 기념하여 만든 구글 로고가 무엇인지 금방 떠올랐나요?
아래와 같이 로고 디자인에 들어갈 형태를 간략하게 그리면서 떠올리면 훨씬 이해하기 쉽습니다.

2013년 9월, 구글의 실제 로고 작품입니다. 강강수월래, 보름달, 구글 로고가 잘 어우러져 표현되어 있습니다.

비주얼 씽킹 활용 범위

비주얼 씽킹의 활용 범위는 크게 '생각을 정리할 때'와 '생각을 표현할 때'의 두 가지 경우로 나누어 볼 수 있습니다. 즉, 아이디어 발상, 기획, 제안서 작성을 위해 생각을 정리할 때와 생각을 정리해서 프레젠테이션과 커뮤니케이션으로 표현할 때 유용하게 활용할 수 있습니다.

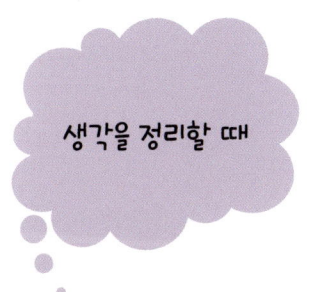
아이디어 발상, 기획, 제안서 작성

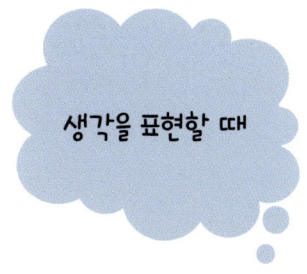
프레젠테이션, 커뮤니케이션을 위한 표현

비주얼 씽킹을 위한 3가지 핵심 질문

① 첫 번째 질문: 누가 그리는가?
자신의 생각을 그림으로 표현하기 위해서는 본인이 직접 그리는 것이 좋습니다. 제2의 뇌라고 불리는 손을 많이 쓸수록 머리를 자극해서 창의적인 생각을 하는데 도움을 줍니다.

② 두 번째 질문: 무엇을 그리는가
계획과 생각 등 모든 것을 그림으로 표현할 수 있습니다. 그림으로 표현하면 보다 분명해집니다. 업무적으로, 일상생활에서, 자기 관리나 인생 설계에도 다양하게 비주얼 씽킹을 응용해보세요.

③ 세 번째 질문: 어떻게 그리는가
간단히 그리면 됩니다. 내가 무엇을 그린 건지 알아볼 수 있을 정도로만 간략하게 스케치합니다. 너무 복잡한 그림은 빠른 의사결정에 방해가 됩니다.

비주얼 씽킹 활용 범위

비주얼 씽킹의 활용 범위는 크게 '생각을 정리할 때'와 '생각을 표현할 때'의 두 가지 경우로 나누어 볼 수 있습니다. 즉, 아이디어 발상, 기획, 제안서 작성을 위해 생각을 정리할 때와 생각을 정리해서 프레젠테이션과 커뮤니케이션으로 표현할 때 유용하게 활용할 수 있습니다.

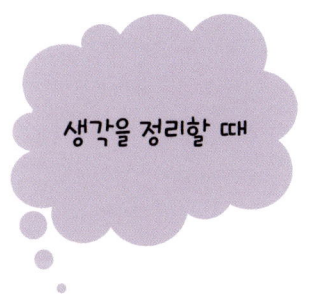

아이디어 발상, 기획, 제안서 작성   프레젠테이션, 커뮤니케이션을 위한 표현

비주얼 씽킹을 위한 3가지 핵심 질문

① 첫 번째 질문: 누가 그리는가?
자신의 생각을 그림으로 표현하기 위해서는 본인이 직접 그리는 것이 좋습니다. 제2의 뇌라고 불리는 손을 많이 쓸수록 머리를 자극해서 창의적인 생각을 하는데 도움을 줍니다.

② 두 번째 질문: 무엇을 그리는가
계획과 생각 등 모든 것을 그림으로 표현할 수 있습니다. 그림으로 표현하면 보다 분명해집니다. 업무적으로, 일상생활에서, 자기 관리나 인생 설계에도 다양하게 비주얼 씽킹을 응용해보세요.

③ 세 번째 질문: 어떻게 그리는가
간단히 그리면 됩니다. 내가 무엇을 그린 건지 알아볼 수 있을 정도로만 간략하게 스케치합니다. 너무 복잡한 그림은 빠른 의사결정에 방해가 됩니다.

제 4 장
비주얼 씽킹은 왜 해야 하는가?

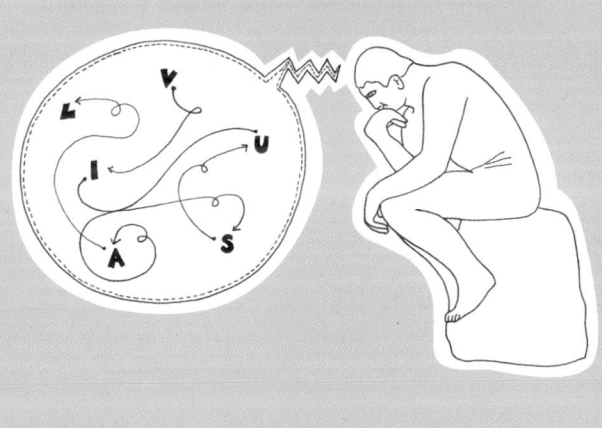

Visual Thinking

비주얼 씽킹은 왜 해야 하는가?

지금까지 천재처럼 생각하는 법, 단순한 선과 도형을 사용해 비주얼 씽킹을 하는 법, 비주얼 씽킹의 정의에 대해서 배우며 비주얼 씽킹에 첫발을 내미는 심리적인 부담감을 줄일 수 있었습니다. 하지만 아직까지 비주얼 씽킹을 왜 해야 하는지 망설이는 독자들이 많을 것입니다. 비주얼 씽킹을 망설이는 이유는 비주얼 씽킹이 꼭, 반드시 해야 하는 것인지 확신이 안 서기 때문입니다. 그렇다면 왜, 우리는 비주얼 씽킹을 꼭 해야만 하는 걸까요?

"미래의 문맹자는
 글을 읽지 못하는 사람이 아니라
 이미지를 모르는 사람이 될 것이다"

21세기의 레오나르도 다 빈치라 불리는 사진작가 나즐로 모홀리 나기(Laszlo Moholy Nagy)가 한 말입니다. 글이 아닌 이미지로 소통하고 일을 하는 시대가 도래했다는 말을 이보다 잘 표현하기란 힘들 겁니다. 이렇듯 자신의 생각을 이미지로 표현하지 못하고, 표현된 이미지를 잘 받아들이지 못한다면 미래의 문맹자가 될지도 모릅니다. 우리는 이미지가 이끌어가는 사회에 적응하고 살아남기 위해 비주얼 씽킹을 필수적으로 배워야 하는 과정으로 생각해야 합니다.

비주얼 씽킹을 해야 하는 이유

한 수강생이 그려준 필자 모습

읽는 시대에서 보는 시대로

지금 우리가 사는 세상은 글을 '읽는' 것보다 이미지화된 자료를 '보는' 것을 더 선호합니다. 이런 시대의 흐름을 맞추기 위해 전달할 내용을 이미지로 구성하여 보기 쉽게 표현하는 사례가 늘고 있습니다.

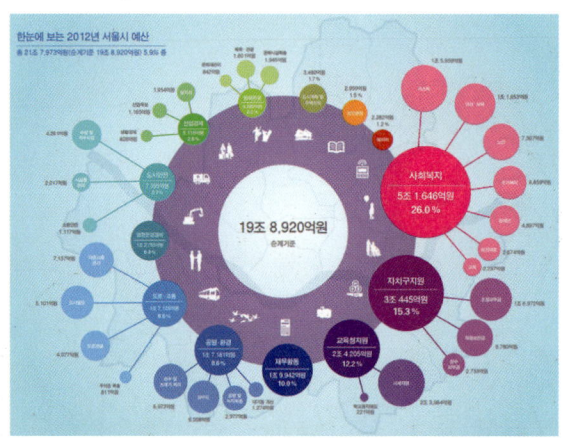

■ 2012년 서울시 예산

위 이미지는 2012년, 서울시에서 발표한 예산을 보기 쉽도록 배치하고 다양한 색상을 사용하여 눈에 띄도록 한 장의 인포그래픽으로 표현한 것입니다. 먼저 큰 분류로 데이터를 나눈 후 각각의 하위 단계를 비슷한 색상으로 분류하여 한눈에 확인할 수 있도록 표현되었습니다.

스마트폰이 바꾼 훑어보기 문화

두 번째 이유는 스마트폰이 바꾼 훑어보기 문화 때문입니다. 검색과 쇼핑을 하고, 정보를 습득하는 채널이 PC에서 모바일로 빠르게 변화하고 있습니다. 스마트폰으로 생활하는 일상을 한번 살펴보세요. 한 손으로 스마트폰을 쥐고 다른 한 손으로 휙휙 정보를 넘기면서 봅니다. 빠르게 넘겨보느라 이미지 중심으로 훑어보게 되고 글은 눈에 들어오지 않습니다. 이렇듯 스마트폰 사용자들의 눈을 사로잡기 위해 이미지는 점점 더 중요해지고 있습니다.

정보 홍수에 빠진 사람들

세 번째 이유는 정보가 너무 많기 때문입니다. 매일 생산되는 새로운 정보는 많지만 수용할 수 있는 정보의 양은 한계가 있습니다. 결국 우리는 쓸데없는 정보 속에서 허우적거리면서 정작 원하는 정보를 습득하지 못할 수도 있습니다. 방대한 양의 정보 중에서 내가 원하는 데이터를 빠르게 정리하고 이해하기 위해서는 이미지화, 즉 비주얼 씽킹이 꼭 필요합니다.

소셜미디어가 만든 이미지 소통

　소셜미디어에서는 한 장의 사진이나 이미지가 주목 받습니다. 예를 들어 "요즘 썸타는 사람이 있는데, 오늘 삼청동에 있는 유명한 밥집을 다녀왔어. 맛도 좋고 기분도 좋고, 나는 요즘 행복하게 잘 살고 있어. 어쩌고 저쩌고~"라고 자랑하려는 사람이 있다면 썸남과 밥을 먹으며 웃고 있는 한 장의 사진만 올리면 됩니다. 그게 더 빠르니까요.

창조적 인재가 성공하는 시대

　다섯 번째 이유는 창조적 인재가 성공하는 사회로 변화되고 있기 때문입니다. 지금은 업종에 관계없이 자신의 업무, 또는 자신의 업무 이외의 새로운 일을 만들어 낼 수 있는 창의력있는 사람이 각광을 받고 있습니다. 이를 뒷받침한다는 듯이 2014년 3월, 삼성전자는 '관리의 삼성'에서 '창조혁신의 삼성'으로 변하겠다고 선언했으며 최근 기업들 또한 창조 사회에 대한 관심이 증가하면서 창조 인재에 대한 관심도가 높아지고 있습니다. 2013년 6월 전경련과 잡코리아가 기업 인사 담당자 1,023명을 대상으로 조사한 설문에 따르면 70.7%의 기업이 창조 인재에 관심이 높으며, 이들 중 15.8%

는 매우 높은 것으로 나타났습니다. 기업들은 연구개발뿐만 아니라 전략기획, 마케팅 등 다양한 분야에서 전사적으로 창조인재 육성 및 채용을 위해 노력하고 있었습니다. 즉, 창조적 인재로 새로운 변화를 시도하는데 우뇌를 자극하는 비주얼 씽킹이 꼭 필요하다는 겁니다.

이제 비주얼 씽킹은 생존의 문제

비주얼 씽킹은 '하면 좋은 것'이 아닙니다. 그것은 '생존의 문제'입니다. 항상 해왔던 것처럼 글자로 생각을 정리하면 간단하고 편하지만 새로운 생각이 나오지 않습니다. 새로운 생각을 해낼 수 없는 사람은 도태되고 맙니다. 비주얼 씽킹을 하고 싶어 이 책을 든 당신, 비주얼의 대가가 되고 싶다고 자신을 설득하였습니까? 정말로 비주얼이 대세가 될거라고 믿고 있습니까? 살포시 다리 하나만 올려놓지 말고, 두 다리로 성큼 비주얼 시대로 옮겨오세요. 최선을 다해서 이 책과 함께 하겠다고 다짐하면 더 많은 실천법을 얻어갈 수 있습니다.

혹시 아직도 비주얼 씽킹을 시작하지 않아도 되는 수십 가지의 이유를 가지고 있습니까? 그러나 비주얼의 중요성을 단 하나라도 느꼈다면 미루지 말고 시작하세요. 중요한 것을 미루는 것은 불행한 사람들의 공통점입니다.

하루에 1m를 가는 애벌레가 하루에 10km를 가려면 나비가 되어야 합니다. 애벌레의 몸으로 기어서 하루에 10km를 갈 수 없습니다. 애벌레가 나비가 되려면 하루하루 열심히 먹어 살을 찌우고 고치가 되어야 합니다. 이렇게 나비가 될 수 있도록 자신을 가꾼 고치는 일정 기간이 지나면 한 마리의 아름다운 나비로 변합니다. 애벌레는 자기 안에 나비를 숨기고 있으며, 고치가 되어야 할 시점에서 망설이지 않습니다. 여러분도 고치와 같습니다. 더 멀리, 더 빠르게 남들보다 비상하기 위해서는 하루하루를 소중히 여기고 내 안에 나비가 되어야 할 시기를 적절히 발견해야 합니다. 그것은 당장 오늘 이룰 수 있는 과정입니다. 내일로 미루지 말고 오늘 당장 비주얼 씽킹을 시작해 보세요.

제 5 장
비주얼 씽킹을 하면 어떤 점이 좋아질까?

Visual Thinking

비주얼 씽킹을 하면 어떤 점이 좋아질까?

　비주얼 씽킹을 활용하여 그림을 그리고, 이미지로 표현하면 상대방의 이해를 높이고, 공감대를 형성하여 상대방을 설득하는데 효과적으로 사용할 수 있으며 새로운 아이디어를 떠올릴 수 있습니다. 또한 전달하고자 하는 정보를 페이스북과 같은 소셜 미디어에서 빠르게 확산시킬 수 있습니다. 이렇듯 일상생활과 업무에 큰 도움이 되는 비주얼 씽킹의 장점들을 이번 장에서 차근차근 알아보도록 하겠습니다.

한방에 이해된다

　전달할 내용을 그림으로 표현하면 복잡한 설명이나 이해하기 힘든 부분을 한방에 이해할 수 있습니다. 예를 들어 영화를 찍을 때에는 영화의 장면 장면을 순서에 맞게 그림으로 표현해 놓은 스토리보드를 활용합니다. 이미지로 구성된 스토리보드를 사용하면 영화 스토리와 각각의 장면을 한눈에 확인할 수 있으며 함께 작업하는 스태프들에게 영화의 구성이나 방향성에 대해서 쉽게 전달할 수 있습니다. 또한 제품의 장점을 알려주고 싶을 때 그림을 이용해서 흥미롭게 표현하거나, 제품의 기능이 설명되어 있는 제품설명서를 이미지로 손쉽게 설명할 수 있습니다.

국내 유수 광고대행사에 다니는 한 수강생은 '자동차 제품의 특징을 시각화한 SUV 탐구생활' 사례를 비주얼 씽킹 수업시간에 발표했습니다. 기존 트렁크와 달리 '펼치면 다리를 뻗어서 앉을 수 있을 만큼 넓고 튼튼한' 매직 게이트의 특징을 극적으로 설명하기 위해 '악어가 나타난다면'이라는 가정을 붙인 후 매직 게이트가 있으면 악어가 나타나도 두 다리를 뻗고 있을 수 있다고 표현했습니다.

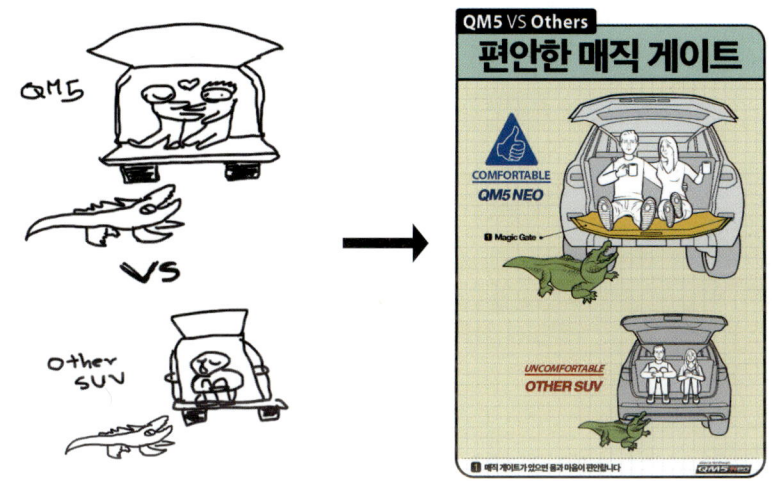

〈출처: www.pinterest.com/qm5neo〉

제품의 특징을 이미지화할 때는 우선 특징을 어떤 에피소드로 표현할 것인지를 정해야 합니다. 이 사례의 경우에는 악어가 나타났다는 다소 엉뚱한 상황을 대입시켰습니다. 이후 이미지가 어떤 형태로 쓰일지 미리 가늠해 볼 수 있도록 초벌 스케치를 통해 구도를 잡습니다. 마지막으로 전문 디자이너의 도움을 받아서 디자인 스타일을 정하고, 디자인을 뽑아내면 됩니다.

공감대 형성

비주얼 씽킹은 다른 사람과의 공감대 형성에 도움이 됩니다. 예를 들어 복잡한 법적 소송에서 시각적 자료를 사용하여 배심원들이 공감을 얻기 위해 노력하는 것도 비주얼 씽킹의 힘을 이용하려는 것입니다. 생활 안전이나 예방, 선거 포스터 또한 전달하고자 하는 주제를 한 장의 이미지로 표현하여 공감대 확산을 위해 제작된 것이라고 할 수 있습니다.

PXD 회사에서 일하는 필자의 지인은 커피 컵에 다양한 글과 이미지를 삽입해 고객들과 좀 더 공감대를 얻고 소통하고자 합니다.

종이컵은 이런 모습입니다. 우울할 때보면 위로를 받을 수 있는 희망찬 말들이나 재미있는 글귀와 그림으로 표현된 비주얼 씽킹 시각 언어(Visual Language)가 가득 차 있습니다.

가운데에 너의 공간(Your Space)이라는 빈 공간이 있습니다. 뭔가 적고 싶거나 그리고 싶을 때, 컵 디자인의 한 부분을 내가 그린 것처럼 표현할 수도 있습니다.

오래 기억된다

그림은 텍스트로 이루어진 글자보다 오래 기억에 남습니다. 만약 회사에서 프레젠테이션을 한 경험이 있다면 프레젠테이션이 끝나고 1주일이 지난 후 참석했던 사람들에게 기억에 남는 내용이 있는지 물어보세요. 대부분의 사람들은 글이 많았던 슬라이드 보다는 이미지가 많이 삽입된 슬라이드 내용을 떠올립니다. 이렇듯 이미지는 글보다 전달력이 뛰어나고 오래 기억되는 장점을 가지고 있습니다.

아이디어 발상

비주얼 씽킹은 아이디어 발상을 다양하고 폭넓게 하도록 돕습니다. 구글은 사업 초기 회사에 긴 화이트보드를 갖다 놓고, 직원들에게 자유롭게 서비스 아이디어를 적으라고 한 후 선을 긋고 연결하도록 하여 앞으로 어떤 서비스를 만들지 전 직원과 함께 아이디어를 공유하도록 하였습니다. 구글 마스터 플랜 1.0(Google Master Plan 1.0)은 그렇게 탄생했습니다. 아래 그림은 그중 일부 이미지입니다.

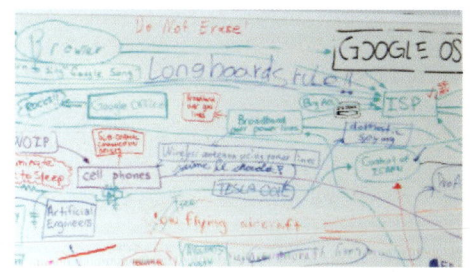

높은 설명력

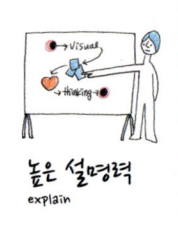

비주얼 씽킹을 활용하면 어려운 내용을 쉽고 빠르게 설명할 수 있습니다. 그림이나 사진, 이미지, 영상을 사용하면 전체적인 내용을 쉽게 알 수 있고, 각 내용 간의 관계도 한눈에 파악됩니다. 특히 스케치는 도형, 화살표, 키워드 등 최소한의 표현 양식만을 사용하기 때문에 복잡하거나 모호한 내용을 간략하게 정리할 수 있습니다.

어려운 의학 정보를 눈에 보이는 이벤트로 확산시킨 사례로, 루게릭병을 후원하는 아이스버킷 챌린지를 소개합니다. 아이스버킷 챌린지는 얼음물을 뒤집어쓰는 행동을 통해 루게릭병의 고통을 간접적으로 느껴보는 기회를 제공하는 캠페인입니다. 2014년 6월, 아이스버킷 챌린지 캠페인은 소셜미디어를 타고 전세계적으로 급격히 퍼져나가 유행이 되었고 빌 게이츠, 마크 주커버그 등 유명 기업인과 스타들이 참여하면서 확산속도는 더욱더 가속화되고 있습니다. 이 캠페인에 참여하기 위해서는 참가자는 얼음물을 뒤집어쓰는 모습을 영상으로 찍고 소셜미디어에 올린 후 다음에 아이스버킷 챌린지를 할 세 명의 사람을 지목합니다. 지목을 당한 사람은 24시간 내에 이 도전을 받아 얼음물을 뒤집어쓰거나 100달러를 기부하면 됩니다.

〈이미지 출처: 위키백과〉

필자 역시 지인의 지목을 통해 캠페인에 동참하게 되었고, 루게릭병 환우 요양소 건립운동에 기부하였습니다. 그리고 아이스버킷 챌린지 캠페인이 갖고 있는 본래 취지를 한 장의 그림으로 표현하여, 얼음물을 뒤집어쓰는 것을 대신하였습니다. 아래의 이미지는 차가운 얼음이 버킷을 떠나 사람에게 떨어지는 동안 따뜻한 마음으로 변하는 모습을 표현한 것입니다.

빠른 확산

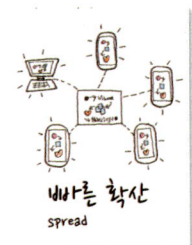

비주얼화된 다양한 데이터들은 재미있는 이미지와 다양한 색상으로 표현되어 사람들의 호기심을 끌기 쉽습니다. 그렇기 때문에 모바일과 소셜미디어를 통해 빠르게 확산될 수 있는 장점을 가지고 있습니다.

조립식 가구 업체 IKEA의 광고 대행사였던 더멍키스(Themonkeys)는 직원 채용 설명서를 이케아 제품 안에 들어있는 가구를 조립하는 사용 설명서와 비슷한 형태의 디자인처럼 제작하여 큰 호응을 얻었습니다. 보는 사람마다 해석은 조금 다르겠지만 '직원채용 설명서'를 봤을 때 이런 느낌이었습니다.

1. 돈이 필요하다
2. 이케아에 전화를 건다
3. 면접을 통과하면 채용이 이뤄진다.
4. 돈이 생긴다. 와우!

IKEA 오스트레일리아의 이 직원 채용 설명서는 이케아 제품을 포장해가는 자율 포장대에 비치되었습니다. 재미있는 이미지로 구성된 채용 설명서는 이케아를 좋아하는, 이케아를 잘 몰랐던 사람들에게도 흥미를 유발하였고 채용 관련 홍보비를 전혀 쓰지 않았음에도 사람들의 손과 입을 거쳐 빠르게 확산되었습니다. 그 결과, 이케아는 무려 4,285명의 지원자 중 280명을 고용할 수 있었습니다.

비주얼 씽킹을 하면 업무에 도움이 되는 점

▶▶ 기획력(Planning) 향상

비주얼 씽킹은 기획력을 높이는 도구입니다. 기획에 필요한 아이디어를 정리하여 기획의 뼈대를 잡고 내용을 짜임새있게 구성할 수 있도록 도와줍니다.

필자는 2014년 4월 [비주얼 노트 워크숍] 강연을 준비하면서 발표자료를 전체적으로 정리하고 확인하기 위해 강의 내용을 스토리보드로 만들었습니다. 다음 장에 들어간 파워포인트 스토리보드에서 네모난 상자는 파워포인트 1장 화면을 의미하며 중요한 내용 구분은 색상을 사용했습니다. 하늘색 박스는 각 장을 의미하며 노란색 박스는 실습을 의미합니다. 워크숍 강의에서는 실습이 중요하기 때문에 강의 중간중간에 적절하게 실습을 배치했습니다. 분홍색 박스는 비주얼 씽킹과 관련된 강의이거나 다른 강의에서 활용할 수 있는 내용을 표시한 것입니다.

이렇게 스토리보드를 활용해서 프레젠테이션을 정리하면 전체 내용을 한눈에 볼 수 있고, 시간 배분을 체크할 수 있기 때문에, 회사에서 프레젠테이션을 해야 하는 경우에도 유용하게 사용할 수 있습니다. 기획력 향상을 위한 비주얼 씽킹 방법론은 제12장 프레젠테이션 시각화에서 구체적으로 설명하고 있으니 참고하기 바랍니다.

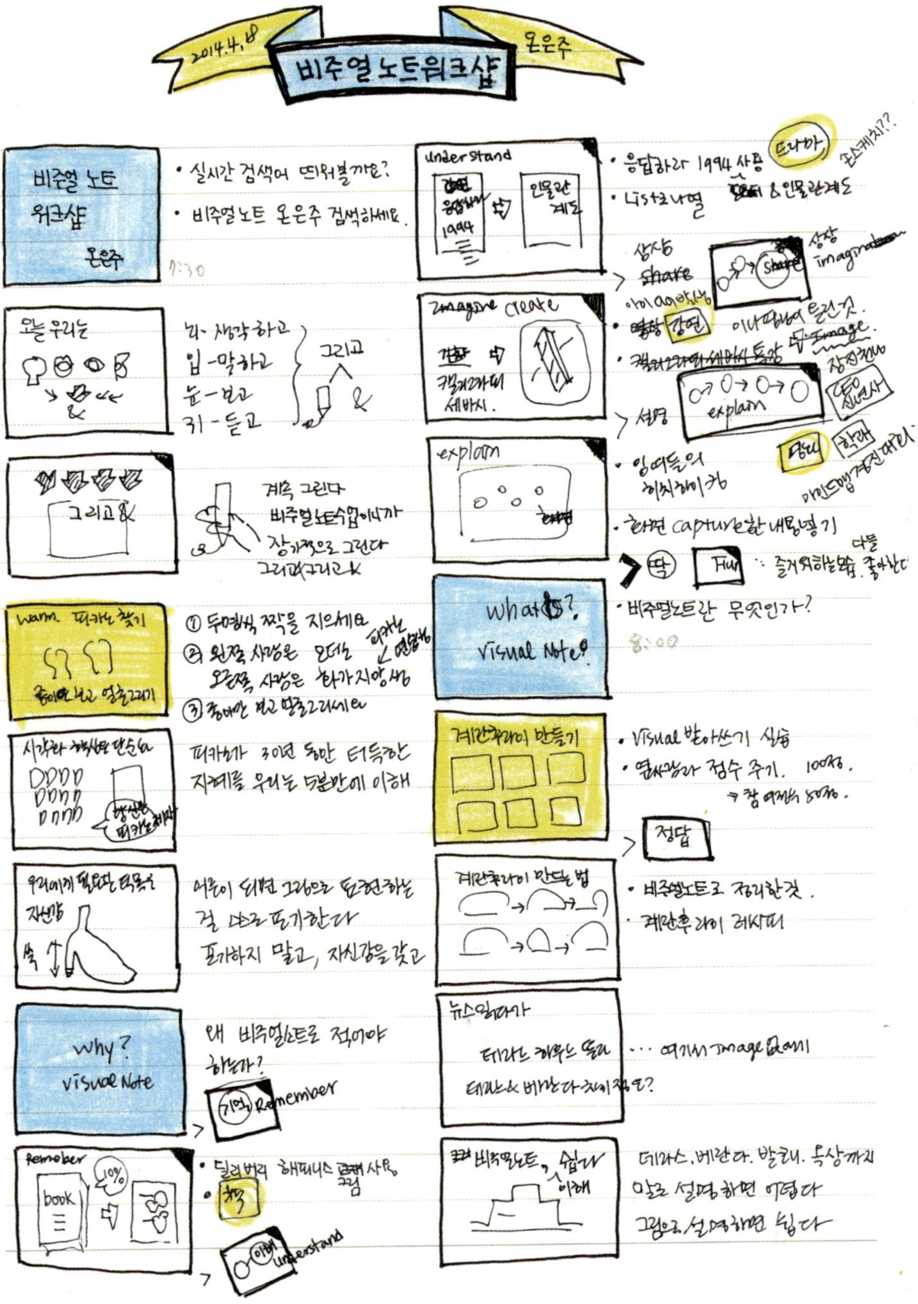

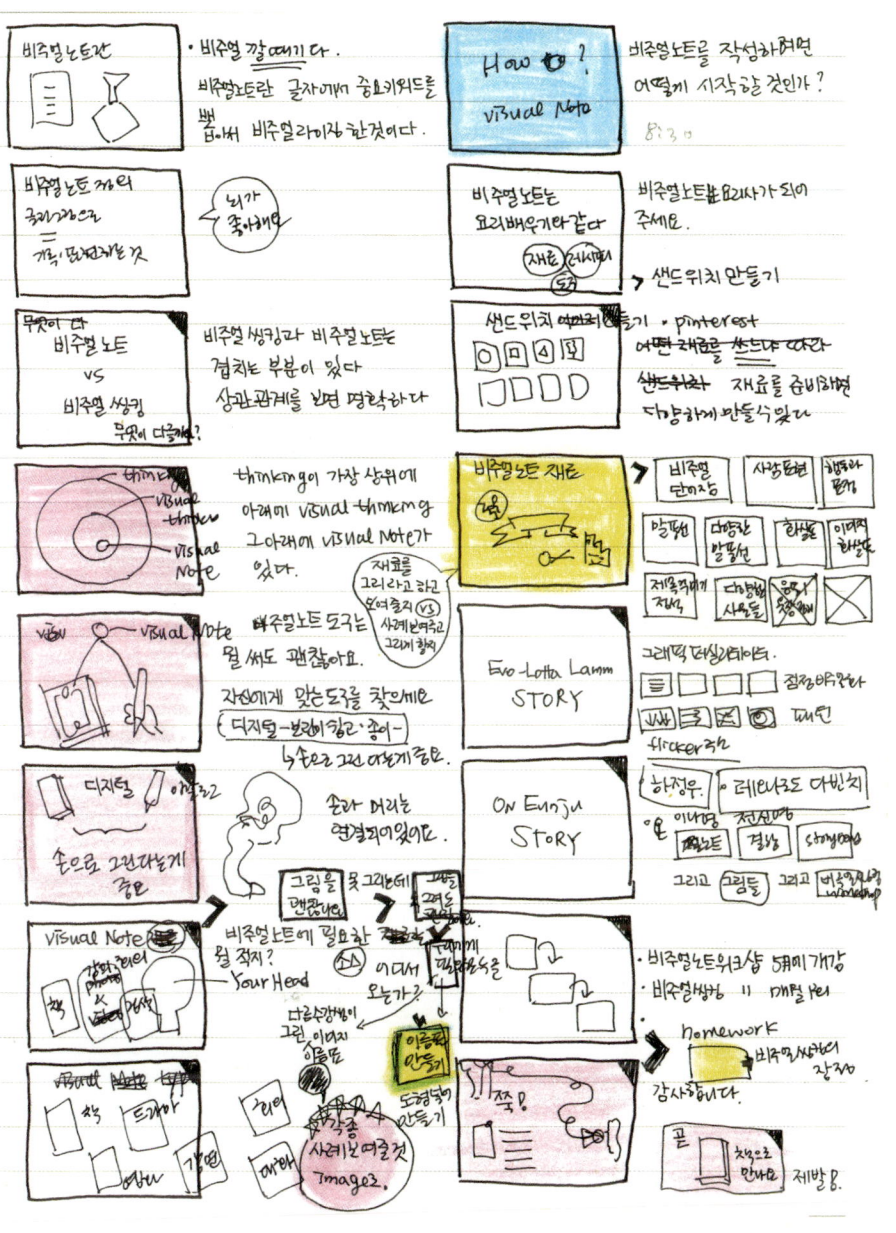

창의력(Creative) 향상

비주얼 씽킹은 아이디어 발상을 돕고, 창의성을 높이는 도구입니다. 진행되고 있는 일이 난관에 부딪혔을 때, 논리적으로만 일을 풀어내려 하기 보다는 흰 종이 위에 다양한 그림을 그리면서 잠들어 있는 창의성을 깨워 새로운 아이디어를 떠올려 보는 것도 좋은 방법 중 하나입니다.

영화 감독 팀 버튼은 영화 [이상한 나라의 앨리스]의 여왕과 쌍둥이 캐릭터 스케치를 공개하였습니다. 팀 버튼의 스케치를 바탕으로 하여 독특한 영화 속 캐릭터가 완성되었습니다.

■ [이상한 나라의 앨리스] 여왕 캐릭터

■ [이상한 나라의 앨리스] 쌍둥이 캐릭터

아래 이미지는 두바이 자폐증 센터에서 자폐아에 대한 관심을 불러일으키고자 제작한 종이가방입니다. 종이가방을 드는 손잡이 부분과 자폐아의 손을 연결해서 마치 아이의 손을 잡고 함께 걷는 것처럼 디자인되었습니다.

〈이미지 출처: Dubai Autism Center〉

비주얼 씽킹은 상상력을 높이는 데도 도움을 줍니다. 달에 보이는 검은 분화구는 국가마다 다른 상상력으로 표현되었습니다. 한국은 방아를 찧는 두 마리 토끼를 상상했고, 중국은 한쪽 집게를 올려 든 게의 모습을 떠올렸습니다. 유럽남부는 책 읽는 소녀의 모습을, 페루는 두꺼비, 스페인은 귀여운 당나귀를 상상했습니다.

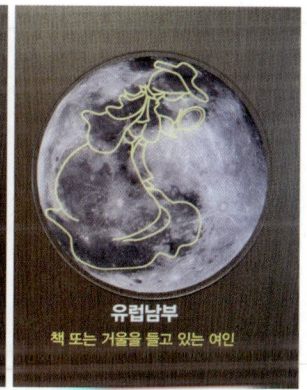

〈이미지 출처: 2013 실학박물관 특별전 [달에 간 실학 토끼] 중에서〉

소통력(Communication) 향상

비주얼 씽킹은 다른 사람과의 커뮤니케이션을 높이는 도구입니다. 직장인들은 디자이너, 개발자, 기획자, 마케터 등 서로 다른 생각의 언어를 가진 사람들과 일을 해나가야 합니다. 이 사람들에게 당신이 작성한 보고서를 잘 전달하고 통과시키기 위해서는 기나긴 설득의 과정이 필요합니다. 이럴 때, 앞서 배운 비주얼의 다양한 특징들을 활용하면 각기 다른 분야의 어려운 전문 용어들로 인한 의사소통의 에러를 줄일 수 있습니다. 특히 해외 영업 담당자는 다양한 언어를 사용하는 외국인 바이어들과 미팅을 할 때 언어적인 소통의 어려움이 발생할 수 있습니다. 이럴 때 이미지를 활용하여 전달해야 할 자료와 자신의 생각을 표현한다면 외국인과의 소통도 원활하게 이루어질 수 있습니다.

이집트의 왕 파라오는 거대한 피라미드를 짓기 위해 수만 명의 노예와 노동자들을 동원했습니다. 글자가 없던 그 시절, 많은 사람들은 어떻게 의사소통을 했고, 위대한 피라미드를 만들 수 있었을까요?

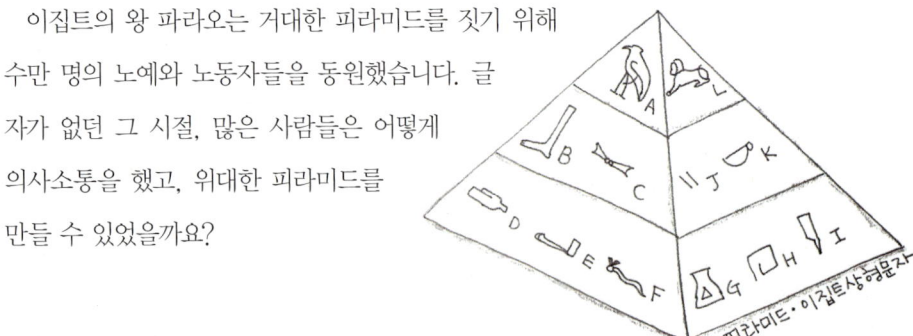

그것은 이미지로 만들어진 글자, 이집트 상형문자가 있었기 때문에 가능했습니다. 비주얼 씽킹의 기원은 이집트 상형 문자라고 해도 과언이 아닙니다. 이렇듯 그림을 활용한 소통 방법은 내가 전달하고자 하는 의도를 쉽고 빠르게 상대방에게 전달할 수 있습니다.

표현력(Expression) 향상

텍스트만 가득한 보고서와 기획서를 효과적으로 전달하기 위해 중심 주제를 적절하게 배치하고 효과적으로 표현하는 것은 생각보다 어렵습니다. 이럴 때, 비주얼 씽킹을 배우면 단어와 문장을 시각화할 수 있게 되어 풍부한 표현을 할 수 있습니다. 또한 표현력이 좋아지면 스토리텔링 능력이 향상됩니다. 아래는 한 수강생이 표현한 6컷의 만화입니다.

딸 아이와 함께 머리를 말리는 상황을 재미있고 생생하게 표현하였습니다. 그림을 보고 설명을 하면서 듣는 이의 흥미를 유발하고 새로운 것을 생각할 수 있는 계기를 만들어 줄 수 있는 스토리텔링을 통해 전달하고자 하는 내용을 효과적으로 전달할 수 있게 됩니다.

제 **6** 장
비주얼 씽킹 5단계 프로세스

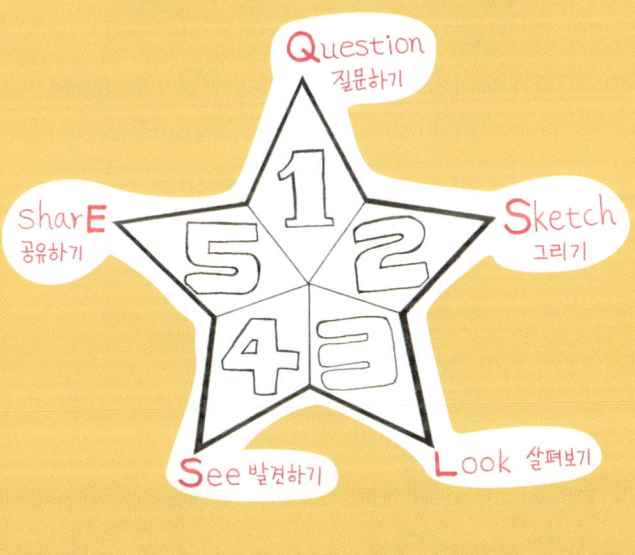

VisualThinking

비주얼 씽킹 5단계 프로세스

앞서 배운 내용을 토대로 하여 글과 생각을 이미지로 표현할 때, 막상 어떻게 활용해야 하는지 막막한 마음이 드는 독자분들이 많을 것이라고 예상됩니다. 이럴 때, 프로세스에 맞춰 진행되는 자판기처럼 간편하게 동전을 넣고 글자를 말하면 이미지를 그려 주는 '비주얼 자판기'가 있으면 좋겠지만 비주얼 자판기가 없는 당신은 직접 그림을 그리고 이미지를 모아서 비주얼 씽킹을 시작해야 합니다. 이번 장에서는 자판기처럼 글을 입력하면 글과 알맞은 이미지를 쏙쏙 그릴 수 있는 '비주얼 씽킹 START 5단계 프로세스'를 통해 스스로 비주얼 자판기가 되어보는 연습을 해보겠습니다.

비주얼 씽킹 START 5단계 프로세스

비주얼 씽킹 START 5단계 프로세스는 '질문하기 → 그리기 → 살펴보기 → 발견하기 → 공유하기' 순서로 진행됩니다. 아래 순서도에서 ○는 질문하기(Question)와 공유하기(Share)로 시작과 종료를 나타내고, □는 그리기(Sketch)와 살펴보기(Look)로 진행을 의미합니다. ◇은 발견하기(See)로 조건판단문입니다. 조건판단문은 '조건을 충족하지 못하면' 다시 이전 단계인 살펴보기 또는 그리기 단계로 되돌아가라는 표시입니다. 발견하기 단계에서 충분한 인사이트를 발견하지 못하면 이전 단계로 되돌아가는 과정을 반복하여 충분한 인사이트를 발견합니다.

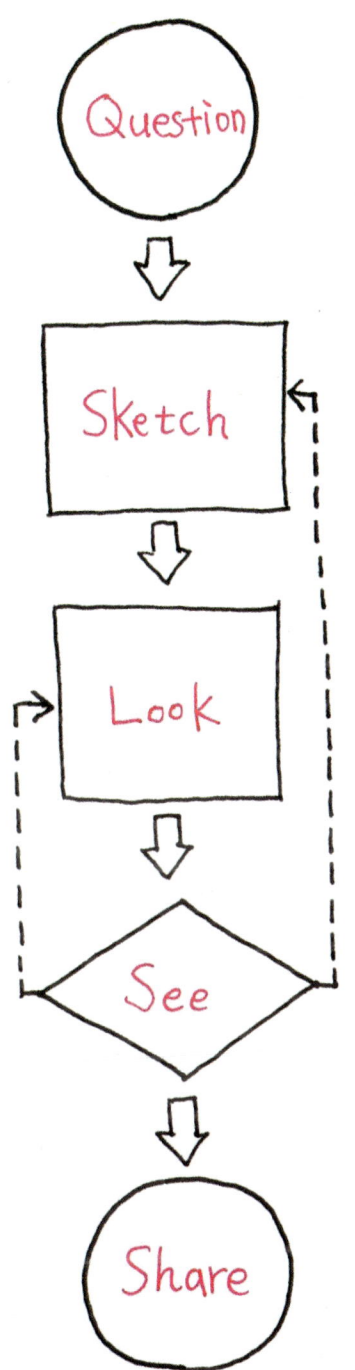

1단계 • Question – 질문하기
· 시각화하고 싶은 목적을 한 줄의 질문으로 만듭니다.
· 시각화하고 싶은 주제와 내용을 한 줄의 질문으로 만듭니다.

2단계 • Sketch – 그리기
· 해당되는 그림을 스케치합니다.
· 이미지와 영상 등 다양한 시각자료를 참고합니다.

3단계 • Look – 살펴보기
· 한 장의 그림으로 표현한 내용을 검토합니다.
· 1m 정도 떨어져서 전체적인 그림을 봅니다.

4단계 • See – 발견하기
· 인사이트를 발견합니다.
· 충분한 인사이트가 없으면 이전 단계로 되돌아갑니다.

5단계 • Share – 공유하기
· 발표, 대화, 이메일, 소셜미디어 등을 통해 공유하고 피드백을 받습니다.

알아두면 유용한 tip

스케치를 위한 시각자료 찾는 법

스케치를 하는 단계에서 중요한 포인트는 다양한 시각자료를 찾아 이미지 데이터 베이스를 만드는 것입니다. 관련 책, 회의 또는 대화 내용, 구글에서 찾은 검색자료(이미지 또는 동영상)을 사용하여 다양한 시각자료를 모읍니다. 가장 중요한 자료는 당신의 머릿속에 있다는 점도 잊지 말기 바랍니다.

■ 다양한 시각자료를 찾는 방법

구글에서 이미지를 검색할 때 옵션 중 라인아트를 선택하면, 선으로만 된 그림 이미지를 찾을 수 있습니다. 초보자가 스케치를 할 때에는 라인으로 된 스케치가 따라 그리기 쉽기 때문에 다양한 이미지를 검색하여 연습해보기 바랍니다.

구글에서 이미지를 검색하는 방법

❶ 구글에서 검색어를 입력하고 '이미지'를 선택합니다.

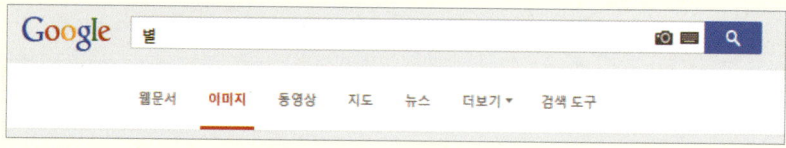

❷ '검색도구'를 선택하면 아래와 같이 하단에 바가 생깁니다.

❸ 하단 바 중에서 세 번째인 '유형'을 선택하고, '라인아트'를 선택합니다.

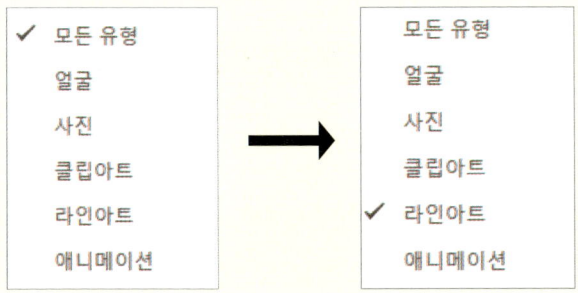

❹ 이미지 검색에서 '라인아트'라는 항목이 생깁니다.

❺ 이 상태에서 검색어를 입력하면 '라인아트'로 된 이미지만 검색됩니다. 아래는 '별' 키워드에 해당하는 라인아트 검색 결과입니다.

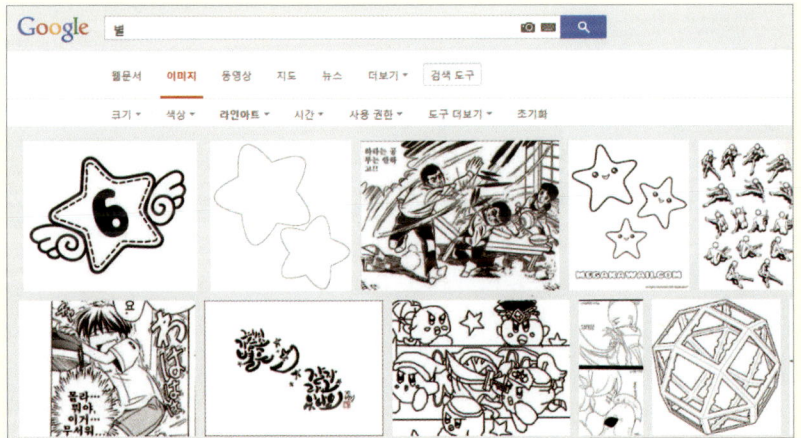

비주얼 씽킹 START 5단계 적용 범위

비주얼 씽킹 START 5단계 프로세스는 업무와 일상에서 다양하게 적용할 수 있습니다. 일을 하면서, 자기계발을 위해서, 가족들과 함께 할 수 있도록, 직장 생활, 개인 생활, 가정 생활로 나눠서 설명하도록 하겠습니다. 자세한 내용은 각 장에서 설명되니 참고하기 바랍니다.

구분	적용 범위	이 책에서 다루는 내용
직장 생활	아이디어를 위한 비주얼 씽킹	제10장 아이디어 시각화
	그룹을 위한 비주얼 씽킹	제11장 그룹 비주얼 씽킹
	프레젠테이션을 위한 비주얼 씽킹	제12장 프레젠테이션 시각화
개인 생활	나의 생각 정리 (계획, 관리 등)	제13장 생각정리 시각화
	남의 생각 정리 (공부, 학습 등)	제13장 생각정리 시각화
	꿈을 위한 비주얼 씽킹	제14장 꿈 시각화
가정 생활	비주얼 씽킹 가족캠프	제16장 비주얼 씽킹 소모임

:: 직장 생활에 적용하는 법

새로운 아이디어를 도출하고, 다양한 이미지를 사용한 프레젠테이션을 만들어 회의를 진행하는 창의력 샘솟는 인재가 되기 위해 이번에는 직장 생활에서 사용하는 비주얼 씽킹 START 5단계를 사용하는 방법을 배워보도록 하겠습니다.

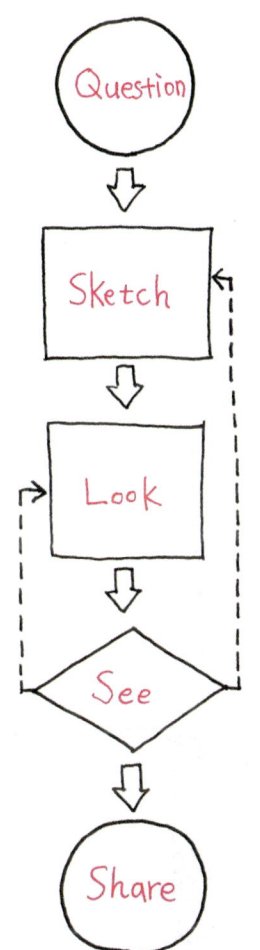

1단계 • Question – 질문하기
- 직장 생활에서 적용하고 싶은 목적을 질문으로 만듭니다.
  : 아이디어 발상, 프레젠테이션, 그룹 브레인스토밍 등

2단계 • Sketch – 그리기
- 아이디어를 스케치로 표현합니다.
- 프레젠테이션 스토리보드를 노트에 그립니다.

3단계 • Look – 살펴보기
- 스케치를 살펴보면서 추가할 아이디어를 그립니다.
- 프레젠테이션에서 핵심 장표를 고르고 표시합니다.

4단계 • See – 발견하기
- 이종 연결, 아이디어 동사화를 통해 새로운 아이디어를 발견합니다.
- 청중의 입장에서 프레젠테이션 메시지를 점검합니다.

5단계 • Share – 공유하기
- 그룹 비주얼 씽킹을 통해 다른 사람의 생각을 반영합니다.

개인 생활에서 적용하는 법

비주얼 씽킹을 시간과 인맥, 계획 등의 자기 관리 용도로 사용할 수 있도록 이번에는 개인 생활에서 적용할 수 있는 비주얼 씽킹 START 5단계를 소개합니다. 13장에 정리된 다양한 이미지 템플릿을 활용해서 한 장의 간단한 그림을 그려보고 일정 계획, 시간 관리, 인맥 관리를 효율적으로 할 수 있는 방법을 배워보도록 하겠습니다.

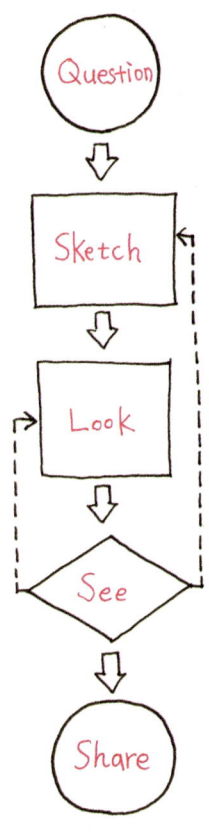

1단계 • Question – 질문하기
· 개인 생활에서 정리 또는 관리, 계획이 필요한 항목을 정하고 한 줄의 질문으로 만듭니다.
 : 시간 관리, 일정 계획, 독서 후기 등

2단계 • Sketch – 그리기
· 이 책 제13장에 정리된 개인 생활과 관련된 비주얼 씽킹 템플릿을 골라서 그림으로 채워 넣습니다.

3단계 • Look – 살펴보기
· 만약 시간 관리를 위해 하루 24시간 단어장을 만들었다면 행복한 시간, 낭비되는 시간은 언제인지 체크합니다.

4단계 • See – 발견하기
· 하루 24시간 단어장에서 찾은 낭비되는 시간에 할 새로운 계획을 세웁니다.

5단계 • Share – 공유하기
· 다른 사람과 함께 개인 생활을 공유하면서 벤치마킹합니다.

∷ 가족과 함께 적용하는 법

   비주얼 씽킹 워크숍에 참석한 사람들 중에서는 자녀, 부부, 부모님과 비주얼 씽킹을 진행하고 싶어 강의를 수강하는 경우를 종종 볼 수 있습니다. 이렇듯 비주얼 씽킹은 개인적인 용도뿐만 아니라 그룹으로 모여 의사소통과 유대감을 형성할 수 있는 방법으로 사용할 수 있습니다. 이번에는 가족과 함께 집에서 비주얼 씽킹을 하는 방법을 배워보도록 하겠습니다.

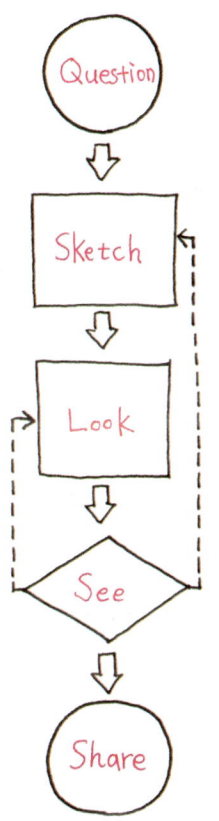

1단계 • Question – 질문하기
· 가족과 함께 하고 싶은 비주얼 씽킹 항목을 정합니다.
  : 가족이 함께 하고 싶은 활동, 버킷리스트 등

2단계 • Sketch – 그리기
· 가족이 함께 스케치를 합니다.
· 개인 종이에 그리거나 전지 한 장에 함께 그립니다.

3단계 • Look – 살펴보기
· 다른 가족들이 그린 그림을 보면서 이야기합니다.
· 추가하고 싶은 내용을 그려 넣습니다.

4단계 • See – 발견하기
· 만약 가족이 함께 하고 싶은 활동을 그렸다면 올해에 할 수 있는 것, 자금이 필요한 것 등 기준을 정하고 결정합니다.

5단계 • Share – 공유하기
· 결정이 된 사항을 비주얼로 정리해서 보이는 곳에 붙여둡니다.

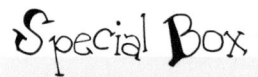

비주얼 씽킹이 가장 필요한 직업은?

모든 직업은 비주얼 씽킹이 필요합니다. 다만, 직업에 따라 비주얼 씽킹이 필요한 순간이나 맥락이 다를 뿐입니다. 콜럼버스의 위대한 탐험은 뛰어난 지도 그리기 능력에서 시작되었고, 뉴튼의 수학적 진화는 지식을 다이어그램에 시각화하면서 성장했습니다. 또한 레오나르도 다 빈치의 발명은 100년 후를 상상하는 스케치에서 출발했습니다. 의사들은 어려운 수술을 준비하면서 시연을 통해 수술 진행 상황을 시험적으로 확인하고, 영화 감독은 스토리보드를 통해 전체 이야기를 시각화합니다. 또한 신제품을 만드는 연구원은 미리 신제품을 스케치하여 가상으로 만들면서 발전시킵니다. 이렇듯 비주얼 씽킹은 탐험가, 수학자, 발명가, 의사, 영화감독, 마케터 등 다양한 분야에서 활용되고 있습니다.

비주얼 씽킹 워크숍에는 다양한 직업을 가진 수강생들이 참석합니다. 한번은 현직 의사 선생님이고 의대에서 학생들을 가르치는 교수님이 참석했습니다. 누구보다 열정적으로 비주얼 씽킹에 관심을 갖는 모습에 의사라는 직업과 비주얼의 관계에 대해 공통점을 곰곰이 생각해 보니 의사가 진찰을 하는 상황이 떠오르며 이해가 되었습니다. 의사는 엑스레이 차트에 찍힌 섬세하고 작은 점을 보면서 환자의 몸 중 어디가 아픈지 알아내야 합니다. 즉, 이미지로 이루어진 엑스레이 필름이나 차트를 보는 눈이 좋아야 한다는 것입니다. 또한 의학 교수로서 학생들에게 그림을 그리면서 인체의 장기나 뼈를 설명하면 학생들은 보다 쉽게 공부를 할 수 있습니다.

글로벌 영업을 하는 한 직장인은 외국인과의 대화에 어려움을 느껴 비주얼 씽킹 워크숍을 찾아왔습니다. 기본적인 비즈니스 커뮤니케이션은 무리가 없지만 아이디어 회의를 할 때 언어가 달라 생각을 전달하는 일이 큰 장벽이 되었다고 합니다. 수업 이후 문화와 언어가 다른 외국인과 회의를 할 때 간단한 그림을 그려서 보여주며 전달하고자 하는 내용을 쉽게 전할 수 있었다고 합니다.

디자이너, 개발자, 기획자가 함께 일해야 하는 IT 업종에서도 비주얼 씽킹은 필요합니다. 필자는 10년 넘게 디지털 마케팅 일을 하면서, 디자이너와 개발자, 기획자와 공동 업무를 진행할 때 같은 단어라 해도 서로 다른 해석을 한다는 것을 알았습니다. 특히 기업의 마케팅 담당자들이 사용하는 단어는 추상적인 경우가 많아 추상적인 마케팅 목표를 놓고 구체적인 아웃풋을 만들어야 하는 상황이 빈번하게 발생되어 어려움을 겪던 찰나에 '비주얼 씽킹'을 사용하면서 이러한 걱정을 줄이게 되었습니다.

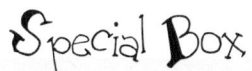

필자는 왜 비주얼 씽킹을 시작하게 되었을까요?

필자는 디지털 마케팅 일을 10년 넘게 하면서 제안서와 기획서를 작성하는 일을 도맡아 했습니다. 팀원들과 아이디어 회의를 통해 주제에 알맞은 아이디어를 도출해내어 잘 전달할 수 있도록 파워포인트를 통해 정리하는 작업을 진행하였지만 생각보다 보기 좋게, 이해하기 쉽게 옮기는 일이 쉽지만은 않았습니다. 이런 일이 반복되면서 어떻게 하면 머릿속 생각을 종이에 효율적으로 옮겨 담을 수 있을까?하고 고민하게 되었습니다. 그러던 중 우연히 '비주얼 씽킹(Visual Thinking)'이란 단어를 해외 자료에서 발견하게 되었고 업무와 자기 개발 활동에 활용하게 되면서 비주얼 씽킹의 효과를 알게 되었습니다. 그리고 더 나아가 이 분야의 전문가가 되어 다른 사람들에게 효과적인 비주얼 씽킹 방법을 전달하고 싶어졌습니다.

아래의 글은 필자가 그동안 비주얼 씽킹을 하면서 겪었던 시행착오와 2007년부터 연구해온 비주얼 씽킹 워크숍 노하우를 정리한 내용입니다. 시간이 날 때 천천히 읽어보며 비주얼 씽킹을 왜 해야 하는지, 확실한 동기를 깨달아갔으면 좋겠습니다.

① **표현력을 키워준 비주얼 씽킹**

어떻게 하면 기획서와 보고서를 시각화할 수 있을지에 대한 의문에서 비주얼 씽킹은 출발했습니다. 영양가있는 내용을 담고 있다고 해도 텍스트로만 정리되어 있으면 보기 답답하고 눈에 잘 들어오지 않습니다. 비슷한 내용이라도 다이어그램으로 정리하면 체계적으로 보이고, 재미있는 이미지를 넣으면 호기심을 이끌 수 있어 금세 사람들의 이목을 집중시킬 수 있습니다. 필자는 텍스트를 이미지로 바꾸는 기법인 '텍스트 투 이미지(Text to Image)'를 활용해서 표현력을 높이는데 활용하고 있습니다.

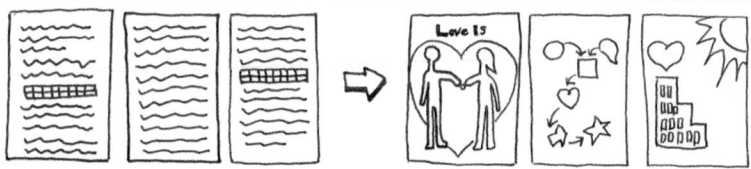

이러한 방법은 내용을 기억하는데 효과적입니다. 필자는 종종 프레젠테이션이 끝나고 3~4일이 지난 후, 참석자에게 기억에 남은 내용이 무엇이었는지 물어봅니다. 참석한 사람은 한 두 가지 정도의 내용을 겨우 기억해내었고 그중 기억에 남는 페이지를 골라 달라고 했더니 이미지가 있었던 페이지들을 주로 꼽았습니다. 한 연구결과에 따르면, 텍스트만으로 내용을 전달하면 3일이 지난 후에 10%를 기억하지만, 텍스트와 이미지를 함께 전달하면 3일이 지난 후에 65%를 기억한다고 합니다. 2주가 지났을 때 기억하는 양을 조사한 한 연구에서는 2주가 지났을 때 읽은 것의 10%를 기억하지만, 보고 들은 것의 50%를 기억한다는 흥미로운 결과를 내놓았습니다. 이렇듯 비주얼은 텍스트보다 강렬하고 강한 효과를 발휘합니다.

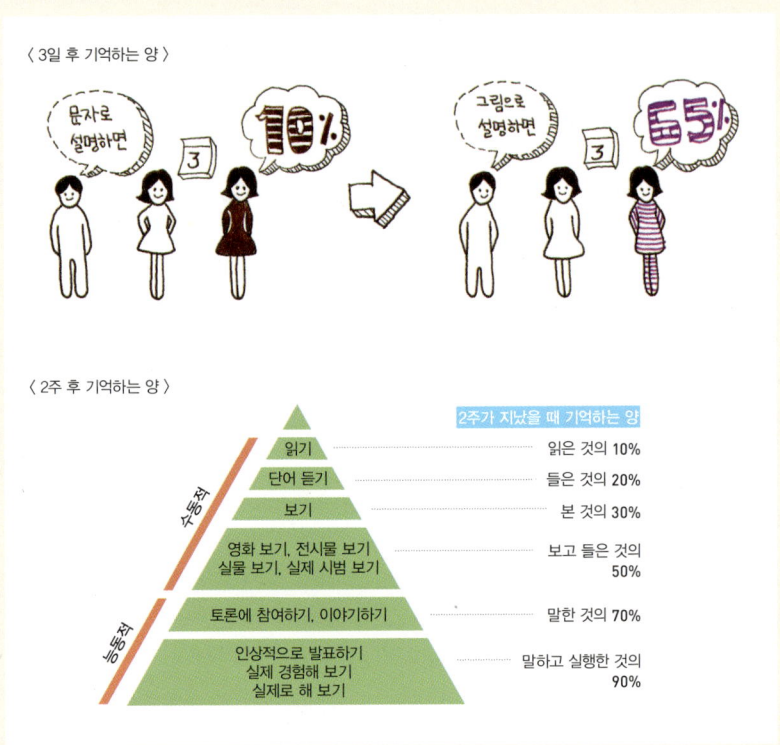

② 기획과 창의력을 키워준 비주얼 씽킹

제품 기획, 홍보 기획, 마케팅 기획, 전략 기획, 서비스 기획, 심지어 디자인 기획까지, 필자는 '기획'이란 단어가 들어간 일을 직업으로 가진 친구가 많습니다. 그들을 만나 술 한잔을 기울이면서 얘기를 하다보면 다들 공통적으로 아이디어가 바닥났다는 고민을 털어놓습니다. 아이디어가 떠오르지 않고, 머릿속에 맴돌기만 해서 정리가 안 되는 경우가 많다는 것입니다. 자신의 상사들은 맡겨 놓은 보따리를 달라는 것마냥 매일 새로운 아이디어를 내놓으라고 하니 머릿속은 더욱더 복잡해지고 답답해질 수 밖에 없는 거죠. 이럴 때, 비주얼 씽킹을 하면 머릿속에 안개처럼 쌓여 잘 드러나지 않은 아이디어를 구체화시켜줍니다.

생각을 시각화하는 훈련을 하면, 기획 아이디어가 떠올랐을 때 수첩에 간단한 그림으로 그리며 좋은 아이디어인지, 나쁜 아이디어인지 비교하고 뜯어보고 재해석하는 활동을 통해 아이디어를 발전시킬 수 있습니다.

③ 소통력을 키워준 비주얼 씽킹

필자는 비주얼 씽킹을 직원들 간의 커뮤니케이션을 높이는데 활용했습니다. 예를 들어 브레인스토밍 회의를 할 때에는 잡지를 오리고 붙이는 작업을 통해 아이디어 회의를 진행합니다. 무겁고 딱딱했던 회의 시간은 어느새 웃고 떠드는 즐거운 시간이 되고, 팀원들은 더 많은 아이디어를 쏟아냅니다. 이렇듯 직장 내 회의 시간에 다양한 비주얼 씽킹 회의를 하면 분위기 변화에도, 창의력있는 다양한 아이디어를 도출해 낼 때에도 효과적으로 사용할 수 있습니다.

비주얼 씽킹은 가족 간의 소통력을 키우는데 도움이 됩니다. 필자는 1월 1일, 새해 첫날에 가족들과 함께 '버킷 리스트'를 그림으로 그려 서로 보여주고 이야기하는 '비주얼 씽킹 가족 캠프'를 열었습니다. 가족들은 '그런 걸 번거롭게 왜 하냐'며 민망해 했지만 어린 조카들이 먼저 그림을 그리고 다른 가족들도 하나둘씩 펜을 들고 따라 그리기 시작하니 분위기는 금세 화기애애해졌습니다. 다들 바쁜 일상 때문에 함께 저녁을 먹기도 힘든 요즘, 어쩌다 모이는 가족모임에서도 거실에 둘러앉아서 TV만 보게 되는 경우가 많습니다. 이럴 때 그림을 그리면서 가족들은 어떤 걸 갖고 싶고, 관심이 있는지 이야기할 수 있는 가족 간의 소통의 시간을 마련할 수 있습니다.

④ 더 많은 사람들에게 비주얼 씽킹 전파하기

필자는 비주얼 씽킹의 사용법과 효과를 더 많은 사람들에게 전파시키고 싶어서 국내 처음으로 '비주얼 씽킹 워크숍'을 열었습니다. 처음 수업을 듣는 수강생들은 펜을 잡고 그림을 그리는 수업을 어색해 하지만 한 장 한 장 그림을 그리기 시작하면서 표정이 점점 밝아집니다. 차근차근 단계를 밟아가며 자신의 생각을 표현하기 시작하면, 각 개인의 개성을 살린 다양한 스타일의 그림이 쏟아져 나옵니다. 처음의 망설임은 사라지고, 집중하고 표현하고 발표하는 시간을 통해서 사람들은 스스로 '나에게도 이런 재능이' 있다는 걸 알게 되어 놀라고, 일상생활이나 업무 시간에서 요긴하게 쓰는 내 모습을 보면서 한 번 더 비주얼 씽킹의 효과를 깨닫게 됩니다.

제 **7** 장

Visual Thinking Tools :
노트와 펜 선택법

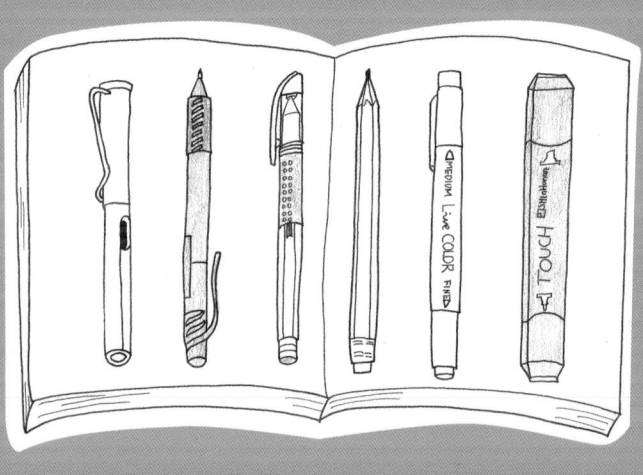

V i s u a l T h i n k i n g

노트와 펜 선택법

비주얼 씽킹을 시작하겠다고 마음 먹었나요? 그렇다면 당신이 제일 먼저 할 일은 노트와 펜을 준비하는 것입니다. 만약 갖고 있는 게 마땅치 않아서 문구점에 가면 당신은 생각보다 다양한 펜 종류를 보고 당황할 수도 있습니다. 색깔과 굵기, 브랜드가 제각각인 펜 중에서 어떤 것을 선택해야 하는지 결정하는 것은 생각보다 어렵습니다.

펜 코너 앞에 선 당신의 속마음은 이렇습니다.

'생각보다 종류가 진짜 많다. 뭘 사야 할지 도통 모르겠다.'

펜 코너 하단에 흰색 종이가 붙어 있습니다. 볼펜을 들고 낙서를 해봅니다.

'일단 몇 개 써보자. 이것 저것 써보자'

당신은 아무 펜이나 사도 괜찮을지 불안합니다.

'그림용 펜인데 아무거나 사도 될지 모르겠다. 필기용이 아닌데……'

펜 가격이 천차만별인 점에 한 번 더 놀랍니다.

'헉, 펜 하나에 3천원. 저렴한 것 없을까?'

이렇듯 펜 한 자루도 고르기 힘든 비주얼 씽킹 초보자를 위해 이번 장에서는 비주얼 씽킹 단계별로 노트와 펜을 고르는 법을 소개하도록 하겠습니다.

구분	대상	품목, ( )안은 브랜드명
01. 비주얼 씽킹 Starter Tool Kit	비주얼 씽킹 입문자	3B 연필 (STAEDTLER)
		검정 펜 (0.7mm Pentel ENERGEL)
		회색 마커펜 (Touch)
		B5 무선노트 (트레블 저널/몰스킨/the7321)
		A4 스케치종이 (FABRIANO Sketching)
02. 비주얼 씽킹 Color Tool Kit	비주얼 씽킹 초급자	색연필 (STAEDTLER 12색)
		색펜 (Monami Live Color 2pin)
03. 비주얼 씽킹 Growing Tool Kit	비주얼 씽킹 중급자	얇은 펜 (미쓰비씨 0.28mm)
		2 Pin 펜 (Monami Live Color)
		만년필 (EF촉 LAMY Safari)
		붓펜 (Monami 붓펜 드로잉)
		전지, 화이트보드, 유리창 등

비주얼 씽킹 : Starter Tool Kit

비주얼 씽킹 스타터를 위한 가장 기본적인 연필과 펜, 작은 노트로 구성된 기본 세트입니다. 하나씩 사용해보면서 자신에게 맞는 필기도구를 선택해보기 바랍니다.

필기류

● 연필 : 3B 연필 (브랜드명 : STAEDTLER)

연필은 3B를 사용하세요. 그림을 그리고 글씨를 쓰기에도 좋습니다. 비주얼 씽킹에 필요한 스케치는 명암, 입체감이 중요하지 않기 때문에 미술 시간에 사용하는 4B가 아닌 3B면 충분합니다. 연필과 함께 지우개와 연필깎이도 함께 구비해두면 좋습니다.

연필은 창작을 하는 사람에게 훌륭한 도구입니다. 가벼워서 손목에 부담이 적고 잘못 그리면 지우개로 지울 수 있어 초보자들에게 안성맞춤입니다. 또한 여러 번 칠해서 굵은 선을 만들기 쉬우며 연필로 그리면 나는 '사각사각' 소리는 감성을 자극합니다. 다만 디지털화하기 위해 스캔을 받으면 다소 흐릿하게 나와 진하게 만들기 위한 보정 작업이 필요합니다.

● 볼펜 : 0.7mm (브랜드명 : Pentel ENERGEL)

볼펜은 0.7mm를 사용합니다. 젤리타입은 선이 진하고 선명하게 나와서 좋습니다. 비주얼 씽킹 입문자에게 두꺼운 볼펜을 권하는 이유는 선명한 선을 표현하면 평범하게 그려진 그림도 잘 표현되어 보이고, 완성된 인상을 주기 때문입니다. 선이 얇으면 디테일을 표현해야 하고 그림이 작아집니다. 비주얼 씽커로 첫 발을 내딛었다면, 두꺼운 펜을 이용해서 과감하게 사용해 보세요. 참고로 볼펜을 고를 때는 선 두께가 일정하고 끊김 없이 부드럽게 나오는지 확인하기 바랍니다.

● 마커 : 옅은 회색 (브랜드명 : Touch, 색깔 : WG2 Warm Gray)

마커 펜은 음영 표현용으로 옅은 회색을 추천합니다. 색깔이 없어 밋밋할 때 옅게 칠하기 좋습니다. 참고로 마커를 사용하면 종이 뒷장까지 잉크가 스며들기 때문에 두꺼운 종이를 사용하는 게 좋습니다.

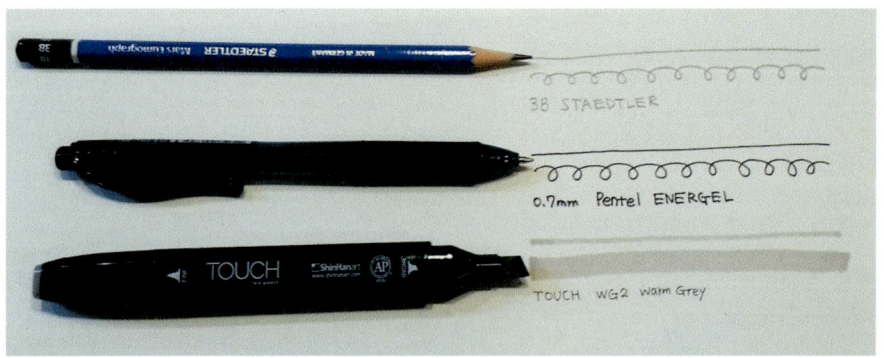

노트류

• **줄 없는 B5 노트 (브랜드명 : 트레블 저널, 13.5X21cm, 140g/m²)**

노트는 줄이 없는 것을 선택하세요. 줄이 없는 노트는 무지 노트라고 하는데, 그림을 자유롭게 그리고 글씨를 적기에 좋습니다. 종이 두께는 일반 복사용지보다는 두꺼운 것을 사용하면 좋습니다. 노트 크기는 일반 A4 사이즈의 절반 크기인 A5 사이즈가 좋습니다. 필자가 추천한 트레블 저널 이외에도 몰스킨, the7321을 써보고 취향에 따라 선택합니다. 구매할 때에 노트가 양 옆으로 잘 펴지는지 체크하세요. 필기감, 무게감은 개인마다 느끼는 정도가 달라서 직접 만져보고 써본 후 구매합니다. 표지는 오래 보관하기 좋고 책장에 꽂아두면 멋있어 보이는 양장표지가 좋습니다. 양장노트가 비싼 편이기 때문에 구매하기 꺼려지지만 비싼 만큼 소중히 여기게 되고 열심히 사용하게 됩니다. 또한 노트가 점점 많아졌을 때, 책 꽂이에 꽂아두면 정리도 잘 되고 보기에도 좋습니다.

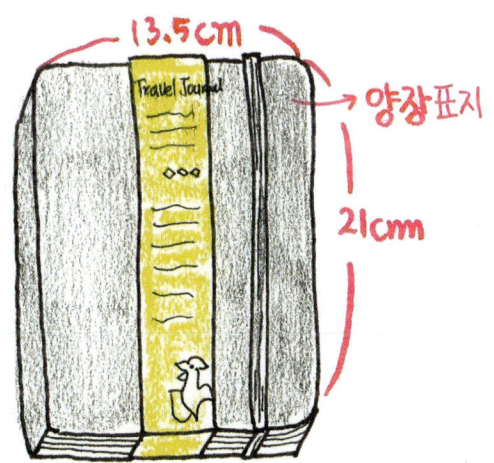

- **A4 스케치종이 묶음 (브랜드명 : FABRIANO Sketching)**

A4 종이는 사이즈가 커서 다양한 그림을 한 장에 넣기 좋습니다. 낱장으로 된 A4 스케치 종이는 액자에 넣을 때도 편리합니다.

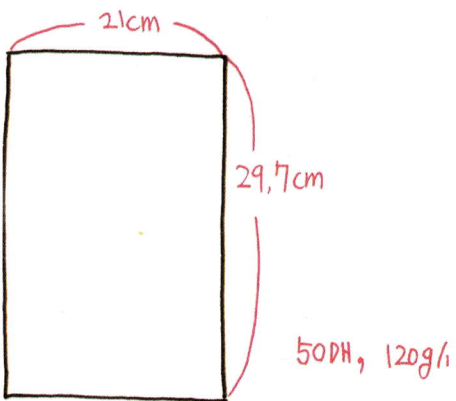

알아두면 유용한 **tip**

줄이 있는 노트 VS 줄이 없는 노트

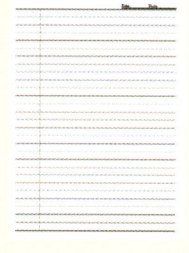

일반적으로 사용하는 줄노트는 글자를 쓸 때 삐뚤어지지 않도록 고안된 오래된 양식입니다. 줄노트를 사용해온 당신이라면 이제부터 줄이 없는 노트로 바꿔 보세요. 그림으로 낙서를 할 때에는 무선노트가 좋습니다. 참고로 줄이 없는 노트는 무선노트 또는 무지노트라고 합니다.

비주얼 씽킹 : Color Tool Kit

비주얼 씽킹 Color Tool Kit은 색을 표현하는 도구들입니다. 비주얼 씽킹 Starter Tool Kit과 함께 사용하면 좋습니다.

⋮⋮ 필기류

● **색연필 : STAEDTLER 12색**

색연필 특유의 질감을 활용하면 부드러운 색깔 표현이 가능하며, 비교적 넓은 면적을 채우기 좋습니다. 또한 두꺼운 색연필을 가늘게 깎으면 가는 선 표현이 가능합니다. 색연필을 고를 때 12색, 24색, 36색까지 세트가 다양하지만 색깔 표현은 강조와 구분을 위해 사용되어 3가지 색을 넘지 않기 때문에 기본색이 들어있는 12색 색연필이면 충분합니다.

● **색펜 : Monami Live Color 2 pin**

색연필보다 발색이 도드라져서 눈에 띄는 특징을 가지고 있는 색펜은 선명한 색 표현에 좋습니다. 여러 가지 색을 동시에 사용하기 보다는 자기가 좋아하는 3가지 칼라를 정해서 사용합니다.

비주얼 씽킹 : Growing Tool Kit

'문구병'이라는 단어를 들어본 적이 있으신가요? 다양한 문구 용품들을 사서 모으고, 사용해봐야 직성이 풀리는 사람들을 일컫는 재미있는 단어입니다. 이렇듯 문구에 관심을 갖고 다양한 문구들을 테스트하여 나에게 가장 적합한 도구를 선택해 보는 것도 좋은 방법입니다.

⋮⋮ 펜을 다양하게

● 얇은 펜 : 미쓰비씨 0.28mm

얇은 펜은 디테일한 부분을 표현할 때 두꺼운 펜과 함께 사용하면 다양한 표현이 가능합니다. 미쓰비시 0.28mm 펜은 선 굵기가 일정하고 끊김 없이 부드러워 좋습니다.

● 2 Pin 펜 : Monami Live Color

두꺼운 펜과 얇은 펜을 양쪽에 가진 2 Pin 펜은 두꺼운 펜으로 외곽을 표현하고 얇은 펜으로 디테일을 표현하기에 좋습니다. Monami Live Color 펜은 저렴하고 가격대비 사용감도 좋습니다.

● 만년필 : EF촉 LAMY Safari

만년필은 잉크로 되어 있어서 농담 표현이 자유롭기 때문에 덧칠하면서 선의 굵기를 표현할 수 있습니다. 필자는 만년필 브랜드 중에서 가격이 비교적 저렴하며 가벼워서 오래 써도 손에 부담이 없는 라미 사파리(LAMY Safari)를 추천합니다. 만년필 촉은 가장 가는 EF촉과 보통의 F촉이 있는데 글과 그림을 모두 그리기에는 EF촉이 좋습니다. 보통 검정색과 파란색 잉크를 사용하여 표현합니다.

● 붓펜 : Monami 붓펜 드로잉

붓펜은 붓글씨 쓰던 붓을 축소한 펜으로, 다양한 글자를 쓸 때 사용합니다. 붓펜은 다루기가 힘든 펜이지만, 선의 굵기를 두껍고 가늘게 자유자재로 표현할 수 있습니다.

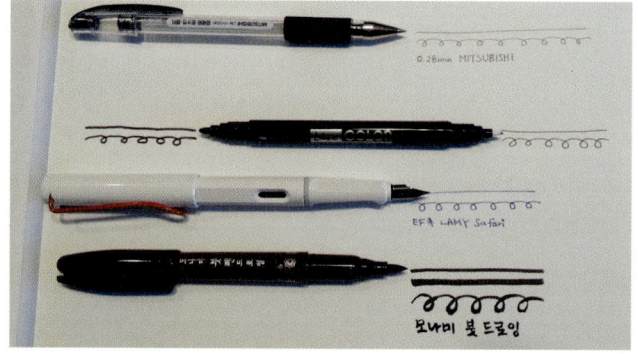

알아두면 유용한 tip

노트와 펜 선택 시 주의사항

노트와 펜은 별도로 구매하지 마세요. 펜은 노트에 따라 필기감이 달라집니다. 노트를 먼저 구매한 후 노트에 맞는 다양한 펜을 테스트해보고 선택하는 것이 좋습니다. 또한 노트와 펜은 추천만으로 구매하지 마세요. 노트와 펜은 개인 취향에 따라 선호도가 달라질 수 있기 때문입니다.

종이를 넘어선 종이들

- **전지 또는 반전지** : 넓은 전지는 회의실 책상 위에 올려놓고, 여러 사람들과 공동으로 시각화하기 좋습니다. 사이즈가 크기 때문에 많은 내용을 쓸 수 있으며 완성한 시각화 자료를 벽에 붙여놓으면 효과적인 브레인스토밍 자료로 활용할 수 있습니다.

- **화이트보드** : 팀원들이 모여 회의를 진행할 때 최고의 협업도구는 화이트보드입니다. 회의가 시작되면 엄청난 텍스트와 도식들이 쏟아져 나오게 됩니다. 이럴 때 화이트보드 전용 마커펜을 사용하면 누구나 쉽게 쓰고 지울 수 있고, 여러 사람이 동시에 지우고 쓰기를 반복해 나가면서 완성도있는 아이디어를 도출해낼 수 있습니다. 이미지와 사진이 있다면 찢어서 스카치테이프로 붙이는 것도 좋습니다. 회의가 끝나고 난 후에는 글씨, 그림, 이미지, 사진을 화이트보드 위에 통합해서 한눈에 볼 수 있습니다.

- **유리창** : 종이와 화이트보드가 없다면 회의실, 카페, 아파트에 있는 유리창을 활용해 봅니다. 유리창은 종이와 달리 투명해서 그 상황에 나타나는 날씨나 건물 등과 어울리는 그림을 그릴 수 있습니다. 야외에 있는 유리창을 사용하면 날씨의 변화, 계절의 변화에 따라 같은 그림이 다르게 보이기도 합니다.

디지털로 낙서하고 그리는 스케치 어플,
Autodesk Sketchbook X

스마트폰, 태블릿, PC에서 생각을 정리하고 기록하고 싶을 때 초보자도 쉽게 사용 가능하고, 무료이면서 기능이 우수한 스케치 어플을 소개합니다.
Sketchbook X는 스마트폰용, 태블릿용, PC용을 모두 제공하고 있어 안드로이드, IOS 상관없이 사용 가능합니다. 다운받는 기기에 따라 이름이 조금씩 다르기 때문에 하단의 어플 이름을 확인한 후 다운로드받아서 사용합니다.

모바일 버전 이름 : Sketchbook Mobile Express
태블릿 버전 이름 : Sketchbook Express
PC 버전 이름 : Autodesk Sketchbook Pro

Sketchbook X와 같은 그리기 어플은 수정과 저장이 용이하고, 다양한 색을 사용할 수 있어 다채로운 이미지를 그릴 수 있습니다.

#1. 초기화면

#2. 아래 동그라미를 누르면 빈 화면으로 이동

#3. 펜으로 그리기

#4. 아래 동그라미 누르면 변경 가능

#5. 배경색 전체 변경하기

#6. 줄기 색칠하기

#7. 꽃잎 색 변경하기

#8. 글자 넣기

#9. 투명 선 넣기

제 **8** 장

Visual Thinking Language:
비주얼 씽킹 시각언어

V i s u a l T h i n k i n g

비주얼 씽킹 시각언어

사랑하는 엄마의 생일날, 엄마에게 맛있는 미역국을 끓여주고 싶은 당신은 인터넷에서 '미역국 끓이는 법'을 검색합니다. 재료와 레시피를 훑어본 후 마트에서 요리재료를 사와 집에 있는 조리도구들을 꺼내서 요리를 시작합니다. 레시피를 보면서 차근차근 따라하다 보면 어느새 미역국이 완성됩니다.

비주얼 씽킹은 요리하기와 비슷합니다. 비주얼 씽킹에 필요한 재료와 도구를 준비하고 차근차근 레시피에 따라 사용하면 됩니다. 앞장에서 기본 재료인 노트와 펜 준비가 완료되었다면 이번 장에서는 비주얼 씽킹에 필요한 재료인 시각언어가 무엇인지, 어떤 종류가 있는지 배워보도록 하겠습니다. 아래는 세계적으로 유명한 비주얼 씽킹 및 그래픽 퍼실리테이션 회사인 Bigger Picture社가 제시한 비주얼 씽킹 시각 요소를 기본으로 재구성한 표입니다.

비주얼 씽킹 시각언어

Factor 1	· People: 사람 표현하기 – 행동과 표정 표현하기
Factor 2	· Object: 사물과 건물 표현하기
Factor 3	· Process: 화살표로 프로세스 표현하기
Factor 4	· Speech: 말풍선으로 생각과 느낌 표현하기
Factor 5	· Keyword: 제목과 내용 표현하기 – 핵심 내용 기록하기

People: 사람 표현하기 — 행동과 표정 표현하기

비주얼 씽킹의 첫번째 시각언어는 사람입니다. 우리가 하는 일이 결국은 사람이 하는 일이기 때문에 그 중심에는 사람이 있습니다. 행동을 보면 욕구를 알 수 있고, 표정을 보면 기분이 어떤지 알 수 있습니다. 사람을 간단한 선으로 빠르게 표현하는 방법을 배우고, 행동과 표정을 연습합니다.

스틱맨으로 사람 표현하기

동그라미와 직선은 그릴 줄 아시죠? 그렇다면 쉽게 스틱맨을 따라 그릴 수 있습니다. 스틱맨을 그릴 때에는 선을 사용해 팔과 다리에 관절을 표시합니다. 팔 관절과 다리 관절을 자연스럽게 꺾어주면 역동적으로 행동을 표현할 수 있습니다. 스틱맨 얼굴에 표정을 넣으면 감정을 표현할 수도 있습니다.

- 스틱맨 그리는 법

별사람

별사람은 별 모양 위에 동그라미를 붙여서 사람을 표현하는 방식입니다. 별사람은 동그라미를 그리고 팔과 다리, 몸통을 이어서 한 번에 표현할 수 있어 빠르게 그릴 수 있습니다. 별사람을 그린 후 화이트보드, 테이블 등 상황에 맞는 소품을 그리면 어떤 상황인지 설명할 수 있습니다.

• 별사람 그리는 법

행동 표현하기

스틱맨과 별사람을 활용하여 사람의 몸을 관절 중심으로 쪼개서 그리면 쉽게 움직임을 표현할 수 있습니다. 아래에 있는 예시들을 하나씩 따라 그려 보도록 합니다.

- 움직이는 사람 그리는 법

다양한 얼굴 표정

표정은 생각이나 느낌을 전달하는데 효과적입니다. 동그라미를 그린 후에 눈, 코, 입을 표현하여 다양한 표정을 연출해 보세요. 스틱맨과 별사람 얼굴에 다양한 표정을 결합해서 사용하면 좋습니다.

표정을 연습하려면 동그라미를 4개씩 4줄, 총 16개를 그립니다. 동그라미 안에 즐거움, 슬픔, 기쁨, 화남, 짜증남, 졸림, 소심함 등의 다양한 표정을 그려 보세요. 그 후 안경, 넥타이, 헤어스타일 등의 소품을 표현하여 인물의 특징을 살려봅니다.

효과로 생동감 넣기

행동 표현을 할 때 방향성을 주는 효과를 넣으면 그림에 생동감이 생깁니다. 표정을 표현할 때에도 효과를 넣어서 다양한 감정을 연출해 보세요.

■ 효과 넣기 전　　　　　　　　　　■ 효과 넣은 후

알아두면 유용한 tip

알아두면 유용한 Tip

좀 더 다양한 비주얼 씽킹 시각요소를 배우고자 하면 BiggerPicture 웹사이트 및 유튜브를 참고하세요.
- 웹사이트 : http://www.biggerpicture.dk/
- 유튜브 : youtube.com/biggerpicturevideo

일주일 표정 그리기

월요일부터 일요일까지, 일주일을 표정과 효과를 활용하여 표현해 보세요.

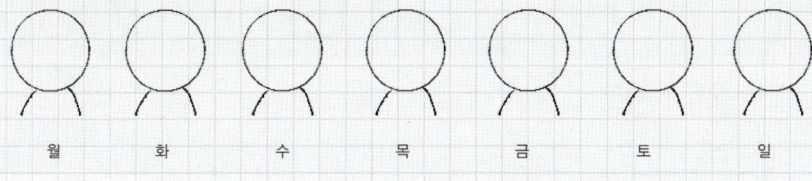

월　　화　　수　　목　　금　　토　　일

사람 그리기

스틱맨에 옷을 입히고, 헤어스타일을 넣으면 일반적인 사람 그림을 그릴 수 있습니다.

알아두면 유용한 tip

사람 표현을 참고할 모바일 어플

모바일에서 바로 사용할 수 있는 이미지 연습 재료 아이템 두 가지를 소개합니다. 하나는 '모두의 얼굴'이라는 모바일 어플이고, 다른 하나는 카카오톡 이모티콘입니다.

❶ 쿤 캐리커쳐를 그릴 수 있는 모두의 얼굴 (모바일 어플)

모두의 얼굴(Every Face)는 스마트폰으로 간단히 얼굴을 만들 수 있는 어플입니다. 싸이 자켓 앨범을 만든 아티스트인 호조 작가 그림으로 구성되어 있습니다. 보고 따라 그릴 수도 있고, 이미지를 저장해서 바로 사용할 수도 있습니다.

❷ 카카오톡 이모티콘 (모바일 메신저)

전국민의 모바일 메신저인 카카오톡에 들어있는 이모티콘을 따라 그리면서 얼굴 표정, 행동을 익힐 수 있습니다. 따로 이미지를 수집할 필요가 없고, 핸드폰을 옆에 두고 보면서 그리기 좋습니다. 직장인의 하루를 카카오톡 이모티콘을 활용해서 만든 이미지가 SNS에서 유행하기도 했습니다.

Object: 사물과 건물 표현하기

비주얼 씽킹의 두 번째 시각언어는 사물과 건물입니다.

선으로 사물 표현하기

사물의 특징을 파악하여 간단한 선으로 표현하는 방법을 익힙니다. 아래의 이미지는 Visual and Creative Thinking by Kelsey Ruger에서 제공하는 이미지입니다. 다양한 사물 이미지를 보고 종이에 따라 그리면서 연습해 보세요.

〈이미지 출처: Visual and Creative Thinking by Kelsey Ruger
http://www.slideshare.net/themoleskin/visual-and-creative-thinking?qid=3bd9e399-5d01-42ee-8154-59ab747bcfe4&v=qf1&b=&from_search=4〉

알아두면 유용한 tip

회색 마커펜으로 음영 넣는 법

회색 마커를 사용해서 한쪽 방향으로 선을 그으면 눈 깜짝할 사이에 음영이 생깁니다.

선으로 다양한 나무를 그리고 사물에 패턴 넣어보기

다양한 나무 샘플 그림을 보고 종이에 따라 그려 보세요.

아래 구름 이미지에 다양한 무늬를 그려 보세요.

동그라미, 세모, 네모로 사물 표현하기

사물을 동그라미, 세모, 네모로 분해해서 보면 그림으로 표현하기 쉽습니다.

⭐ 사물을 도형으로 분해해보기

자전거와 같은 주변에 있는 사물을 동그라미, 세모, 네모로 분해해서 관찰한 후 따라 그려 보세요.

아이콘으로 사물 표현하기

사물을 표현하는 아이콘을 따라 그리면서 사물을 표현해 보세요.

- 숲 시리즈

- 바다 시리즈

알아두면 유용한 tip

마이크로소프트 워드에서 아이콘(기호) 활용하는 방법

삽입 〉 기호 〉 글꼴: webdings

메뉴 중에서 '삽입'을 누르고 '기호'를 선택한 후 '글꼴:webdings'를 선택하면 아래와 같은 다양한 아이콘을 워드에 입력할 수 있습니다.

알아두면 유용한 **tip**

무료 아이콘 다운로드 받는 방법

무료 아이콘을 검색해주는 사이트를 소개합니다.

❶ ICONFINDER

검색어를 입력하면 찾고자 하는 아이콘을 손쉽게 발견할 수 있습니다. Outline, 3D, Cartoon 등 형태별로 검색하는 것도 가능합니다. 유료 버전과 무료 버전으로 구분되어 있으니 왼쪽 Price 영역에서 Free를 선택하고 검색하면 됩니다.

• URL 바로가기: https://www.iconfinder.com/

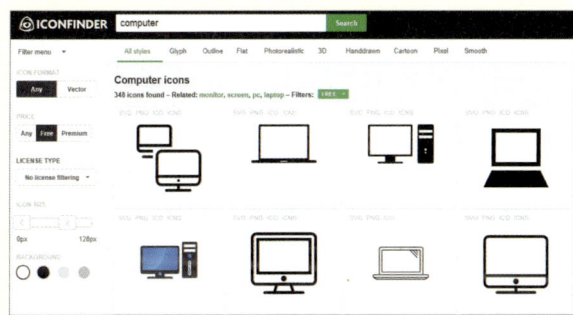

■ Computer 검색결과 화면

❷ VECTEEZY

다양한 벡터 아이콘을 검색할 수 있는 사이트입니다. 예를 들어 검색란에 computer를 입력하면 키워드와 관련된 labtop, notebook 등의 세부 검색어를 활용하여 찾을 수 있습니다. 아이콘은 유료 버전과 무료 버전이 있으니 잘 확인한 후 사용합니다.

• URL 바로가기: http://www.vecteezy.com/

■ Vecteezy 사이트 메인 화면

Process: 화살표로 프로세스 표현하기

비주얼 씽킹의 세번째 시각언어는 화살표입니다. 화살표를 사용하여 프로세스를 표현하면 전체 업무의 진행 상황이나 절차를 손쉽게 확인할 수 있어 협업 시 유용합니다.

기본 화살표

화살표는 A에서 B로의 변화를 의미합니다. 화살표 2개는 상관관계를, 3개 화살표는 분류를, 4개 화살표는 4단계 프로세스를 표현합니다.

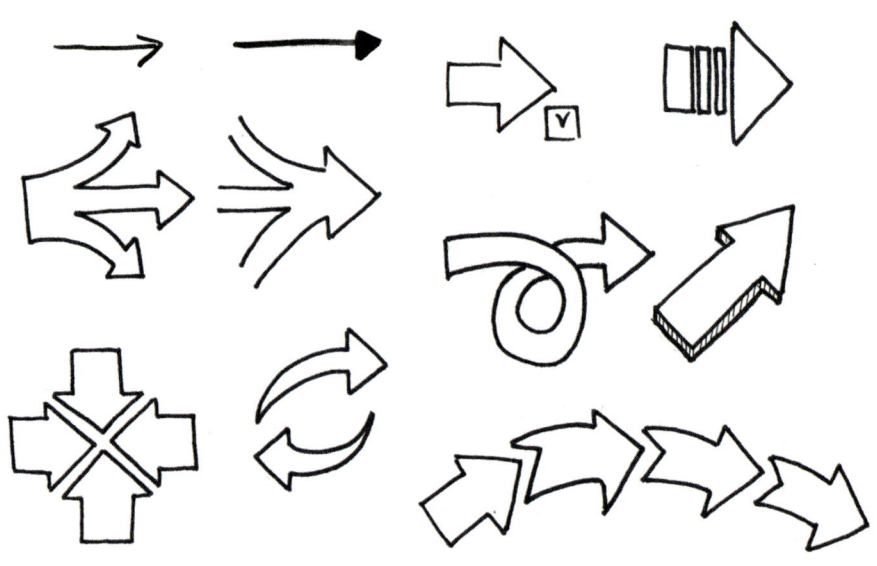

• 화살표 그리는 법

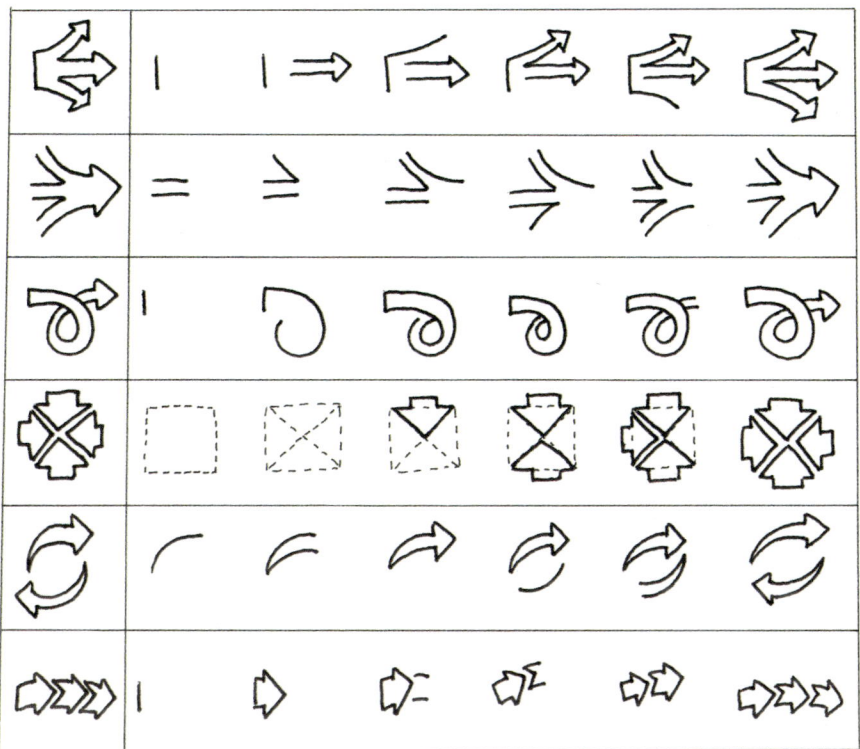

알아두면 유용한 **tip**

화살표 아이콘 찾는 법

❶ 200개 화살표 무료 아이콘 다운로드

2000여 개의 화살표가 하나하나 이미지 파일(png)로 저장되어 있어 바로 사용할 수 있습니다.

• http://www.freepik.com/free-vector/200-arrows-icon-collection_710350.htm

❷ 핀터레스트에서 화살표 아이콘 검색하는 법

더 다양한 화살표를 검색하려면, 이미지 공유 소셜미디어인 핀터레스트에 로그인한 후 'arrow icon'을 검색하면 깔끔하게 정리된 화살표를 사용할 수 있습니다.

• http://pinterest.com

다양한 화살표

화살표는 시각화에서 가장 많이 사용하는 도구입니다. 기업에서 추구하는 변화, 도전, 목표, 진화, 달성 등과 같은 역동적인 단어나 프로세스를 표현할 때 사용할 수 있습니다.

알아두면 유용한 tip

마이크로소프트 파워포인트에서 'SmartArt'에 있는 다양한 화살표 차트를 참고하여 그립니다.

이미지형 화살표

화살표와 이미지를 결합하면 독특하고 감각있어 보이는 새로운 디자인이 탄생합니다. 아래는 다양한 이미지형 화살표의 예시 그림입니다. 따라 그리면서 자신만의 이미지형 화살표를 만들어 보기 바랍니다.

Speech: 말풍선으로 생각과 느낌 표현하기

비주얼 씽킹의 네번째 시각언어는 말풍선입니다. 다양한 모양의 말풍선을 사용하여 생각과 느낌을 표현해 보세요. 사람 옆에 말풍선을 그리고, 내용을 적으면 무슨 말을 하는지, 어떤 생각을 하는지 알 수 있습니다.

말풍선에 해당되는 내용쓰기

아래 말풍선에 해당되는 내용을 예시에서 찾아서 씁니다.

예시: 말하기, 꿈꾸기, 생각하기, 충격, 엿듣기, 공지사항 말하기, 여러사람이 한 번에 말하기 등

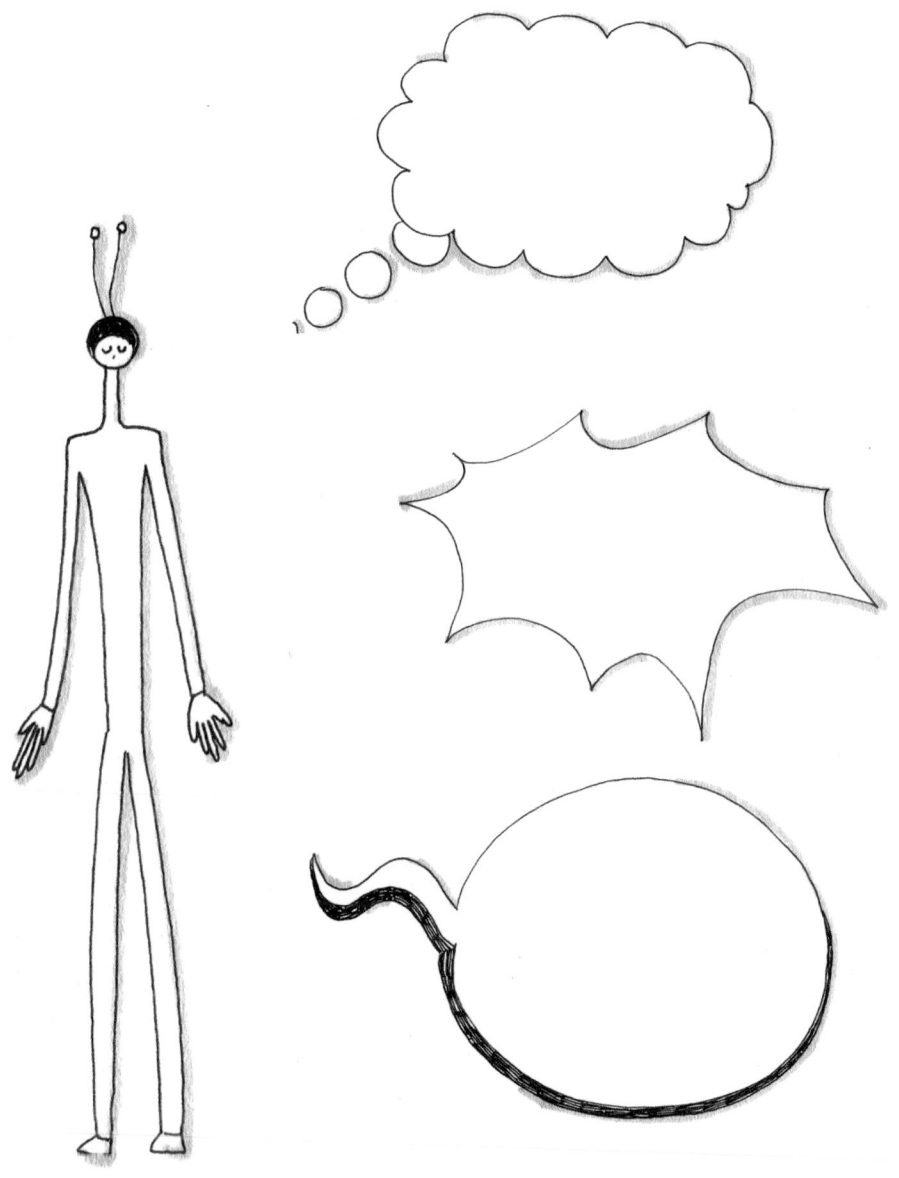

말풍선을 그리고 내용을 쓰면 복잡한 정황을 한 번에 설명할 수 있습니다.

Keyword: 제목과 내용 표현하기

비주얼 씽킹의 다섯 번째 시각언어는 키워드입니다. 제목과 내용 중 강조해야 하는 부분을 시각화합니다.

제목 강조하기

브랜드 로고는 기업들이 심혈을 기울여 만드는 작업으로써 단어와 이미지가 조화롭게 배치되어 제목 시각화의 예시로 적절하게 사용될 수 있습니다. 나이키와 아우디는 브랜드명 위에 도형을 활용한 심볼마크를 넣었고, 스타벅스와 이니스프리 또한 기업의 특색화된 독특한 이미지를 통해 기업 브랜드를 강조하고 있습니다.

제목을 강조하는 방법은 브랜드 로고처럼 글자에 도형 또는 이미지를 더하거나 제목 글자를 타이포그래피로 꾸미면 됩니다. '제목'이라는 단어를 사용하여 꾸민 아래 그림을 참고하세요.

☆☆ 내 이름 + 도형을 넣어 그리는 법

내 이름에 도형과 이미지를 넣어서 꾸며 보세요. 아래 예시는 필자 이름인 온은주에서 'ㅇ'에 하트와 회오리를 넣어서 그려 보았습니다.

  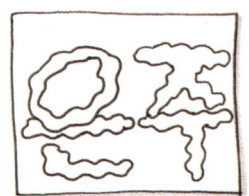

리본으로 제목 꾸미기

제목을 꾸밀 때에는 다양한 리본 모양을 활용하여 연출해 보세요.

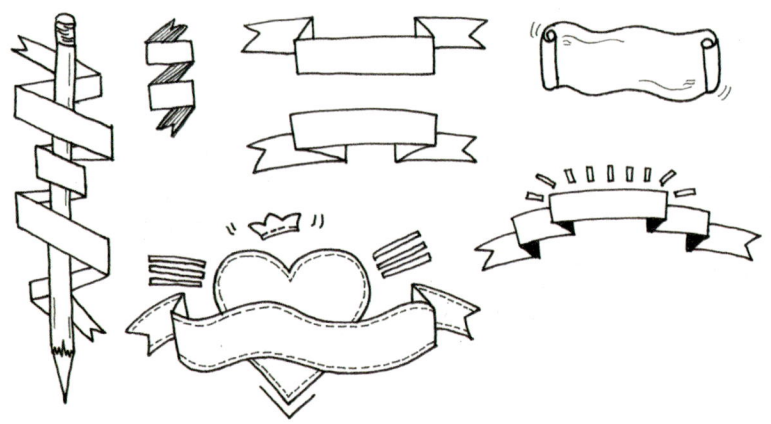

▶리본 그리는 법

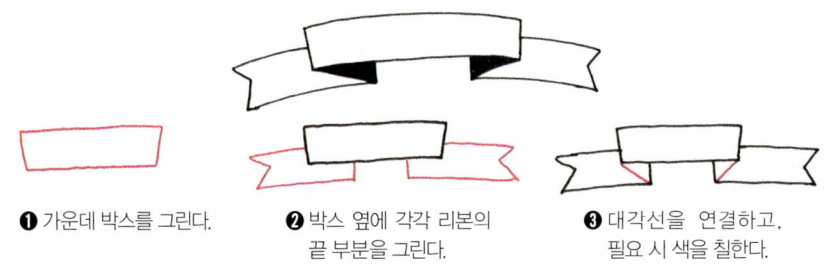

❶ 가운데 박스를 그린다.　❷ 박스 옆에 각각 리본의 끝 부분을 그린다.　❸ 대각선을 연결하고, 필요 시 색을 칠한다.

내용 정렬하기

내용을 정렬할 때 블릿 박스와 구분선을 이용하면 편리합니다. 내용별로 다른 색깔을 사용해서 구분해도 좋습니다.

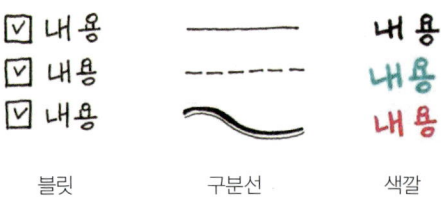

블릿　　　　구분선　　　　색깔

수강생들이 그린 사람, 행동, 표정

비주얼 씽킹 워크숍에서 수강생들이 그린 사람, 행동, 표정 중에서 개성 있는 작품을 소개합니다. 이 책을 읽고 계신 독자분들도 자신 있게 비주얼 씽킹 시각요소를 그려보세요. 손으로 그린 모든 비주얼은 각기 특유의 개성이 담겨 있기 때문에 다양하게 표현됩니다.

❶ 수강생들이 그린 사람과 표정

❷ 수강생들이 그린 스틱맨 자화상

나의 얼굴형을 닮은 원, 나를 알아볼 수 있는 머리 모양, 안경을 그립니다. 나의 감정을 나타내는 표정과 양 손에는 나를 상징하는 두 개의 물건을 그립니다.

제 **9** 장

Visual Thinking Layout:
원페이지 레이아웃

VisualThinking

원페이지 레이아웃

한 장의 그림으로 생각하는 법은 시작하는 기술과 마무리하는 기술로 구성되어 있습니다. 시작하는 기술은 사람, 말풍선, 화살표와 같은 시각재료들을 가지고 스케치를 하는 것이며, 마무리하는 기술은 이 시각재료들을 한 장으로 보기 좋게 구성하는 것입니다. 바로 앞 장인 8장에서 시작하는 기술을 배웠다면, 이번 장에서는 마무리하는 기술을 배워보도록 하겠습니다.

비주얼 씽킹을 마무리하는 기술을 한 마디로 정의하자면 '한 장의 그림에 배치할 레이아웃'을 결정하는 일입니다. 여기서 레이아웃(Layout)이란 비주얼 씽킹의 시각재료들을 한 장의 종이 안에 배열하는 작업을 말합니다. 시각재료들이 잘 어우러져 표현하고자 하는 주제가 잘 드러날 때 성공적으로 레이아웃이 구성되었다고 말할 수 있습니다. 레이아웃을 만드는 방법은 수백 가지로 다양하지만, 그중에서 비주얼 씽킹 스타터가 쉽게 시작할 수 있는 레이아웃 기본형 세 가지를 소개합니다.

레이아웃 기본형의 첫 번째는 센터 레이아웃, 두 번째는 박스 레이아웃, 세 번째는 연결 레이아웃 형태입니다. 레이아웃에 따라 각기 다른 장점을 가지고 있기 때문에 주제에 알맞은 방법을 선택하거나 다양한 레이아웃으로 변형해서 사용하면 됩니다.

센터 레이아웃

센터 레이아웃은 종이 중앙에 제목과 그림을 배치하여 중심을 잡고, 그 옆의 빈 공간에는 내용과 관련 그림들을 배치하는 형태를 말합니다.

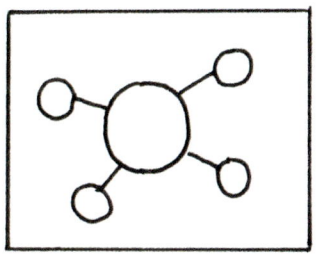

센터 레이아웃을 활용하려면 중앙에 중요한 내용을 그리고 중앙 주변에는 관련된 내용과 그림을 자유롭게 배치하면 됩니다. 센터 레이아웃의 장점은 핵심과 주변의 구분이 명확하여 중요한 것과 관련된 내용을 한눈에 볼 수 있다는 점입니다.

핵심을 빠르게 파악한다

아래는 필자의 지인이 그린 그림으로 자신이 소속되어 있는 회사의 CEO 신년사를 듣고 센터형 레이아웃으로 정리한 사례입니다. 총 5가지 키워드를 별의 뿔에 배치시키고 센터에는 'CEO 신년사'라는 중심 제목을 넣어 정리하였습니다.

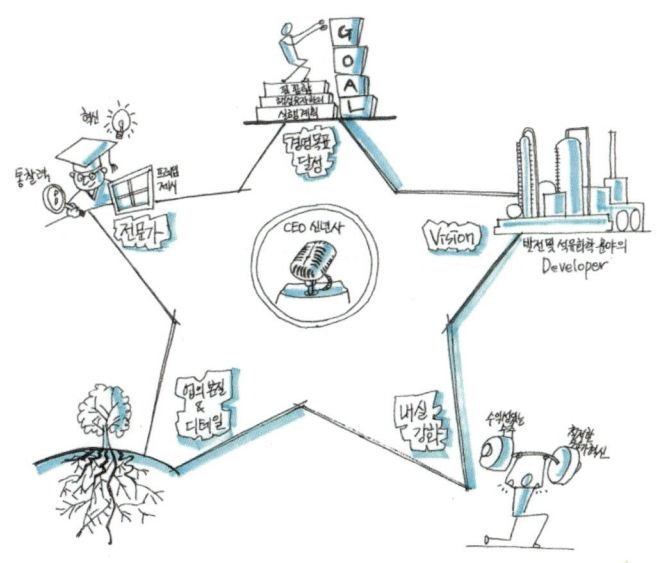

〈출처: blog.naver.com/kkorea1217〉

박스 레이아웃

박스 레이아웃은 종이 전체를 그리드(Grid)로 나눠서 박스를 만들고, 박스 안에 글과 그림을 배치하는 형태입니다.

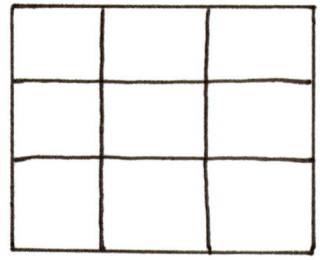

말하고자 하는 이야기가 6개면 6개, 10개면 10개 박스로 나누면 되기 때문에 다양하게 적용할 수 있습니다. 박스형 레이아웃은 각각의 박스에 담겨있는 내용의 차이점을 쉽게 비교할 수 있는 장점을 가지고 있습니다. 또한 각 박스에 원하는 순서대로 번호를 붙이면 순서도와 프로세스로 변형됩니다.

조직도를 한눈에 비교한다

아래 그림은 아마존, 구글, 페이스북, 마이크로소프트, 애플, 오라클과 같은 유명 기업들의 조직도를 박스형 레이아웃으로 표시한 사례입니다. 6개의 기업 간 조직도 차이점을 한눈에 볼 수 있습니다.

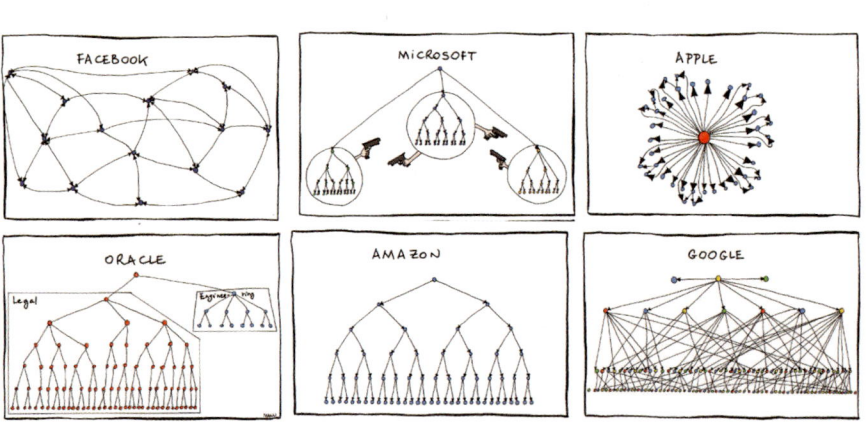

〈출처: Banker world〉

∷ 영상 시나리오를 스케치한다

아래의 이미지는 상상엔진2 도서 제작에 참여할 상상운영진을 모집하는 영상 시나리오를 스토리보드로 작성한 사례입니다. 스토리보드에 들어가는 항목은 일반적으로 '장면 순서, 영상 설명, 자막 설명, 화면 표시 방법'으로 분류되지만 주제에 따라서 변형해서 사용해도 좋습니다. 이렇게 한 장의 그림으로 스토리보드를 만들면 내용을 보면서 빠진 부분이 없는지, 혼란을 주는 부분이 없는지 꼼꼼하게 체크해 볼 수 있습니다.

[영상 시나리오(1분30초 이내)]

장면	콘티	내용	표기
Intro		'상상엔진2 프로젝트'	자막
도입		2012년에 제작된 <상상엔진>의 2편에 새롭게 제작됩니다. 나의 컨텐츠가 이곳에 실린다면 얼마나 좋을까요..?	자막/음성
		여러분도 함께 상상의 날개를 달아 비상해 보아요! 상상엔진2 프로젝트가 여러분을 기다립니다.	자막/음성
설명		10월1일부터 11일까지 <상상엔진2> 프로젝트에 함께할 상상운영진을 모집합니다.	자막/음성
		상상운영진은 주1회 총5주동안 '상상화실'에서 그림을 함께 배우고, 그리며 멋진 컨텐츠를 만들게 되는데요.	자막/음성
		시간이 없어서 그림을 그리지 못했거나 그림을 배워볼 기회가 없었거나 잘 그리지 못해서 엄두가 나지 않은 분들! 모두다 환영합니다.	자막/음성
		지원서를 작성해서 이곳에 11일까지 보내주세요!	자막/음성
마무리		궁금한 문의사항이나 상상엔진에 대해 궁금하시다면 아래 글을 참고해주세요!	자막/음성

영화 시나리오를 설계한다

　설국열차는 열차 맨 뒷부분에 위치한, 일명 꼬리 칸에서 생활하는 최하층민들이 자신들의 대한 부당한 대우와 지배구조에 불만을 품고 반란을 일으켜 지배층이 있는 엔진 칸까지 밀고 올라가는 스토리로 2013년, 934만 명의 관객이 본 대작입니다. 기차의 내부는 꼬리 칸을 지나 단백질 블록 생산 칸, 물 공급 칸, 교실 칸, 클럽 칸 등 기차의 한 칸 한 칸이 다른 컨셉으로 구성되어 있습니다. 필자는 다양한 기차 칸의 컨셉와 흥미진진한 설국열차 내용에 반해 2시간 동안 집중해서 영화를 감상하였는데, 막상 영화가 끝나고 난 다음 총 몇 칸의 열차 칸이 존재했는지 기억나지는 않았습니다. 이 책을 읽는 독자 여러분은 설국열차가 총 몇 칸인지 기억하고 있으신가요?

　필자처럼 대부분의 관객들은 설국열차가 총 몇 칸인지, 길이는 얼마인지 알지 못할 겁니다. 그렇다면 영화를 만드는 사람들은 어떻게 이 많은 칸을 설계하고 함께 작업할 수 있었을까요? 그 비밀은 봉준호 감독이 그린 설국열차 설계도에 있습니다. 영화 시나리오 작업을 마친 2011년 11월, 봉준호 감독은 총 60칸으로 구성된 기차의 전체 도면을 그렸습니다. 도면에 그려진 기차의 각 칸에는 이름과 크기가 적혀 있으며 곡선 궤도를 달리면서 벌어지는 교실 칸과 수영장 칸의 총격 장면에서부터 총탄이 오가는 거리까지 계산되어 있습니다. 이렇게 제작된 설국열차 전체 설계도는 촬영, 소품, 조명, 미술 등을 담당하는 수많은 영화 스태프들이 공동의 목표를 향해서 효과적으로 일할 수 있게 도와주는 중요한 역할을 담당했습니다.

연결 레이아웃

연결 레이아웃이란 각 내용들을 화살표 또는 그림을 사용해서 연결, 배치하는 형태를 말합니다.

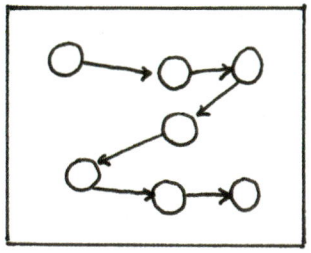

이 레이아웃은 구성요소 간의 상관관계를 파악하기 좋다는 장점이 있습니다. 연결 레이아웃은 이미지를 단독으로 구성하는 방법과 단어를 나열해서 연결하는 방법이 있습니다.

구성요소 간에 관계를 파악한다

아래의 이미지는 아마존 CEO 제프 베조스(Jeff Bezos)가 레스토랑에서 그린 그림으로 유명한 '아마존의 성장 사이클'입니다. 단어를 연결해서 만든 연결 레이아웃으로 성장(Growth)을 위해 필요한 요소들을 화살표를 사용해서 표현하였습니다.

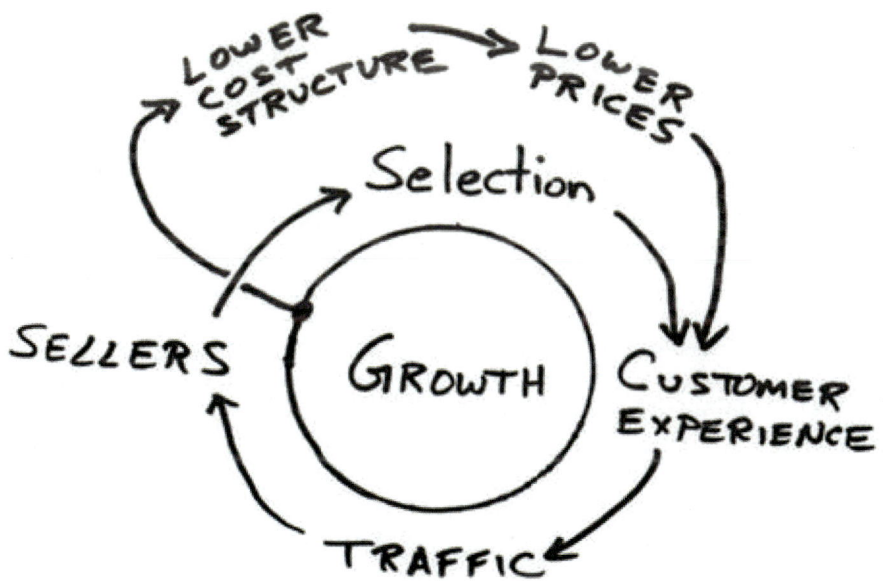

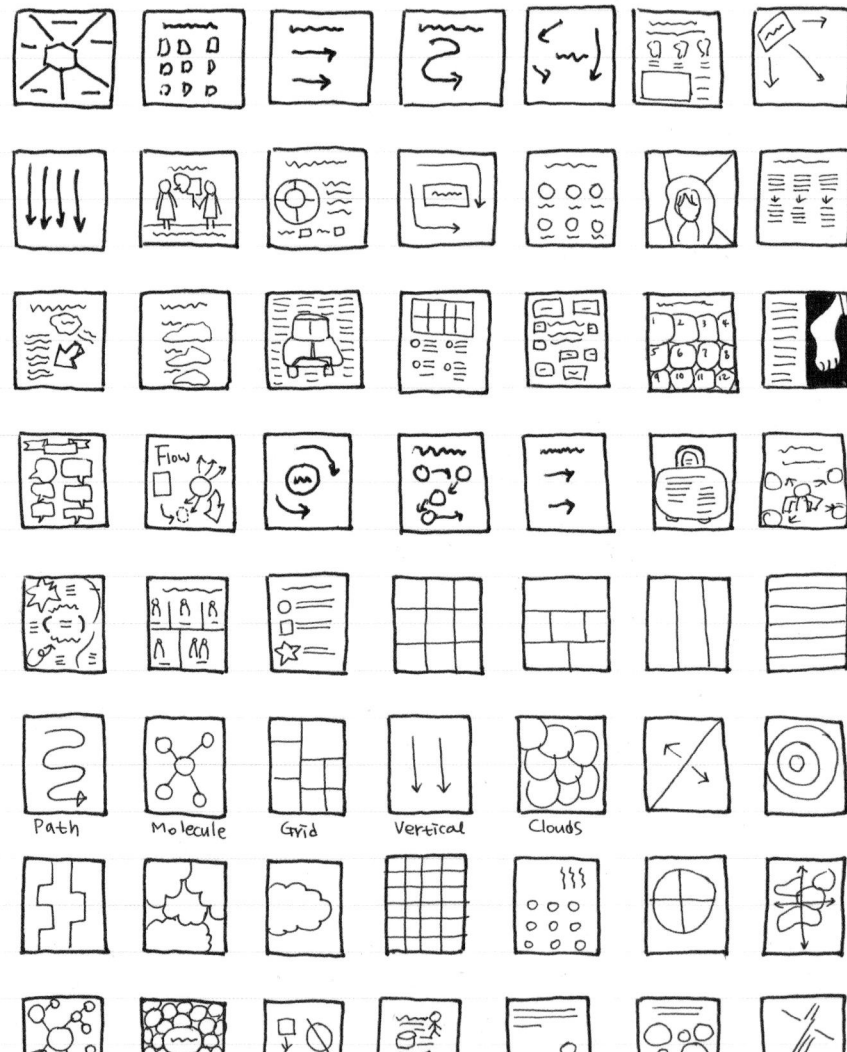

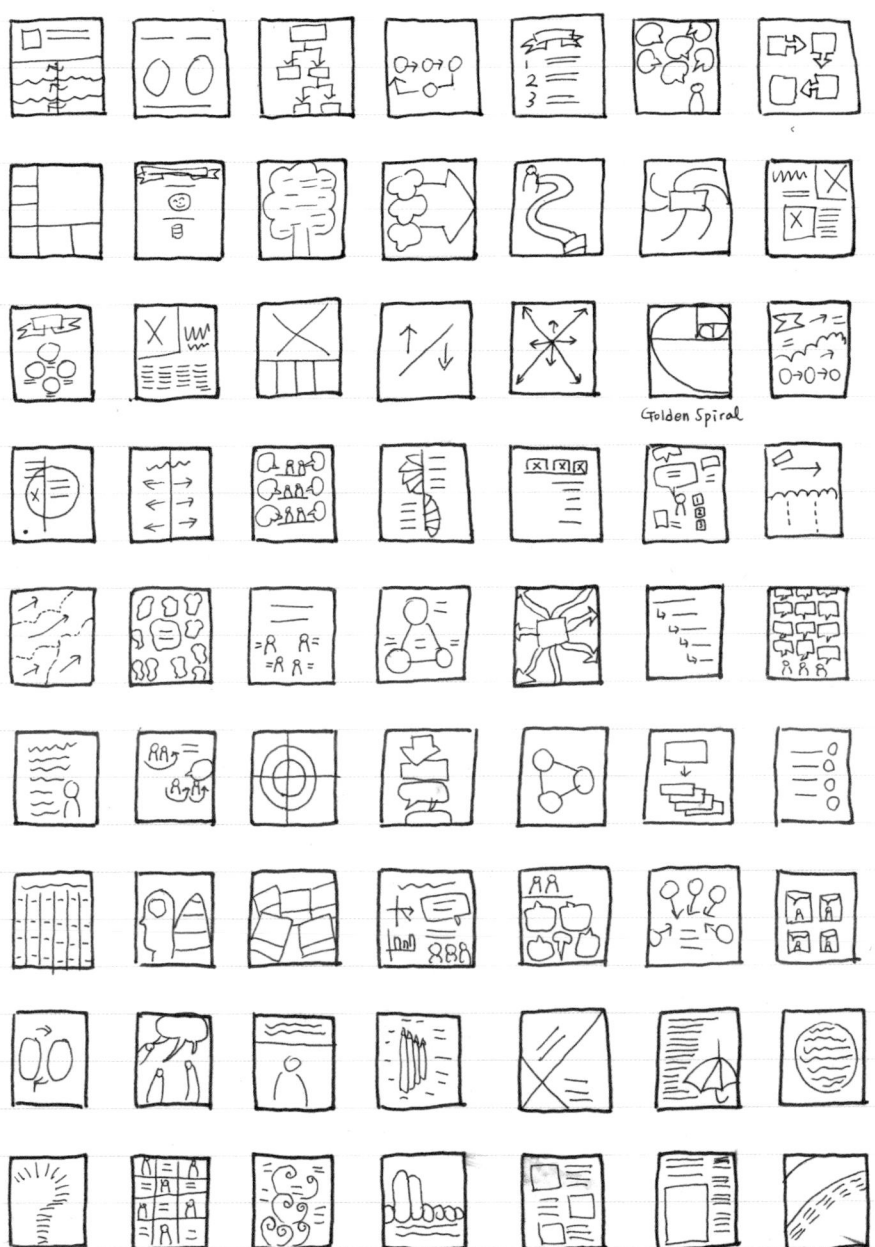

Special Box

비주얼 마인드맵

비주얼 마인드 맵이란 마인드맵의 기본 원칙을 따르면서, 핵심 내용에 비주얼이 크게 자리잡도록 그리는 것을 말합니다. 비주얼 마인드맵은 센터 레이아웃과 연결 레이아웃을 결합한 형태입니다.

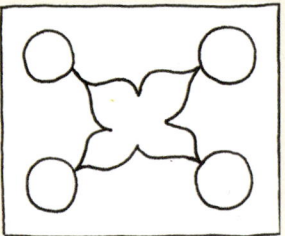

신한대학교 교수학습지원센터 마인드맵 경진대회에서 대학생들이 자신이 다니는 학과에 대한 설명을 비주얼 마인드맵으로 그린 작품을 소개합니다.

Special Box

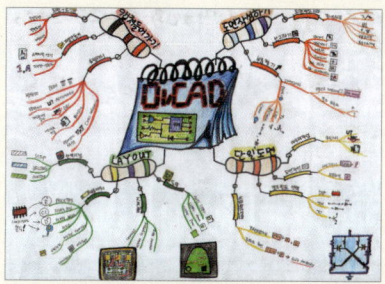
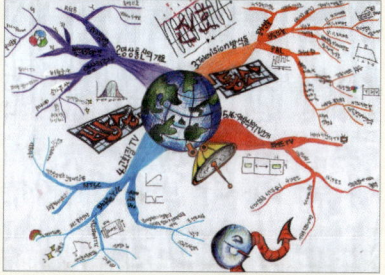

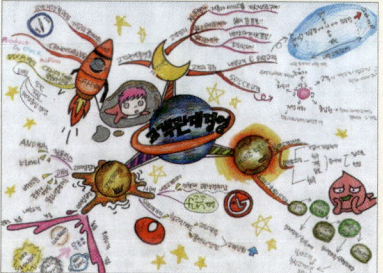

〈출처: 신한대학교 교수학습지원센터 마인드맵 경진대회 작품〉

제 **10** 장

Visual Thinking for Idea :
아이디어 시각화

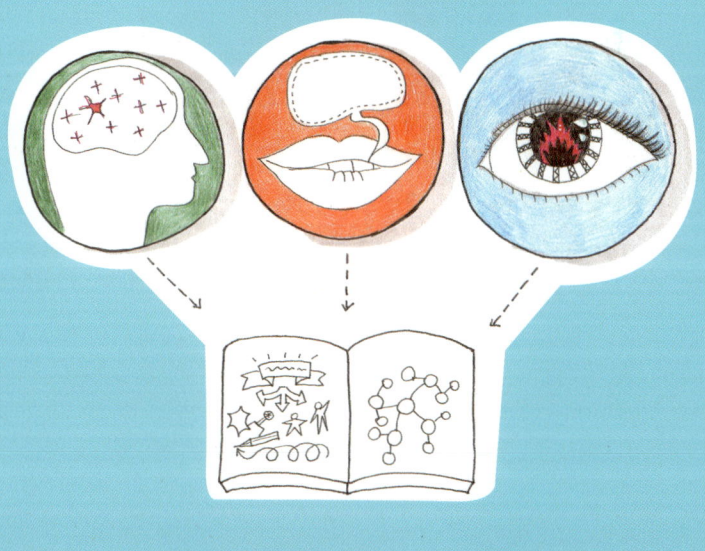

V i s u a l T h i n k i n g

아이디어 시각화

　머릿속에 아이디어가 번뜩 떠올랐을 때 표현하지 못해 답답한 적이 있나요? 회의 시간에 말한 아이디어를 활용하여 좀 더 창의성있는 생각으로 발전시키고 싶었던 적이 있나요? 또는 떠오른 아이디어를 시각화하고 싶은 적이 있나요? 이 모든 것을 가능하게 할 아이디어 시각화를 돕는 4가지 규칙을 소개합니다.

규칙 1. 아이디어가 생각나면, <u>한 장의 그림</u>으로 그려라!

규칙 2. 어떤 그림을 그려야 할지 모르겠다면, <u>비주얼 씽킹 5단계</u> 방법을 사용하라!

규칙 3. 아이디어를 더 명확하게 만들려면, <u>시각적 연상 기법</u>을 사용하라!

규칙 4. 시각적이지 않은 개념들은 <u>시각적 은유 기법</u>을 활용하라!

규칙1. 아이디어가 생각나면 한 장의 그림으로 그려라

　순식간에 나타났다가 사라지는 아이디어. 그래서 아르키메데스는 목욕하다가 유레카를 외치며 뛰어나갔나 봅니다. 불현듯 기가 막힌 아이디가 떠올랐을 때, 잽싸게 뛰어가서 펜을 들고 노트를 펼쳐 기록하려는 순간 '방금 내가 뭘 쓰려고 했지?'라고 자문하게 되거나 머릿속에 두리뭉실하게 떠오른 생각을 막상 글로 적기 힘들었던 경험은 누구나 가지고 있을 것입니다. 이럴 때 문제점을 극복하는 간단한 방법은 한 장의 그림으로 아이디어를 정리하는 것입니다.

　구글은 각국 기념일, 유명 인사의 생일 등 특별한 날이 되면 이를 기념하는 의미로 로고 디자인을 바꿉니다. 여기서 구글 기념 로고를 제작하는 사람은 구글 웹마스터 황정목씨입니다. 그는 구글 로고 아이디어가 생각나면 스케치 형태로 CEO에게 보여주고 승인을 받는다고 합니다.

위 이미지는 SEK 2007의 특별 강연에서 공개한 황정목씨가 직접 그린 아인슈타인을 기념하는 구글 로고 스케치입니다. 한 스탠포드 대학 교수를 모델로 한 사진과 함께 Google 로고 스펠링 중 'O'라는 알파벳에 아인슈타인을 상징하는 흰머리와 흰 수염을 넣었습니다. 또한 상대성 이론을 로고와 결합해서 'Google=mc²'라는 모델방정식도 만들었습니다.

이렇듯 생각해 낸 아이디어를 한 장의 그림으로 그리기 위한 방법들을 다음 사례를 통해 차근차근 배워 보도록 하겠습니다.

알아두면 유용한 tip

낙서 VS 비주얼 씽킹

낙서는 정해진 틀이 없고, 개인의 개성에 따라 작성하면 되기 때문에 비주얼 씽킹 하위에 있는 효율적인 방법들 중 하나입니다. 생각이 떠오르면 낙서를 해두세요. 나중에 비주얼 씽킹으로 표현하는데 원천 소스로 활용할 수 있습니다.

페이스북 이벤트 아이디어

필자는 소비자와 함께하는 자동차 튜닝 아이디어 경진대회를 제안하기로 했습니다. 이 경진대회는 소비자가 직접 '튜닝 아이디어'를 페이스북에서 적으면 이벤트 참여가 끝나는 간단한 프로세스로 구성되어 있습니다. 만약 헤드라이트를 튜닝하고 싶다면 헤드라이트를 어떻게 고치고 싶은지를 페이스북에서 적으면 됩니다.

글로만 설명하니 이해가 잘 안 되시죠? 한 장의 그림으로 아이디어를 그려봅니다. 소비자들은 자동차 중에서 개조하고 싶은 부분을 선택하고 글로 표현합니다. 말풍선이 떠 있는 위치는 소비자가 선택한 위치이고, 말풍선에 들어간 내용은 개조하고 싶은 방법이 되는 겁니다. '자동차 튜닝 아이디어'는 하나씩 리스트로 볼 수도 있습니다.

모바일 앱 아이디어

　이번 사례는 '증강현실을 이용한 월드컵 스타와 사진 찍기 모바일 앱' 개발을 위한 아이디어 스케치입니다. 이 아이디어는 "월드컵 축구 경기장에 함께 있지는 않지만, 마치 선수들과 함께 있는 것처럼 사진을 찍을 수 없을까?"라는 생각으로 시작되었습니다. 이것을 모바일에서 앱으로 만든다면 어떻게 해야 할까요? 필자는 실제 개발을 시작하기 전에 손그림으로 아이디어 스케치를 했습니다.

　위 그림은 월드컵 국가대표 선수들이 프리킥 상황에서 골을 막기 위해 벽쌓기를 하는 모습입니다. 선수들 옆에는 '소비자'라고 적힌 비어있는 공간이 있습니다. 소비자가 선수들과 같은 동작을 취하면서 비어있는 공간에 사이즈를 맞추면 마치 함께 벽쌓기를 하면서 사진을 찍은 것처럼 보이도록 하는 겁니다.

다른 하나는 국가대표 단체 사진을 함께 찍는 모습입니다. 축구 게임이 끝나고 나면 선수들은 2줄로 모여서 단체사진을 찍습니다. 앞 사람들은 무릎에 손을 올리고 어깨를 살짝 수그린 모습입니다. 위와 동일하게 '소비자'라고 쓰인 빈 공간에 맞춰 선수들과 같은 동작을 취하면서 자연스럽게 사진을 찍으면, 합성되어 마치 한 공간에서 함께 사진을 찍는 것과 같이 만들 수 있습니다.

모바일 앱에서 구성할 화면 또한 미리 스케치했습니다.

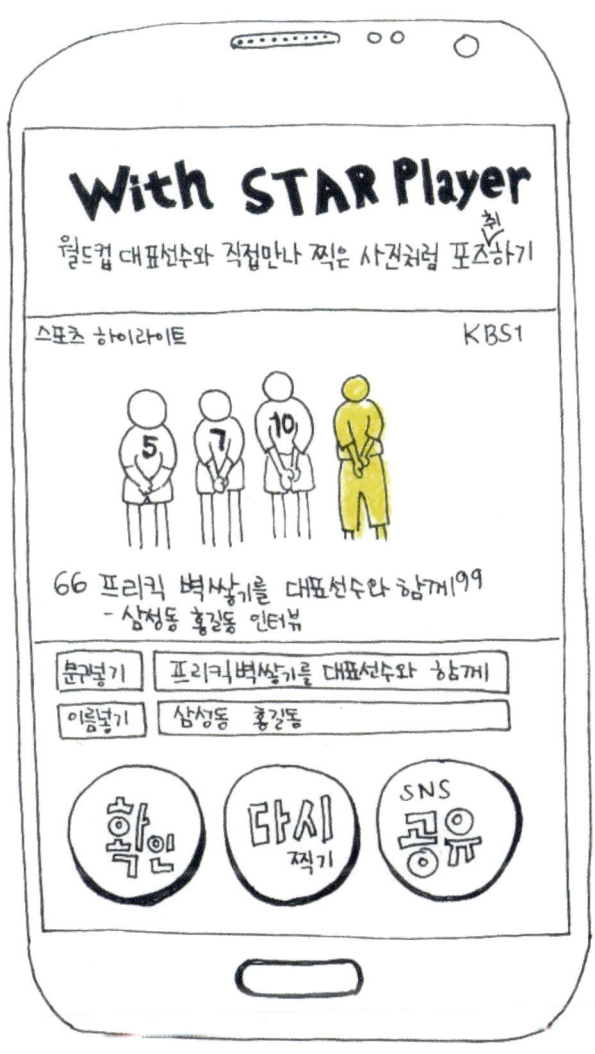

규칙2. 어떤 그림을 그려야 할지 모르겠다면 비주얼 씽킹 5단계 방법을 사용하라.

떠오른 아이디어를 한 장의 그림으로 표현하려면 6장에서 배운 비주얼 씽킹 5단계 START 프로세스를 사용하면 됩니다. 단박에 이해하기 어려우시죠? 아이디어 시각화에 맞춰서 한 단계씩 차근차근 설명해 보도록 하겠습니다.

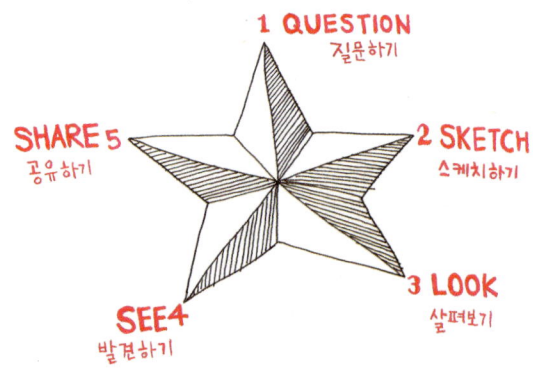

1단계 Question - 질문하기

질문은 아이디어를 시작하는 가장 좋은 출발점입니다. 어떤 그림을 그릴지 막막할 때 그리고자 하는 내용을 질문으로 만들어 봅니다. 앞서 예시로 든 '월드컵 국가대표 선수와 사진찍기' 모바일 앱을 한 장의 그림으로 표현할 때, 필자는 아래와 같은 질문들을 던지고 그 답을 그림으로 그렸습니다.

- 월드컵 국가대표 선수와 함께 사진을 찍고 싶은 순간은 언제인가?
- 월드컵 국가대표 선수들은 언제 사진을 찍는가?
- 월드컵 국가대표 선수들이 찍은 사진 중 기억에 남는 사진이 있는가?
- 월드컵 국가대표 선수들과 함께 경기를 하는 장면을 사진으로 찍는다면 어떤 장면이 좋을까?

이런 질문들을 던지면서, 찾은 답은 두 가지였습니다. 첫 번째는 월드컵 국가대표 선수들이 경기를 마치고 찍은 단체 사진을 봤던 기억과 두 번째는 축구 경기 중 골대 앞에서 벽쌓기를 하는 모습이었습니다. 이 두 가지 모습을 그림으로 그리고 '가상으로 월드컵 대표 선수와 사진 찍는 광경'을 생각했습니다.

2단계 Sketch - 스케치하기

일단 한 개의 스케치를 그리세요. 이 한 개의 스케치는 그리기에 대한 두려움을 없애주고 딱딱한 머릿속을 말랑말랑하게 만들어주는 역할을 합니다. 스케치를 마치고 나면 그것을 토대로 하여 다양한 스케치를 그리세요. 스케치는 다양한 각도로 위, 아래, 옆에서 본 모습을 평면, 입체로 그립니다. 이번에는 제한시간을 설정하고 빠르게 그려보세요. 가령 20분 안에 적어도 20개의 스케치를 그린다는 목표를 가져보세요. 이런 다양한 방법을 통해서 그린 이미지를 서로 비교할 수 있도록 한 장에 담아봅니다.

3단계 Look - 살펴보기

3단계 살펴보기(Look)와 다음 단계인 발견하기(SEE)는 둘 다 '본다'라는 뜻을 가진 단어이지만 보는 방법과 깊이는 다릅니다. 단어적으로 표현하면 살펴보기(Look)은 '본다'를 의미하고, 발견하기(See)는 '보인다'를 의미합니다. 예를 들어 소개팅을 나간 여자는 남자의 얼굴을 살피면서 나에게 호감이 있는지 없는지를 찾으려고 애씁니다. 남자의 얼굴을 보는 것은 Look이고, 호감이 보이는 것은 See입니다. 옆의 그림으로 보면 본다와 보인다의 의미가 보다 명확해집니다. 화창한 봄날 꽃을 봅니다(Look). 한참 꽃을 보고 있으니 꿀을 먹고 있는 벌이 보입니다(See). 보고서를 다 쓰고 나서(Look) 보고서 내용을 열심히 살펴보면 오타가 발견됩니다(See). 즉, Look은 관심을 가지고 한번 보는 정도라고 생각하면 되며, See는 시야에 들어오는 것에서 나만의 관점, 인사이트, 생각을 발견하는 것이라고 생각하면 됩니다.

본다 ➡ 보인다
Look　　　See

남자의 얼굴을 본다 ➡ 호감이 보인다

꽃을 본다 ➡ 벌이 보인다

보고서를 본다 ➡ 오타가 보인다

4단계 See – 발견하기

나만의 관점을 발견할 수 있도록 도와주는 '현장 조사', '이종 연결', '아이디어 동사화' 방법을 소개하도록 하겠습니다.

1. 현장 조사를 통해 발견하라

범죄가 발생하면 제일 먼저 경찰들은 현장 조사를 나갑니다. 범죄 발생 장소, 분위기, 또 그 안에 숨어있는 힌트를 발견해서 범인을 잡기 위한 증거들을 모읍니다.

새로운 상품을 기획하고 신 시장을 개발하는 기획자나 마케터는 새로운 기획을 위해 소비자가 자주 방문하는 현장을 하루에 몇 번씩 방문합니다. 소비자들이 어떤 제품을 사용하고 매장에서 어떤 동선으로 움직이는지, 그들의 표정은 어떠한지 관찰합니다. 현장에서 미리 알아차리지 못한 부분을 위해 사진과 스케치를 하기도 합니다.

이렇듯 현장에 대한 전반적인 상황과 분위기를 몸소 느끼고 나면 자신이 발견하고자 하는 주제의 가장 근접한 아이디어를 손쉽게 도출해 낼 수 있습니다.

2. 이종 연결을 통해 발견하라

이종 연결이란 전혀 다른 성질을 가진 사물이나 단어 등을 연결지어 보는 것으로, 따로따로 봤을 때와는 다른 의외의 모습을 발견할 수 있습니다. '이종 연결'을 연습할 때에는 아이디어에 서로 어울리지 않을 법한 것들을 연결한 후 각각에 것을 합쳐서 표현하면 됩니다. 만약 커피숍을 새로 오픈한다고 가정하면 커피숍+취미, 커피숍+세탁, 커피숍+애완동물, 커피숍+자전거, 커피숍+점심식사 등 다양한 사물과 공간을 연결합니다. 이후 두 개의 리스트를 만듭니다. 예를 들어 커피숍과 점심을 연결하려면 커피숍과 점심식사가 가지고 있는 본래의 목적과 부합하는 리스트를 만듭니다. 이후 리스트 중에서 어떤 부분을 통합할지 선택합니다. 예를 들어 커피숍과 애완동물을 통합하려면 애완동물 치료, 미용 등의 필요한 기능들에 대해 브레인스토밍합니다. '커피숍에서 애완동물 치료를 한다' 등의 연결고리를 만들고 결과를 상상해봅니다. 각 비즈니스가 제공하고자 하는 것은 무엇인가? 누가 이용할 것인가? 당신이라면 그곳에 가겠는가?

이후 각각의 새로운 비즈니스를 뭐라고 부를 것인지 이름을 붙입니다. 아이디어를 선정하고 그림으로 표현한 후에는 컨셉에 생기를 불어넣기 위해 인테리어, 제품, 형태, 색, 타이포그래피 등을 그려 넣습니다.

비주얼 씽킹 워크숍 시간에는 이종연결 과제로 '스티브 잡스가 꿈꾸는 사무실 공간'을 시각화하는 수업을 진행합니다. 내가 꿈꾸는 사무실 공간이라는 주제보다 '스티브 잡스가 꿈꾸는 사무실 공간'이라는 주제로 시각화 훈련을 하면 현실을 뛰어넘는 다양한 아이디어가 쏟아집니다. 스티브 잡스가 꿈꾸는 사무실 공간은 일반적인 공간과는 다를 거라는 생각에서 출발하기 때문입니다.

3. 아이디어를 동사화하라

아이디어를 다양한 행위동사에 적용합니다. 한 아이디어에 '확대하다, 재배열하다, 바꾸다, 맞추다, 수정하다, 대치하다, 반전시키다, 결합하다' 등의 다른 동사를 적용하는 것입니다. 이런 동사들은 핵심이 되는 컨셉를 유지하면서도 다양한 발상을 할 수 있도록 도와주기 때문에 초기 아이디어를 다양화하고 뜻밖의 아이디어를 도출할 수 있습니다. 또한 물체나 프로세스에도 적용하여 집, 책, 소파와 같은 일상생활의 물건들을 다른 규모나 재료, 또는 문맥으로 상상해보며 재창조를 시도해 보도록 합니다.

아이디어를 동사화하려면 기본적인 컨셉부터 시작합니다. 과녁 정중앙에 꽂힌 화살을 등장시켜 '목표 달성'과 같은 뻔한 메시지를 붙입니다. 이후 중심이 되는 이미지나 아이디어를 동사화합니다. 과녁 이미지를 '크게 하다, 증가시키다, 뒤집다, 해부하다, 폭발하다, 산산조각이 나다, 녹는다, 짜낸다' 등을 이용하여 동사화합니다. 동사로 변형되어 그림으로 표현한 아이디어를 보면서 더욱 발전시켜 봅니다.

5단계 Share – 공유하기

한 사람이 생각해낼 수 있는 아이디어는 몇 가지 되지 않지만, 여럿이 함께 모여서 의논하다 보면 각자의 개성에 따라 여러 개의 독창적인 아이디어를 도출해낼 수 있습니다. 도출된 다양한 아이디어를 한데 모아 의견을 나누다 보면 그중 주제와 가장 알맞는 아이디어가 발견되기 마련입니다. 이렇게 지속적으로 의견을 공유할 수 있는 팀이 있다면 프로젝트 팀원들과 아이디어를 공유하면서 발전시킬 수 있으며, 업무적인 상황이 아니더라도 소속되어 있는 모임이나 친한 친구들과의 만남에서도 아이디어를 공유하고 피드백을 받으면 색다른 아이디어로 발전할 수 있습니다. 여기서는 아이디어를 공유하는 세가지 방법인 초안 공유, 공동 창작, 베타 프로젝트를 소개하도록 하겠습니다.

1. 초안을 공유하라

아이디어 초안은 제일 처음에 떠오른 아이디어의 기본적인 내용으로, 아이디어 뼈대라고 볼 수 있습니다. 이러한 뼈대가 되는 초안을 공유하면 사람들의 다양한 의견을 받아 아이디어에 살을 붙이기 쉽습니다. 프로젝트 팀 내에서 공유할 때는 아이디어 스케치 단계에서 공유해도 좋으며, 초안을 공유할 수 있는 전문가 그룹을 만들어두면 좋습니다. 또한 SNS를 사용하여 다양한 연령대와 직종을 가진 사람들에게 공유하면 생각지도 못한 아이디어 피드백을 얻을 수도 있습니다. 단, SNS로 공유할 때에는 아이디어 보안과 지적재산권을 고려해서 공유 시기를 신중하게 결정해야 합니다.

2. 공동 창작하라

아이디어를 함께 완성해나가는 공동 창작은 공유의 또 다른 방법입니다. 누구나 자유롭게 글을 쓰고 자료를 찾을 수 있는 '위키 피디아'는 크라우드 소싱(crowd sourcing)을 통해 대중의 지식을 공동 창작합니다. 이외에도 공동창작으로 진행된 '1만 마리 양 그리기(www.thesheepmarket.com)'는 모든 사람들이 함께 자신의 개성이 드러나는 양을 그리는 프로젝트입니다. 여기서 양 한 마리를 그릴 경우 2센트를 받을 수 있습니다. 단, 양의 머리는 왼쪽에 있어야 하고 누가 봐도 양이라는 걸 알아야 합니다. 이 프로젝트를 시작한 후 약 40일 동안 IP 주소 기준으로 7,599명이 이 프로젝트에 참여했습니다. 1만 마리의 개성 강한 양 그림을 모으는데 들어간 비용은 총 200달러, 양 그림은 모두 UCLA의 뉴와이트 갤러리에 전시되었습니다.

3. 베타 프로젝트를 오픈하라

　베타 프로젝트란 제품이 출시 되기 전, 베타 단계에서 베타 테스터를 모집하고 미리 제품을 사용하게 하면서 아이디어를 발전시키는 방법입니다. 소비자는 다른 사람들보다 먼저 제품을 사용할 수 있으며 기업은 이것을 토대로 베타 테스터들을 관찰하면서 제품을 수정하고 발전시킬 수 있어 소비자와 기업, 모두에게 의미가 있는 프로젝트입니다. 일반적으로 게임이나 소비층이 정해져 있는 분야 중심으로 베타 프로젝트가 진행되는 것으로 알려져 있지만 점점 베타 프로젝트에 대한 관심이 높아짐에 따라 다양한 분야에서 사용되고 있습니다.

규칙3. 아이디어를 더 명확하게 만들려면 시각적 연상 기법을 사용하라

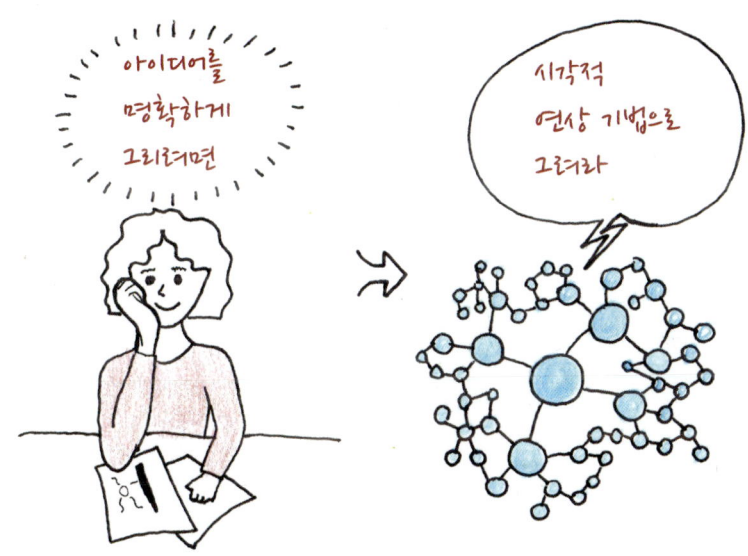

　아이디어를 더 명확하게 만들고 싶다면 시각적 연상 기법을 사용하여 그림으로 표현하면 됩니다. 여기서 '연상'이란 한 단어를 떠올리면 다른 단어가 연쇄적으로 떠오르는 것을 말합니다. '봄'하면 꽃이 떠오르고, '꽃'하면 나비가 떠오르는 것과 같습니다. 즉,

시각적 연상 기법은 떠오른 단어를 그림으로 표현하는 것을 말합니다. 시각적 연상 기법을 사용하려면 우선 단어를 생각한 후 단어에 해당되는 이미지를 연상하면 됩니다.

단어 연상하기 : '봄'하면 떠오르는 단어는 무엇입니까? 5개 이상 적습니다.
이미지 연상하기 : 떠오른 단어를 이미지로 표현합니다.

시각적 연상 기법을 활용한 프로젝트 사례를 소개합니다. 블로그의 상단에 있는 공간인 '스킨(skin)'을 계절에 맞게 교체했던 프로젝트입니다. 블로그 스킨에 계절감을 주는 방법으로 봄/여름/가을/겨울 등 계절에 해당되는 시각적 연상 단어들을 선정하고 시각적 요소로 표현하였습니다. 예를 들어 봄에는 꽃잎, 벚꽃, 피어나는 느낌, 새싹이란 단어 연상과 주요 컬러로 파스텔 톤(분홍, 노랑, 연두)을 선정했습니다. '여름' 하면 떠오르는 단어 연상으로는 여행/휴가, 수영복, 튜브, 선풍기, 장마(우산), 장화, 선글라스를 선정하고 시원한 파란색을 메인 컬러로 정했습니다. 이외에도 가을, 겨울, 추석, 크리스마스에 해당되는 단어 연상과 컬러도 선정하여 총 6가지 테마를 만들었습니다.

Seasonal

	봄	여름	가을	겨울	추석	크리스마스
연상키워드	꽃잎 벚꽃 피어나는 느낌 새싹(연두색)	여행·휴가 수영복 튜브 선풍기 장마(우산) 장화 선글라스	단풍 독서(책) 트렌치코트 카메라 커피 음악	눈 결정체 눈사람 스키 고글 장갑 털모자 이글루	밤 보름달 감 색동저고리	트리 루돌프 빨강-흰색 지팡이 사랑 빨간양말 트리 장식품 선물상자
컬러	파스텔 톤, (분홍, 노랑, 연두)	푸른계열	갈색	흰색, 회색	주황색, 황토색	빨간색, 초록색

계절에 맞게 뽑은 연상 키워드에 해당되는 이미지를 일러스트레이션과 컬러로 표현하여 봄에는 화사한 꽃이 피어나는 봄의 느낌을, 여름에는 물놀이와 여행, 장마를 상징하는 시원한 느낌을 표현하였습니다. 가을에는 트렌치코트, 낙엽 등으로 쓸쓸한 가을의 느낌을, 겨울에는 눈 결정체, 이글루를 활용해서 겨울 느낌을 전달하였습니다. 추석에는 풍성한 감과 허수아비를 표현하고, 크리스마스에는 선물과 녹색, 빨강으로 크리스마스 분위기를 연출했습니다.

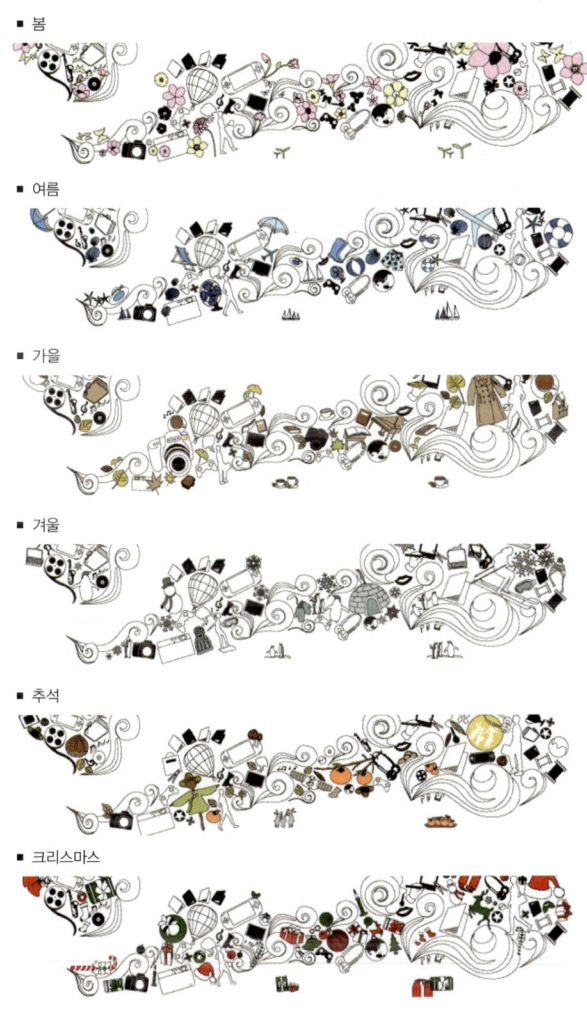

규칙4. 시각적이지 않은 개념들은 시각적 은유 기법을 활용하라

기업 보고서에 자주 등장하는 혁신, 성장, 가치, 글로벌 등과 같은 단어는 눈에 보이지 않는 추상적인 개념이라서 시각화하기 어렵습니다. 작가 이외수는 [글쓰기의 공중부양]이란 책에서 시각적이지 않은 단어를 사어(死語)라고 설명했습니다. 이러한 죽은 단어를 살아있는 언어로 바꾸려면 시각적이지 않은 개념을 시각적 은유로 바꿔 그리는 '시각적 은유 기법'을 사용하면 됩니다. 예를 들어 '성장'이라는 단어를 시각화하기 위해서 작은 나무가 자라서 큰 나무가 되는 이미지로 표현하는 것처럼 말입니다. 시각적 은유법을 활용하기 위해서는 '무엇은 (시각적인) 무엇이다' 또는 '(시각적인 무엇)과 같다'라는 문장으로 바꿔보면 됩니다. 만약 '성장'이란 단어를 시각적 은유법으로 표현하기 위해 '성장은 나무테이다'라고 한다면 한 해가 지나면 나무테가 늘어나듯 성장하는 것을 은유적으로 표현한 것입니다.

머릿속에서 떠올리기 어려울 때에는 검색을 통해 찾습니다. 해당 단어를 표현할 수 있는 비주얼 노트(Visual Notes), 아이콘(Icon), 웹툰(Webtoon), 인포그래픽 (Infographic), 사진(Photo), 영상(Video) 등 다양한 시각자료를 검색합니다.

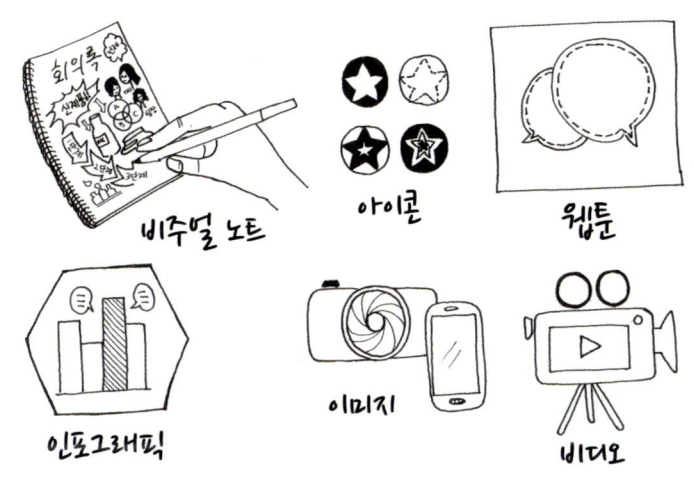

■ 비주얼 자료 6가지 형태

글로벌을 은유로 표현하라

'글로벌'은 기업들이 좋아하는 단어입니다. 글로벌화를 꿈꾸는 기업들이 많이 쓰는 단어이지만 보이거나 만져지는 단어가 아니기 때문에 비주얼로 표현하려고 하면 어렵게만 느껴집니다. 필자는 이런 '글로벌' 컨셉를 담은 웹사이트를 만들기 위해서 시각적 은

유 기법을 활용했습니다. '글로벌'이란 단어를 시각적인 것으로 생각해보니 지구본, 세계지도, 유명 도시의 상징물 등이 떠올랐습니다.

이렇게 나온 이미지들을 가지고 지구본은 3차원 구, 세계지도는 2차원 지도, 유명 도시의 상징물은 1차원 직선으로 분류하였습니다. 3차원 구(Globe)는 지구 밖에서 본 지

구의 모습으로 '구'의 형태를 띠고 있습니다. 2차원 맵(Map)은 세계지도와 같은 형태로, 둥근 지구를 평면인 종이에 옮기면서 나타난 모습 그대로입니다. 1차원 선(Sequence)은 자동차를 타고 세계 상징물을 만나 앞으로 나가는 모습으로 그렸습니다.

베스트 셀러가 된 책 제목

매해 쏟아져 나오는 경영서적 중에서 경영인들에게, 또한 일반인들에게도 많은 영향을 미친 책 중 베스트 셀러가 되는 도서에는 어떠한 특징이 있을까요?

필자는 책 제목을 딱딱한 경영 기법이나 식상한 단어를 선택하지 않고 제목에 해당되는 내용을 시각적 은유로 바꿔서 표현하여 책을 구매하는 사람의 흥미를 불러일으킬 수 있었기 때문이 아닐까 생각합니다. 예를 들어 경쟁이 치열하지 않은 시장을 발견하고, 선도기업이 되라는 내용은 '블루 오션'이라는 이름을 붙여 소비자들의 감성을 자극했고 베스트셀러에 올랐습니다.

아래 그림은 모두 경영 분야 서적 베스트 셀러 제목입니다. 다음 그림을 보고 목록에 있는 제목과 연결지어 봅니다.

티핑 포인트
—21세기북스

생각이 솔솔~
여섯 색깔 모자
—한언

보랏빛 소가 온다
—재인

알아두면 유용한 tip

헷갈리기 쉬운 그리기의 전문 용어들

비주얼 씽킹을 시작하면 종종 듣게 되는 스케치, 드로잉, 크로키 등 미술 전문 용어들에 대해서 간단히 정리해 보도록 하겠습니다. [지금 시작하는 드로잉] 책에서 정의한 그리기 전문용어를 바탕으로 변형하여 정리했습니다. 단, 사전적 의미와 실전에서 사용하는 용어는 약간씩 다름을 참고하세요.

❶ 스케치

스케치(Sketch)는 본격적인 작품 제작을 하기 전에 아이디어를 기록하거나 밑그림을 그리는 것을 말합니다. 스케치는 주로 펜이나 연필 같은 필기구를 사용해서 종이에 쓱쓱 가볍게 그리는 경우가 많습니다. 그림을 배우지 않아도 누구나 쉽게 표현할 수 있습니다.

❷ 드로잉

드로잉(Drawing)이란 용어는 주로 전문가들 사이에서만 쓰이는 경우가 많았는데 요즘은 일반인을 대상으로 하는 그리기 수업을 할 때에도 드로잉이라는 단어를 많이 사용합니다. 스케치와 드로잉은 겹치는 영역이 많고 정확히 구분하기에는 애매한 부분이 있습니다. 공통점은 색을 사용하지 않고 선을 이용하여 그림을 그린다는 점입니다. 하지만 드로잉 개념이 훨씬 포괄적으로 사용되며, 색이 들어간 드로잉이 포함되기도 합니다.

❸ 소묘, 데생

고등학교에서 석고상을 보면서 그렸던 그림이 소묘, 데생입니다. 소묘는 영어로 드로잉, 불어로는 데생입니다. 용어적으로는 소묘, 드로잉, 데생이 같지만, 소묘나 데생은 정밀묘사에 가깝습니다. 소묘의 사전적 의미로는 밑그림에서 스케치, 드로잉, 에스키스까지 아우르는 용어이며, 드로잉과 함께 포괄적인 의미를 갖고 있습니다.

❹ 크로키

크로키(Croquis)는 어떤 사물이나 인물을 보고 특징이나 느낌을 잡아내어 빠른 속도로 그린 그림을 말합니다. 빠르게 특징을 그린다는 점에서 비주얼 씽킹에서 많이 활용되는 기법입니다. 크로키는 보는 사람마다 다른 특징을 잡아냄으로써 그리는 이의 감정을 여과 없이 담을 수 있습니다.

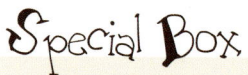

제대로 그리려면, 제대로 보아야 한다!
눈을 제대로 사용하는법

헬렌 켈러는 어린 시절에 병으로 두 눈과 귀를 잃었습니다. 소리와 빛이 없는 세상을 살았지만 오히려 그녀는 우리에게 '본다는 것의 의미'를 가르쳐주고 있습니다. 그녀가 53세에 쓴 [사흘만 볼 수 있다면] 에세이 중에서 일부를 소개합니다.

저는 가끔 두 눈이 멀쩡한 친구들에게 그들이 보는 게 무엇인지 알아보는 실험을 해봅니다. 얼마 전, 친한 친구를 만났는데 그 친구는 마침 숲 속을 오랫동안 산책하고 돌아온 참이었습니다. 저는 무엇을 보았느냐고 물었습니다. "별거 없어."

어떻게 한 시간 동안이나 숲 속을 거닐면서 눈에 띄는 것을 하나도 보지 못할 수가 있을까요? 나는 앞을 볼 수 없기에 다만 촉감만으로 흥미로운 일들을 수백 가지나 찾아낼 수 있는데 말입니다. 오묘하게 균형을 이룬 나뭇잎의 생김새를 손 끝으로 느끼고, 은빛 자작나무의 부드러운 껍질과 소나무의 거칠고 울퉁불퉁한 껍질을 사랑스럽게 어루만집니다.

그저 만져보는 것만으로도 이렇게나 큰 기쁨을 얻을 수 있는데, 눈으로 직접 보면 얼마나 더 아름다울까! 그런데도 볼 수 있는 눈을 가진 사람들은 그 아름다움을 거의 보지 못하더군요.

내가 만약 대학 총장이라면 '눈을 사용하는 법' 이란 강의를 필수 과정으로 개설했을 것입니다. 사람들이 아무 생각 없이 지나치는 것들을 진정으로 볼 수 있다면 삶이 얼마나 즐거울지 알게 해주는 강의가 되겠지요. 말하자면 나태하게 잠들어 있는 기능을 일깨우는 것입니다.

우리가 '눈을 사용하는 법'을 잊어버린 이유는 일상의 익숙함 때문입니다. 필자는 비주얼 씽킹 워크숍을 진행할 때 매번 수강생들에게 오는 길에 있는 꽃가게를 봤냐고 물어봅니다. 지하철에서 강의실까지 오는 길에는 화분도 잔뜩 내놓고 간판도 다른 간판보다 비교적 큰 꽃가게가 있지만 꽃 가게를 보신 분은 손을 들어보라고 하면 손을 드는 사람은 거의 없습니다. 자신이 걷는 길이 관심이 없거나 수업에 늦을까 서둘러 오느라 지나친 겁니다.

세상에는 모든 것들은 빛을 받으면 자신만의 형태와 색을 드러냅니다. 우리의 뇌는 그 '아름다움'을 그저 못본 척, 혹은 그것들이 없는 것처럼 지나치고 관심을 둔 것에만 주의를 기울여 기억합니다. 즉, 우리는 보고 싶은 것이 보입니다. 신발을 살 때가 되면 신발만 보이고 헤어스타일을 바꾸고 싶으면 지나가는 여자들의 헤어스타일만 자꾸 보이는 것처럼 말입니다.

본다	➡	보인다
여자를 본다	신발이 보인다	헤어스타일이 보인다

어렸을 때 소풍을 가서 했던 보물 찾기가 기억나시나요? 장소 곳곳에 보물이라고 적힌 종이를 숨겨 놓았다면서 찾으라고 합니다. 우리는 풀숲이며 나무 위에 그 일대를 샅샅이 뒤져 마침내 보물을 발견하게 됩니다. 이 보물들은 과연 누군가가 숨겨놓아야만 찾을 수 있는 걸까요? 꼭 누군가가 숨겨놓은 것을 찾는 것이 '보물 찾기'가 아닐 겁니다. 일상 생활에서 자의적으로 숨어있는, 또는 뻣뻣하게 목을 세워 자신을 알리고 있는 보물들을 우리는 샅샅이 살펴볼 수 있는 습관을 가져야 합니다.

중국에서는 우리가 못 보는 것을 볼 수 있는 사람이라는 의미로, 시인을 견자(見者)라고 합니다. 만약, 파리로 여행을 가면 아름다운 파리 풍경에 한껏 매료되어서 올 것입니다. 그러나 '파리'이기 때문에 아름다운 것은 아닙니다. 이것은 한정된 기간밖에 머무를 수 없는 우리들의 '상황' 때문입니다. 만약, 서울에 3일 밖에 머무를 수 없다면 단조로움이 묻어났던 서울도 갑자기 아름다워 보이고 그냥 지나쳤던 것들도 새롭게 느껴지게 될 것입니다. 그야말로 견자(見者)가 되어 이곳저곳을 돌아다니며 '견문'을 하게 될 겁니다.

공자의 '논어' 제2편 위정 10구절에서 '시(視)'는 눈에 보이는 그대로를 본다는 뜻이며 '관(觀)'은 '시'보다 나아가 들여다본다는 뜻으로 설명되어 있습니다. 즉, 시청이라는 것은 것은 흘겨본다는 의미이며 관찰은 더 깊이 있게 사물을 들여다보는 것을 말합니다. 이 책은 읽는 독자분들은 지금부터 일상을 시청하지 말고, 일상을 관찰하기 바랍니다. 우리의 눈을 사용하여 보고, 느끼고, 다양한 것을 습득하여 비주얼 씽킹으로 활용하고, 그 속에서 새로운 생각을 발견해내는 일을 시작하기 바랍니다.

제 **11** 장

Visual Thinking for Team :
그룹 비주얼 씽킹

V i s u a l T h i n k i n g

그룹 비주얼 씽킹

관료적이고 위계질서가 명확한 조직문화를 창조적으로 바꾸는 효과적인 방법은 어떤 것들이 있을까요? 가장 쉽게 바꿀 수 있지만 엄청난 효과를 불러일으킬 수 있는 방법은 바로 회의 시간을 즐겁게 만드는 것입니다. 그러나 일반적인 회사의 회의 시간은 창조적인 아이디어와 의견을 공유하는 활기차고 효율적인 시간이기 보다 딱딱하고 엄숙한 분위기에서 비효율적으로 운영되고 있는 것이 대부분입니다. 회사에서 이뤄지는 흔한 회의 풍경을 설명해볼까요? 회의를 진행하는 리더가 정중앙에 앉아 1시간 동안 혼자 이야기를 합니다. 듣는 사람들은 별다른 말이 없습니다. 리더는 갑자기 "지금부터 돌아가면서 아이디어를 내봐라"라며 아이디어를 요구합니다. 듣는 사람들은 머리가 복잡해지며 독창적인 아이디어를 생각해내야 한다는 압박감에 사로잡힙니다.

회의에 참석하는 사람들은 다른 업무에 집중하다 시간에 맞춰서 회의실로 들어옵니다. 머릿속은 복잡하고 몸과 마음은 업무로 인해 지쳐 있습니다. 이런 그들에게 당장 아이디어를 내라고 하면 좋은 아이디어가 나오기 힘듭니다. 이들은 회의실 공간에 몸만 들어왔을 뿐 뇌와 마음은 아직 깨어 있지 않습니다. 뇌를 깨우고 회의에 집중할 수 있는 방법은 없을까요? 지루한 브레인스토밍에서 탈출할 순 없을까요? 이러한 문제를 고민하고 있는 여러분을 위해 이번 장에서는 효율적이고 재미있는 회의시간을 위한 3가지의 '그룹 비주얼 씽킹' 방법을 소개합니다.

그룹 비주얼 씽킹으로 다양한 생각을 공유하는 방법

01. 뇌를 깨우는 아이스 브레이킹(Ice Breaking)
02. 협업을 돕는 비주얼스토밍(Visual Storming)
03. 입체적인 생각을 돕는 레고 시리어스 플레이(LEGO® SERIOUS PLAY®)

뇌를 깨우는 아이스 브레이킹

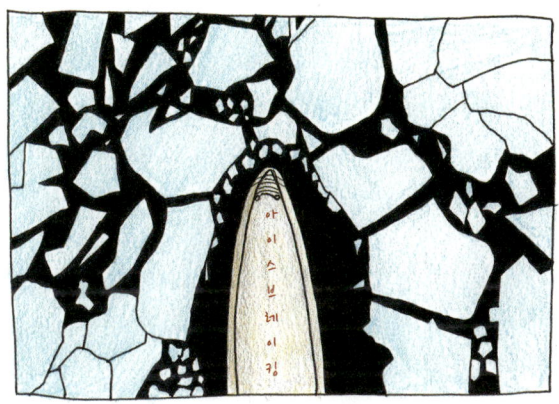

아이스 브레이킹(Ice Breaking)이란 문자 그대로 해석하면 얼음깨기라는 뜻으로 얼음장 같은 분위기를 깨기 위한 게임을 지칭합니다. 회의가 시작되면 처음에는 딱딱하고 차가운 얼음장 같은 분위기 속에 놓이게 되고 당연히 이러한 분위기에서는 뇌가 활성화되기 어려워 아이디어가 잘 나오지 않습니다. 특히 회의에 참석하는 사람들이 면식이 없거나 친하지 않을 경우 더욱더 분위기는 어색하고 아이디어를 공유하기 힘들어집니다. 이럴 때, 아이스 브레이킹 게임을 통해 화기애애한 분위기를 이끌어내면 아이디어 발상과 협업에 큰 효과를 얻을 수 있습니다.

아이스 브레이킹을 꼭 해야 하는가?

대부분의 사람들이 '아이스 브레이킹을 꼭 해야 하는가'라며 의문을 제기할 수 있습니다. 더욱이 회사 사람들끼리 게임을 한다는 것은 더 어색하게 느껴질 수도 있습니다. 그러나 회의 참여자들이 아이스 브레이킹을 통해 긴장감과 어색함을 떨치고 나면 아이디어 회의도 보다 활발하게 진행되어 결과적으로 시간을 단축할 수 있으며 좋은 아이디어를 도출해낼 수 있습니다. 처음 시작하기 어렵고 이게 과연 효과가 있을까라는 의구심이 들지만 한번 아이스 브레이킹 경험하게 되면 회의 참석자들은 아이스 브레이킹 타임을 즐길 수 있는 회의시간을 더 이상 따분하고 어렵게 생각하지 않게 됩니다.

아이디어 회의에서 가장 경계해야 할 리더의 태도는 서둘러 본론만 꺼내는 것입니다. 회의를 주관하는 리더가 회의를 의무적인 행위로만 생각하고 아이디어를 꺼내는 도구로만 인식한다면 팀원들은 회의 주제에 대해 이해하기 어렵고, 주제에 대해 설명하는 시간이 적게는 오 분, 많게는 십 분 이상 소요될 수 있습니다. 회의 주제를 설명하는 시간을 쪼개 뇌를 깨우는 아이스 브레이킹을 딱 삼분의 시간을 할애하여 진행해봅니다.

얼굴 그리기 게임을 즐겨라

이 게임은 두 명이 짝을 지어서 상대의 얼굴을 그리는 방법입니다. 게임을 하는 방법은 간단합니다. 두 명 중에 한 명은 모델이 되고, 나머지 한 명은 화가가 됩니다. 화가가 된 사람은 모델의 얼굴을 종이에 그립니다. 눈에 보이는 얼굴 모양, 눈, 코, 입, 머리 모양, 옷 등을 그리면 됩니다. 한 명의 그림이 다 끝나면, 이번에는 모델이 되었던 사람이 화가가 되어 동일하게 진행합니다. 참고로 화가는 자신이 그린 그림을 모델에게 보여주지 않도록 합니다. 그림을 다 그리고 난 후에, 모델이 된 사람의 이름을 적어서 서로에게 선물하면 게임은 끝납니다.

이 게임은 상대방의 얼굴을 마주볼 수 있는 기회를 제공합니다. 또한 그림이 완성되고 나면 화가가 된 사람은 처음으로 자신이 그린 그림을 보게 됩니다. 서로의 얼굴을 그리면서 어색한 동료와 마주보고 피카소의 그림처럼 점점 추상화가 되어가는 그림을 그리는 나 자신을 발견하게 되면 회의실 안에는 웃음꽃이 피면서 무거웠던 분위기가 순식간에 재미있고 흥미로운 분위기로 변화됩니다. 아래 그림은 필자의 지인이 필자의 얼굴을 보고 그린 그림입니다. 피카소 그림처럼 보이시죠? 묘하게 저를 닮기도 했습니다.

이미지 카드를 활용하라

이미지 카드를 책상 위에 올려놓고, 프로젝트와 관련 있는 이미지를 1장씩 고르게 합니다. 아이디어를 공유하기 위한 모임인 아이데이션(Ideation)을 위한 워밍업과 아이스 브레이킹을 겸하는 경우는 3장 이상의 이미지를 고르게 하면 좋습니다. 고른 이미지를 책상 위에 올려놓고 설명하는 시간을 갖습니다. 자기소개를 겸하는 아이스 브레이킹을 진행할 때는 자신이 회사에서 맡고 있는 일을 표현하는 이미지를 뽑게 하고 그 이유를 설명하게 합니다.

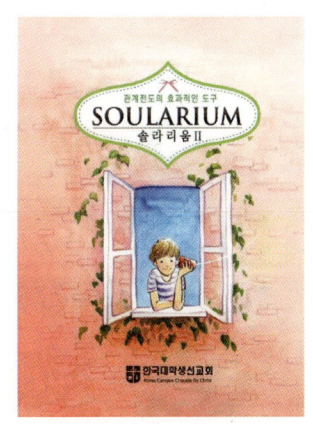

스토리 큐브를 굴려라

스토리 큐브에는 다양한 사물과 행동이 묘사되어 있는 그림이 있습니다. 주사위 모양으로 되어 있어서, 주사위를 던지듯이 던지고, 나온 이미지를 결합해서 자기 소개를 합니다.

협업을 돕는 비주얼스토밍

비주얼스토밍(Visual Storming)은 '비주얼 + 브레인스토밍'의 합성어로 그림이나 이미지로 다양한 아이디어를 발굴해내는 기법을 말합니다. 비주얼스토밍은 최소 1시간 이상 시간이 소요되는데 회의 성격과 시간배분, 구성원의 특성에 맞게 비주얼스토밍 회의를 주관하는 것이 좋습니다.

비주얼스토밍을 해야 하는 이유

　필자가 체코에 위치한 체스키 크롬로프 마을을 여행하면서 생긴 에피소드를 가지고 비주얼스토밍을 해야 하는 이유를 설명하려고 합니다. 필자는 체스키 크롬로프 성에 가는 길을 묻고자 서투른 영어로 유럽 남자에게 말을 걸었습니다. 유럽 남자는 영어가 아닌 다른 언어를 사용하는 것 같아 무슨 말인지 이해하기 힘들었습니다. 한참 후에 필자는 그가 영어로 말하고 있다는 것을 알았습니다. 현지 지명과 유럽식 영어 발음이 듣기 어려웠고, 낯선 곳에 있어 긴장한 탓에 잘 알고 있는 단어도 들리지 않았던 것이죠. 서로 언어소통이 안 되자 유럽 남자는 체스키 크롬로프 지도를 꺼내서 우리가 가야 할 길을 펜으로 친절하게 표시해주었습니다. 지도를 보면서 필자는 한결 편안해진 마음으로 쉽게 원하는 장소로 갈 수 있었습니다.

　회사에서 다른 일을 하는 사람들, 예를 들어 디자이너와 개발자가 만나면 한국 여자와 유럽 남자가 영어로 대화하는 상황과 비슷한 일이 벌어집니다. 전문 용어는 마치 현지 지명처럼 이해하기 어렵습니다. 이렇게 각기 다른 업무를 맡은 사람과 협업을 할 때 비주얼 씽킹을 사용하여 생각 지도를 만들면 보다 효과적으로 대화할 수 있습니다. 여행 지도가 길을 안내하듯 비주얼 생각 지도는 서로 다른 일을 하는 사람들과 소통하는 걸 돕습니다.

　텍스트보다 이미지를 사용하는 것이 다른 사람과의 의사소통을 돕는 것을 알면서도 직장인들은 왜 비주얼스토밍을 하지 않는 걸까요? 그것은 관성의 법칙 때문입니다. 버스가 멈출 때 몸은 앞으로 가던 성질이 남아 있어서 앞으로 기울어집니다. 대부분의 사람들은 버스가 멈출 때 몸이 자연스레 움직이는 것처럼 자신의 습관과 같이 '하던 대로' 해오는 것에서 편안함을 느낍니다. 그렇기 때문에 새로운 방식으로 회의를 진행하려고 하면 힘이 들기 마련입니다. 첫걸음이 어렵습니다. 딱 한 번 만! 비주얼스토밍을 시작해 보세요. 유쾌한 분위기 속에서 아이디어가 쏟아져 나오고 이해하기 어려웠던 전문용어들이 쉽게 이해되는 경험을 하게 될 것입니다.

비주얼스토밍 준비물

비주얼 브레인 스토밍을 팀과 함께 하려면 간단한 준비물이 필요합니다.

- ▶ 전지 또는 화이트보드 : 함께 작업하기 위한 넓은 종이나 큰 화이트보드가 필요합니다.
- ▶ 포스트잇과 네임펜 : 다양한 색깔을 준비합니다.
- ▶ 잡지 및 가위, 풀 : 이미지를 오려 붙여서 진행하는 경우에는 별도로 잡지와 가위, 풀을 비치해야 합니다.

비주얼스토밍 팀 구성하기

비주얼스토밍을 할 때 가장 효과적인 한 팀의 인원은 3명에서 5명까지입니다. 조원들끼리 마주보면서 이야기를 할 수 있는 최소 그룹입니다. 그보다 숫자가 많을 때는 조를 나누는 것이 좋습니다.

비주얼스토밍 5단계 프로세스 적용하기

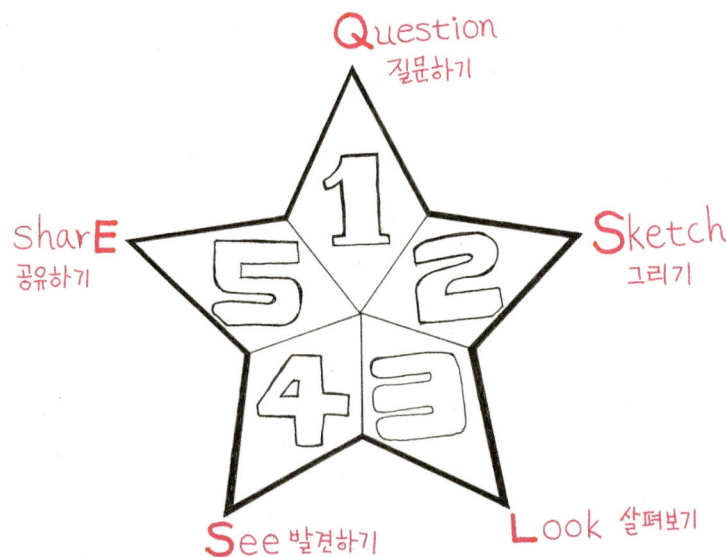

비주얼 씽킹 START 5단계 프로세스에 맞춰서 비주얼스토밍을 진행하는 방법을 소개합니다. 전체적인 프로세스를 현실감있게 배우기 위해서 아래와 같은 가상 주제를 적용해 보겠습니다.

※ 내가 꿈꾸는 사무실 공간
'내가 꿈꾸는 사무실 공간'이라는 주제로 비주얼스토밍을 연습합니다.
"행복한 최고의 사무실 공간을 짓고 싶을 때, 어떤 공간을 만들어야 할까?"

1단계 • 질문하기 – 브레인스토밍 목적을 정하라
브레인스토밍을 통해서 얻고자 하는 목적(Goal)을 질문으로 작성합니다. 회의에 참석한 사람들이 공유할 만한 공동의 목표를 적습니다. '내가 꿈꾸는 사무실 공간을 만들자'라는 공동의 목적과 3가지 힌트를 함께 적습니다.

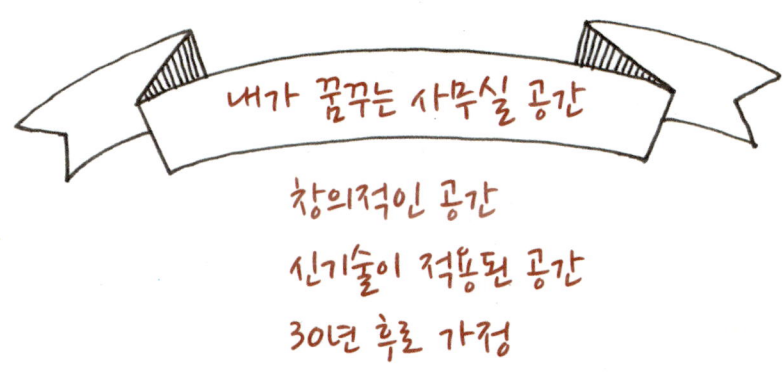

2단계 • 그리기 – 뼈대를 중심에 그려라
공동으로 사용할 종이는 전지 사이즈처럼 큰 것이 좋습니다. 전지를 책상 위에 펼쳐 놓고 한 팀 혹은 한 조가 둘러앉아서 종이에 그림을 그립니다. 화이트보드를 활용해 서서 그리는 것도 좋은 방법입니다. 가장 중심이 되는 뼈대를 먼저 그린 후 바로 전지에 그리기 부담스러운 내용들은 포스트잇에 키워드를 적어서 그리고 싶은 위치에 붙입니다. 또는 연필로 가볍게 스케치를 남겨도 좋습니다. 팀으로 비주얼스토밍을 진

행할 때 한 번에 그림을 완성하기는 어렵기 때문에 다른 사람이 그려 넣은 그림을 참고하여 수정하고, 추가하는 방법을 사용하는 것이 효과적입니다.

내가 꿈꾸는 사무실 공간을 그리기 위해서는 우선 건물을 높이 올릴 것인지, 캠퍼스처럼 공간을 그릴 것인지를 정해야 합니다. 건물이라면 몇 층 건물을 지을지 정하고 층별로 들어갈 공간 명칭을 정합니다.

하단 왼쪽의 이미지는 비주얼 씽킹 워크숍 시간에 수강생들이 그린 내가 꿈꾸는 사무실 공간을 스케치한 것입니다.

"내가 꿈꾸는 사무실 공간은 1층은 뷔페, 2층은 놀이터, 3층은 사무공간, 4층은 정원 겸 레스토랑으로 구성되어 있습니다. 3층 사무공간에서 2층 놀이터로 가려면 미끄럼틀을 타고 바로 내려갈 수 있습니다."

오른쪽의 이미지는 수강생들이 콜라주로 만든 사무실 공간입니다. 혹 그림이 어려운 사람들과 회의를 할 때는 몇 권의 잡지를 사용해 전지에 오려 붙여 나가면서 비주얼스토밍을 해도 좋습니다.

> **알아두면 유용한 tip**
>
> **가장 효율적으로 콜라주를 하는 법**
>
> **준비물** : 잡지 2~3권, 가위, 풀, 큰 종이
>
> 콜라주를 할 때는 잡지를 2~3권 정도 쌓아놓고, 이미지를 찾습니다. 찾고자 하는 이미지가 들어간 페이지는 한 장 전체를 과감하게 찢습니다. 이렇게 20장에서 30장의 종이를 모으고 난 후 해당 이미지를 오리고 큰 종이에 배치합니다. 배치가 끝나면 풀로 붙입니다.
>
> 주의사항 : 한 장씩 오릴 때마다 풀로 붙이면 더 좋은 이미지를 찾았을 때 수정하기 어렵습니다. 원하는 이미지를 찾아 자른 후 배치해보고, 완성이 되었다고 판단될 때 풀로 붙이길 바랍니다.

3단계 • 살펴보기 – 1m 떨어져보는 시선의 마법

부분에 집중하면 전체를 놓칠 수 있기 때문에 벽에 그림을 붙인 후 전체적으로 살펴봅니다. 책상 위에 전지를 놓고 그렸다면 1차 완성된 종이를 벽에 붙여놓고 부분이 아닌 전체적인 관점에서 살펴봅니다. 1층, 2층으로 나뉘져 있는 공간들 간에 연결이 잘 되어 있는지, 이동은 쉬운지, 불편함은 없는지 살펴보고 추가합니다.

4단계 • 발견하기 – 그림 속에 나의 동선을 놓아 두어라

그림이 현실이 되었다고 생각하고 공간 속에서 생활하고 있는 나의 모습을 상상합니다. 아침에 출근하면서 어디를 거쳐서 어디로 가는지, 일을 할 때, 쉴 때, 회의를 할 때, 식사를 할 때 나는 어떤 모습을 하고 있는지 생각하면서 빠진 부분을 추가합니다.

5단계 • 공유하기 – 발견한 내용을 공유하면서 발전시켜라

1개의 조로 진행되는 경우에는 돌아가면서 1명씩 발표합니다. 발표를 하면서 서로 집중하고 있는 공간이나 중요하게 생각하는 공간이 다르다는 점을 확인하고 추가할 내용을 찾습니다. 2개의 조 이상일 때는 조별로 발표를 하면서 각자 발견한 내용을 공유하고 추가합니다.

알아두면 유용한 tip

브레인스토밍에서 확장된 용어들

❶ **브레인스토밍** : 브레인스토밍(Brainstorming)은 창의적인 아이디어를 만들어내기 위한 메모 방법 및 회의 기법입니다. 3인 이상이 하나의 주제에 대해서 자유롭게 아이디어를 내고, 보통 포스트잇에 적어서 벽에 붙이고 분류하는 형태로 이뤄집니다. 1930년에 알렉스 오스본(Alex Faickney Osborn)이 쓴 책을 통해 알려지기 시작했고, 흔한 아이디어 회의 기법이 되었습니다.

❷ **비주얼스토밍** : 비주얼스토밍(Visual storming)은 '비주얼 + 브레인스토밍'으로 비주얼을 적극적으로 아이디어 발상 및 공유에 활용하는 방법입니다. 비주얼스토밍은 단어로 이뤄지는 한계를 극복하기 위해서 사용합니다. 직접 그림으로 그리는 방법과 이미지 카드를 활용하는 방법 등이 있습니다.

❸ **바디스토밍** : 바디스토밍(body storming)은 '몸 + 브레인스토밍'으로 소비자가 되어 직접 물건을 사용해보고, 아이디어를 몸으로 소개하는 과정을 통해서 아이디어에 사실감을 더하고자 고안되었습니다.

❹ **게임스토밍** : 게임스토밍(game storming)은 '게임 + 브레인스토밍'으로 참여를 유도하기 위해 다양한 게임을 브레인스토밍에 결합하고자 고안되었습니다.

입체적인 생각을 돕는 LEGO® SERIOUS PLAY®

레고 시리어스 플레이란 무엇인가?

레고 시리어스 플레이는 업무에 활용하기 위해 제작된 레고 블록을 사용하여 생각을 시각화하는 방법입니다. 레고는 만들고, 결합하고, 연결하고, 수정할 수 있는 유연한 장점을 가지고 있습니다. 따라서 자신이 생각하는 대로 자유롭게 제작할 수 있으며 특히 공동의 목적을 가지고 여러 명의 사람들이 동시에 함께 진행할 경우 큰 효과를 볼 수 있습니다.

레고 시리어스 플레이는 새로운 비즈니스모델 발굴, 아이디어 발상 등 창의적인 성과를 내는데 도움을 주도록 기획된 실험적이고 혁신적인 프로세스입니다.

이 방법론은 문제 해결점을 알려주는 솔루션이 아닌 문제를 해결해 나가도록 도와주는 프로세스이기 때문에 공동의 목표를 가진 사람들이 진행할 때 효과적입니다. 진행 절차는 최소 4명에서 12명까지 모여 공인 교육 인증을 받은 퍼실리테이터(Facilitator)와 함께 모든 프로세스에 레고 블록을 사용해서 자신의 생각을 만들고, 토론하면서 이루어집니다.

레고는 붙이고 떼는 활동을 하면서 다양한 물건을 형상화할 수 있습니다. 또한 3차원으로 구성된 레고는 실제 물건처럼 3차원으로 만들 수 있습니다. 이렇게 추상적인 개념을 레고 블록을 이용하여 만들면 눈으로 볼 수 있고, 직접 만질 수 있습니다.

레고 시리어스 플레이는 어떻게 만들어졌는가?

레고 장난감은 어떻게 기업용으로 발전하게 되었을까요? 시초는 1999년으로 거슬러 올라가게 됩니다. 비즈니스 컨설턴트 존 로스(John Roos)와 심리학자 바트 빅터(Bart Victor)가 레고를 활용한 방법론을 처음 제안하였고 그해 LEGO에 근무하던 로버트 라스무센(Robert Rasmussen)이 합류하면서 본격화되었습니다.

2001년 레고 시리어스 플레이는 교육, 컨설팅을 위한 방법론으로 틀을 갖추고 첫 교육이 진행됩니다. 그 교육에 참가하여 퍼실리테이션 자격증을 딴 피어 크리스티안센(Per Kristiansen)은 레고 시리어스 플레이 마스터 트레이너가 되었습니다. 현재 전 세계적으로 딱 2명 만이 레고 시리어스 플레이 마스터 트레이너로 활동하고 있는데,

한 명은 로버트 라스무센, 다른 한명은 피어 크리스티안센입니다.

2002년 레고 시리어스 플레이 과정이 공식 런칭되어 다양한 기업들이 활용하고 있습니다. 그 뒤 2010년, 레고 시리어스 플레이는 오픈 소스로 전체적인 프로그램이 공개됩니다. 오픈 소스로 공개되었다는 의미는 레고 시리어스 플레이에 핵심 프로세스를 공개했다는 것입니다. 그러나 여전히 레고 시리어스 플레이를 진지하게 이용하려면 유능한 퍼실리테이터가 필요합니다.

레고 시리어스 플레이는 기업에서 유용한가?

레고는 직육면체의 레고 브릭들을 사용해서 인간이 상상하는 대부분의 것을 만들 수 있습니다. 그것이 바로 레고의 핵심입니다. 브랜드 잡지 매거진B 13호 레고편에 소개된 내용에 따르면, 같은 컬러의 2X4cm 브릭 6개로 만들 수 있는 조합은 9억 1510만 3765가지라고 합니다. 레고는 어린이들의 장난감으로 알려져 있지만 비즈니스 현장에서 상상력과 창의력을 발휘하는데도 사용될 수 있습니다. 레고가 진지하게 기업용으로 사용되기 위해 레고 시리어스 플레이를 개발한 것도 이러한 가정에서 출발합니다.

레고 시리어스 플레이를 활용한 대표적인 기업은 NASA입니다. 2003년 우주왕복선 콜롬비아호는 우주탐사를 마치고 대기권으로 진입하다가 폭발하는 사고를 겪게 됩니다. NASA는 이 사건의 원인을 규명하고, 해결방안을 찾는데 레고 시리어스 플레이를 도입했습니다. 다양한 분야의 전문가들이 모이면 전문용어, 지식배경이 달라 의사소통을 하는데 어려움을 겪습니다. 레고는 이러한 의사소통의 문제를 해결해주었고, 다양한 전문가들이 모여 팀을 이뤄 일을 할 수 있도록 도와주었습니다. 이로 인해 미국뿐만 아니라 전세계적으로 레고 시리어스 플레이의 유용성을 알게 되었습니다.

많은 기업들이 레고 시리어스 플레이를 이용하고 있지만, 알려진 사례가 적습니다. 이유는 레고 시리어스 플레이가 결과보다는 과정에 집중하기 때문입니다. 해외 유명 기업들과 국내 기업들이 활용하고 있지만 "레고 시리어스 플레이를 했다" 또는 "진행 중"이라는 사실만 전해질 뿐, 보고서와 결과물이 따로 알려지지는 않았습니다. 하지만 레고 시리어스 플레이는 지위가 높은 사람이나 낮은 사람이 모두 평등한 레고 모형을 가지고 이야기를 나누면서 동료들 간의 의사소통, 커뮤니케이션에 유용한 협업 도구라는 점은 앞선 사례를 통해 확실히 인증된 상태입니다.

레고 시리어스 플레이 퍼실리테이터란 무엇인가?

　레고 시리어스 플레이는 레고 시리어스 퍼실리테이터 자격증을 발급받은 전문가의 가이드 하에 운영되는 프로그램입니다. 공인자격증을 발급하는 회사는 2군데로 그중 한 곳은 레고사에서 방법론 개발 및 발전에 관여한 로버트 라스무센이 운영하는 곳이고, 다른 한 곳은 덴마크의 Trivium이라는 회사입니다. 레고 시리어스 플레이 공인 퍼실리테이션 교육은 4일에 걸쳐서 진행됩니다. STAGE 1 CERTIFICATION은 팀, 개인, 관계에 대한 방법론이며, STAGE 2 CERTIFICATION은 비즈니스, 조직에 대한 방법론 교육입니다. 레고 시리어스 플레이는 4단계의 핵심 프로세스와 7단계의 방법론으로 구성되어 있습니다. 필자는 2014년 2월 Trivium의 피어 크리스티안센이 진행한 레고 시리어스 플레이 방법론을 직접 배웠습니다. 여기에서는 필자가 배운 방법을 기반으로 하여 레고 시리어스 플레이 프로세스를 배워보도록 하겠습니다.

:: 레고 시리어스 플레이 핵심 프로세스 배우기

레고 시리어스 플레이 워크숍은 레고 블록을 활용한 실습 중심의 수업입니다. 워크숍 회의실에 들어가자 책상 위에 레고 박스가 도착해 있었습니다. 처음에는 레고 박스에 들어있는 블록을 종류별로 분류하는 작업으로 수업이 진행되었습니다.

레고 블록 정리가 끝나고 본격적으로 4단계의 핵심 프로세스에 대한 수업이 진행되었습니다.

1단계 • 질문하기 (Pose the Question)

공동의 목표를 질문으로 만듭니다. 프로젝트의 출발점입니다.

2단계 • 만들기 (Construction)

워크숍 참여자들은 질문에 답을 하기 위해 레고 블록을 이용하여 각자의 모델을 만듭니다. 이 방법론에서 모델은 레고 블록으로 만든 완성품을 말합니다.

필자는 실습 과제로 '세상에서 가장 높은 탑을 만들어라'라는 도전과제를 받았습니다. 탑 한 개가 즉 모델 한 개가 됩니다. 탑을 만들 때는 사용하고 싶은 만큼 레고 블록을 사용할 수 있습니다. 참여자마다 다양한 형태의 탑이 만들어졌는데, 특히 '가장 높은'에 대한 해석이 달랐습니다. 두 줄로 높게 쌓았으나 흔들거리는 탑도 있었고, 하단을 넓고 튼튼하게 쌓은 탑도 있었습니다. 필자는 '안전하면서 가장 높은' 탑을 만들고 싶어 밑에서 위로 좁아지는 형태로 쌓아 올렸습니다. 안전하긴 하였으나 다른 참여자에 비해서 높지 않은 탑이 완성되었습니다. 퍼실리테이터는 각자의 개성이 담긴 탑을 보며 정답이 있는 문제가 아니기 때문에 더욱더 자유롭게 만들고 다른 참여자들의 탑을 보면서 다양한 생각을 해보라고 하였습니다.

이번에는 정해진 숫자의 레고 블록으로 오리를 만들었습니다. 모두 정해진 레고의 개수에 맞춰서 오리를 만들었지만 어느 하나 동일한 오리 레고가 없었습니다.

3단계 • 공유하기 (Sharing)

각자 만든 레고를 발표하면서 공유하는 시간입니다. 참여자는 자신이 만든 모델을 스토리로 만들어서 전달하고 다른 참여자는 귀기울여 듣습니다. 퍼실리테이터는 잘 들었는지를 테스트하며 참여자에게 자기 모델을 포함한 모든 모델을 하나씩 설명하라고 요청합니다. 퍼실리테이션 교육이 진행되는 4일 동안 모든 과제마다 이런 과정이 반복되었습니다.

4단계 • 반영하기 (Reflection)

퍼실리테이터와 참여자들은 모델을 만드는 것에 그치지 않고, 비즈니스 현장에서 적용하려면 어떻게 변형해야 하는지 토론합니다. 토론을 통해 모델의 주요 인사이트를 명확히 파악합니다.

레고 시리어스 플레이 7단계 방법론

7단계 방법을 진행할 때 가장 주의할 점은 한 단계를 마치고 나온 레고 작품을 분해하지 말아야 한다는 점입니다. 제작한 첫 번째 레고 모형은 다음 단계의 재료로 활용됩니다. 예를 들면 1단계를 마치면 레고 모델이 생깁니다. 2단계는 앞서 제작한 완성된 모델을 가지고 변형합니다. 3단계에서 7단계까지 단계가 하나하나 올라갈 때마다 레고 블록을 사용하여 추가하거나 변형합니다.

1단계 • 개별 모델 만들기 (Building Individual Models)

도전 과제를 받으면, 참가자는 레고를 이용해서 개인이 생각하는 것을 레고로 만듭니다. 이것을 개별 모델이라고 부릅니다. 퍼실리테이터는 우선 1개의 모델을 빠르게 만들어보라고 한 후 다음에는 최대한 많은 모델을 제작해 보라고 지시합니다.

도전과제를 받은 참여자들은 어떻게 표현해야 할지, 어떤 블록을 사용해야 할지 처음에는 막막해합니다. 왜냐하면 도전 과제는 추상적인 개념인데, 눈에 보이게 만들어야 하고, 3차원으로 표현해야 하기 때문입니다.

■ 필자의 직업을 표현한 레고 모델. 옆/앞/위에서 찍은 사진

필자가 수강한 강의 시간에서는 워밍업 과제로 '자신이 하는 일을 만들어라'는 도전 과제를 받았습니다. 위의 사진은 레고로 만든 필자의 직업을 옆/앞/위에서 찍은 것입니다. 계단에 서 있는 사람은 비주얼 씽킹을 배우는 사람을 의미하고, 단계별로 차근

차근 레벨업이 되어가는 모습을 표현했습니다. 낮은 계단에 있는 사람은 머리에 꽃과 나무가 없습니다. 중간 단계에 있는 사람의 머리에는 꽃이 있고, 마지막 단계에 있는 사람의 머리에는 꽃과 나무가 있습니다. 이렇게 만들어놓고 보니 비주얼 씽킹을 수강생들과 함께 하면서 가장 중요하게 생각하는 것은 수강생들이 '조금씩' 성장하고 변화해나가길 바라는 마음이라는 걸 명확하게 알 수 있는 시간이었습니다.

2단계 • 통합 모델 만들기 (Building Shared Models)

완성된 개별 모델을 다 모아서 1개의 공유된 모델을 만듭니다. 개념이 겹치는 모델은 과감하게 결합합니다. 필자는 이번 단계를 통합 모델이라고 의역해서 이름을 붙였습니다.

위의 사진은 '자신의 직업을 만들어라'라는 도전과제에서 만든 개별 모델을 통합하여 공유된 통합 모델로 만드는 과정을 찍은 사진입니다. 필자의 직업은 '머리에 나무가 있는 사람'으로 통합되었습니다.

3단계 • 시스템 만들기 (Building a System)

공유된 통합 모델을 보면서 인사이트를 뽑아내는 단계입니다. 공유된 모델을 보며 어떤 내부 시스템이 중요한지 생각하고 레고 블록을 이용해서 모델을 추가합니다. 공동의 목표를 가진 그룹으로 진행하게 되면 참여자마다 다른 관점에서 시스템을 발견해낼 수 있습니다.

4단계 • 랜드스케이프 도출하기 (Creating a Landscape)

이번 단계에서는 환경적인 요인을 도출하는 단계입니다. 앞서 만든 내용들이 기업 내부의 상황들을 중요하게 여겼다면 기업을 둘러싸고 있는 외부적 요인을 도출하는 단계입니다.

5단계 • 연결 만들기 (Making Connections)

연결 만들기 단계는 레고만의 장점을 활용해서 제작되는 단계입니다. 연결 만들기 단계를 위해서는 연결을 의미하는 레고를 별도로 추가하여 만듭니다.

연결 만들기는 약한 연결, 강한 연결, 유연한 연결로 3가지 형태가 있고 사용하는 레고가 각기 다릅니다. 모델 하나하나마다 간격을 띄워놓고, 연결 정도에 따라 해당되는 레고를 사용해서 연결합니다. 다른 참가자들이 만든 모델을 모두 이해하고 있는 상황에서만 연결을 찾는 것이 가능합니다. 만약 다른 참가자들이 만든 모델을 이해하지 못했다면 이번 단계를 수행하기가 어렵습니다. 레고 시리어스 플레이가 팀 단위 아이데이션에 효과적인 이유가 바로 이것입니다. 다른 참가자들의 이야기에 귀 기울여야만 다른 참가자의 아이디어와 나의 아이디어를 연결해서 새로운 것을 만들어 낼 수 있습니다.

6단계 • 경쟁에 따른 의사결정하기 (Playing Emergence and Decisions)

경쟁자가 생기면 어떻게 해결할 것인지 레고 모델을 사용하여 만듭니다. 개인 모델을 만들어서 발표하고, 공통된 모델을 결합해서 하나의 통합 모델을 만듭니다. 경쟁자의 출현에 어떻게 대응할 것인지 해결방안을 레고 블록을 사용하여 추가합니다.

7단계 • 원칙 도출하기 (Extracting Simple Guiding Principles)

마지막 단계는 기본 원칙을 도출하는 과정입니다. 예를 들어 기업 내부 상황, 외부 상황, 경쟁요인 등 다양한 측면에서 아이디어를 도출합니다. 이러한 과정에서 중요하게 다뤄야 하는 것들을 정합니다. 보통 브랜드 철학, 기업문화와 관련된 원칙들이 쏟아져나옵니다.

알아두면 유용한 **tip**

레고 시리어스 플레이 공식 사이트
보다 자세한 정보를 얻고자 한다면 공식 사이트를 방문해 보세요.
· 공식사이트 : http://www.seriousplay.com/
· 오픈소스 사이트 : http://seriousplaypro.com

제 **12** 장

Visual Thinking for Presentation :
프레젠테이션 시각화

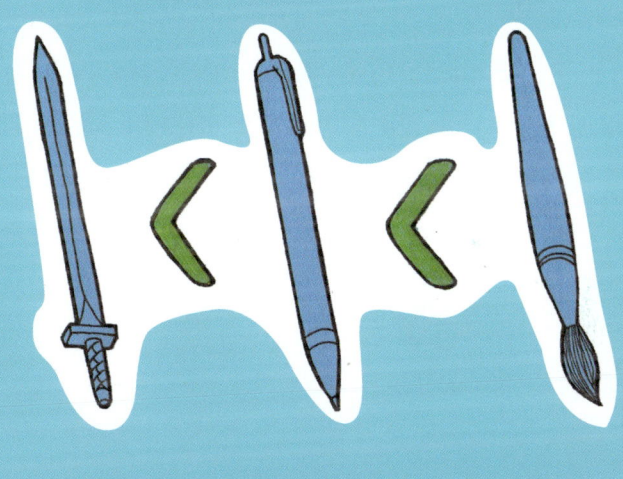

Visual Thinking

프레젠테이션 시각화

김 대리는 요즘 고민에 빠졌습니다.

"제가 쓴 신상품 기획 보고서가 우수 아이디어로 뽑혀 다음 주에 이 신상품 아이디어를 전 직원 앞에서 발표해야 합니다. 워드로 만든 보고서를 파워포인트로 바꾸려면 발표 슬라이드에 이미지가 많아야 하잖아요. 지난 번에 김 과장님이 보고서를 파워포인트에 그대로 옮겨서 발표했더니 청중들이 하품을 하며 지루해 하는 것을 보았습니다. 저 역시 문자를 어떻게 이미지로 표현해야 할지 막막하기도 하고 김 과장처럼 지루한 발표가 될까봐 걱정됩니다. 디자이너에게 도움을 청하고 싶어도 마땅히 아는 사람도 없습니다. 발표 걱정을 하다 보니 밥 생각도 없습니다. 하루하루 시간이 흐를 때마다 입술이 바짝바짝 타기만 합니다. 저는 어떻게 하면 좋을까요?"

김 대리의 속마음은 이렇습니다.

- 내가 쓴 '신제품 기획 보고서'가 우수 아이디어로 뽑혔다. ^^
- 전 직원들 앞에서 발표하라고 한다. ㅜㅜ
- 글자로만 만든 발표용 슬라이드는 지루할 것이다. ——
- 텍스트를 이미지로 표현해야 하는데 자신이 없다. -_-::::
- 내용 구성은 어디서부터 시작해야 할지 모르겠다. 0_0
- 신제품 발표회를 망칠까봐 걱정이다. ㅠㅠ

김 대리는 급한 마음에 인터넷을 열고 이미지 검색을 시작합니다.

"일단 네이버와 구글에서 이미지를 검색해보자. 어떤 단어로 검색해야 쓸만한 이미지가 나올지 감이 오지는 않지만."

김 대리는 네이버와 구글에 발표 주제와 맞는 단어들을 넣고 이미지를 찾기 시작했지만 시간만 흐를 뿐 마땅한 이미지를 찾지 못하고 있습니다. 김 대리는 발표 준비를 하던 선배들이 이미지를 찾는 시간이 보고서를 쓰는 시간보다 많이 걸리기 때문에 평소에 이미지 데이터베이스를 만들어두어야 한다고 했던 말이 떠오르긴 했지만 당장 다음 주에 발표라서 이미지를 모을 시간이 부족합니다.

김 대리의 일화는 직장인들이 흔히 겪는 일입니다. 보고서를 쓰는 시간보다 이미지를 검색하는 시간이 더 오래 걸리고, 적당한 이미지를 못 찾는 경우가 비일비재합니다.

김 대리는 프레젠테이션 시각화를 배우는 것이 시급해 보입니다. 하지만 시간이 없는 김 대리가 쉽고 빠르게 효과적인 프레젠테이션 시각화를 배울 수 있는 방법은 없을까요? 이런 딜레마에 빠진 김 대리를 위해 5일 동안 할 수 있는 '프레젠테이션 시각화 5 Day Process'를 배워보도록 하겠습니다.

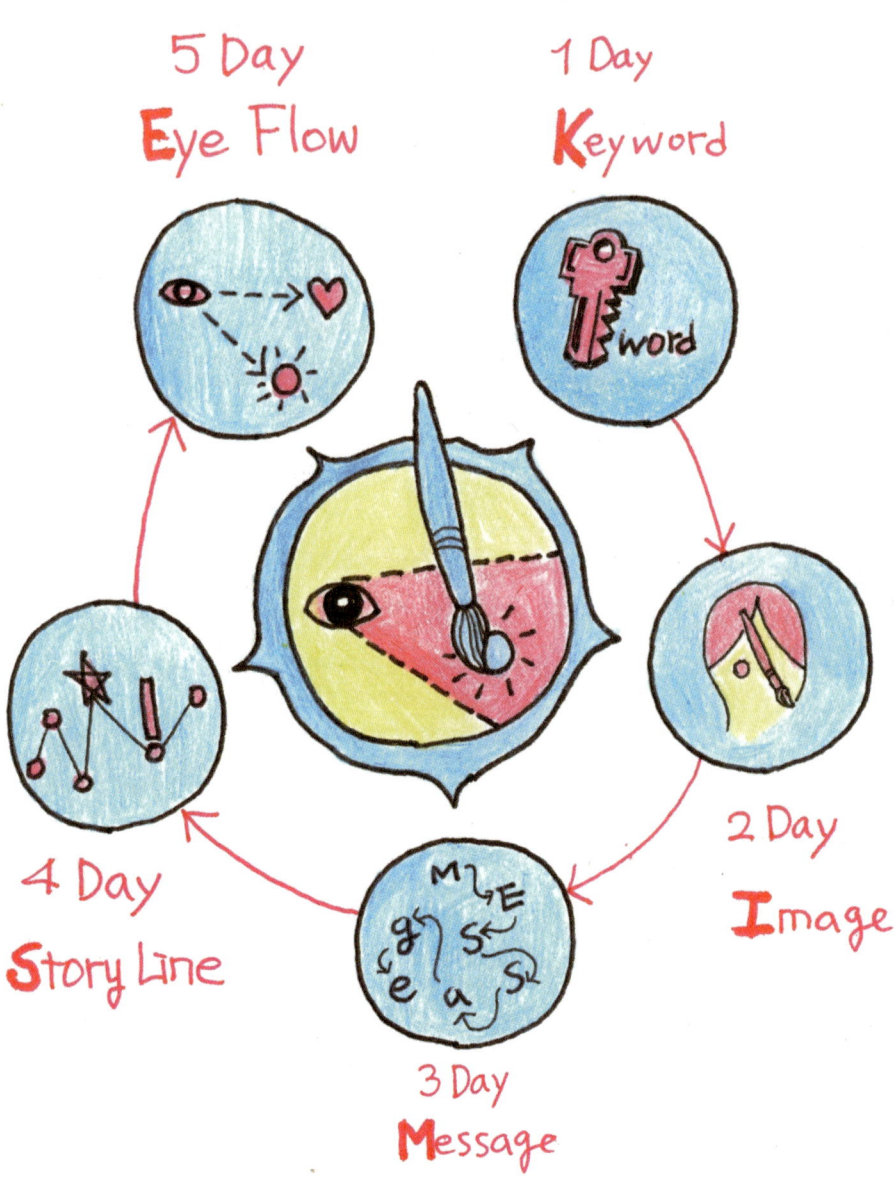

■ 프레젠테이션 시각화 5 Day Process

프레젠테이션 시각화란 글 중심의 문서를 비주얼이 강조된 슬라이드로 바꾸는 작업을 말합니다. 넓은 의미의 프레젠테이션은 기획력, 발표력, 상상력, 표현력까지 포함하는 개념입니다. 프레젠테이션 시각화는 그중에서 표현력 부분을 집중적으로 높일 수 있도록 돕는 작업입니다.

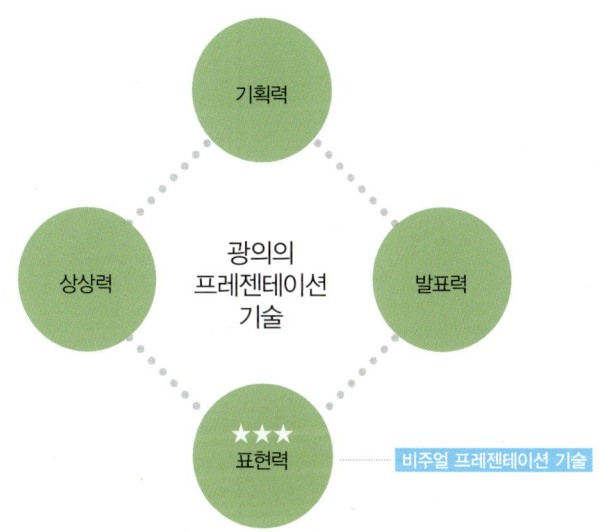

프레젠테이션 시각화는 총 5단계로 진행됩니다. 이 단계를 거치면 단어와 문장만이 가득했던 슬라이드를 이미지로 꾸며진 페이지로 변경할 수 있습니다.

필자는 2004년부터 디지털 마케팅 대행사에서 해마다 10건 이상씩 10년 동안 약 100건 이상의 프레젠테이션 제안서를 만들고 발표하는 일을 했습니다. 디지털 마케팅은 해마다 트렌드가 바뀌는 분야로 어려운 용어가 많기 때문에 필자는 이러한 어려운 용어를 설명하기 위해 프레젠테이션 시각화에 관심을 갖고 꾸준히 발전시키기 위해 노력해왔습니다. 그동안 현대카드, 삼성전자, 한국코카콜라 등 다양한 기업들 앞에서 프레젠테이션을 진행한 경험을 바탕으로 익힌 노하우를 이번 장에서 배워보도록 하겠습니다.

키워드 단어장 만들기

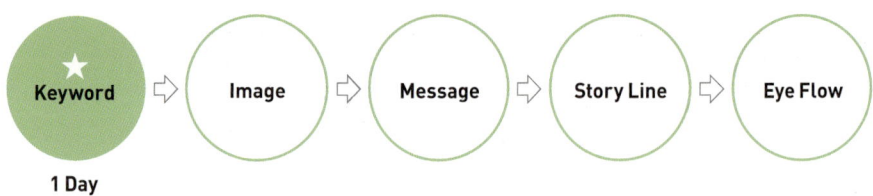

키워드는 이미지 보관함을 여는 열쇠이다

  뇌에서 좌뇌는 키워드를 '인식'하는 역할을 하고 우뇌는 인식된 키워드와 알맞은 이미지를 '떠올리는' 역할을 합니다. 즉, 좌뇌가 '우산'이라는 문자를 우뇌에 전달하면 우뇌는 '펴진 우산 모양, 비, 우산 쓰고 가는 사람들'과 같은 이미지를 떠올립니다. 이렇게 입력되는 키워드에 맞게 이미지를 떠올리려면 우뇌에는 대량의 이미지를 보관하고 있는 보관함이 필요합니다. 이 보관함을 열기 위해서는 보관함의 열쇠와 같은 역할을 하는 문자(Keyword)가 필요합니다. 우리는 이미지 보관함에서 적절한 문자=키워드와 알맞은 이미지를 도출해내기 위해 주제에 맞는 키워드를 찾아내는 연습을 해야 합니다.

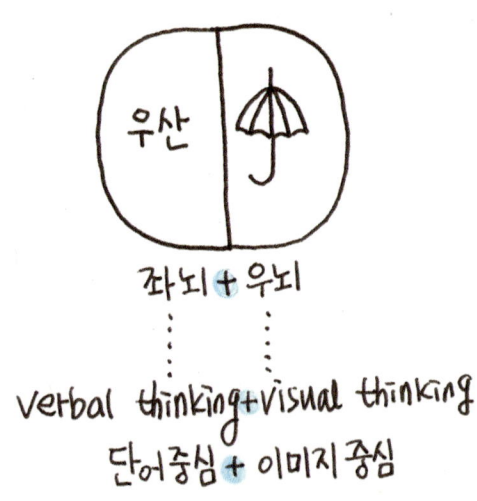

프레젠테이션의 내용을 어떻게 정리해야 할지 막막하다면 키워드 단어장을 만드는 작업부터 시작합니다. 키워드 단어장을 만드는 방법은 간단합니다. 문서로 작성된 보고서를 읽은 후 중요 키워드에 원을 그리거나 색을 칠해서 표시합니다. 뽑은 키워드를 종이에 옮기고, 비슷한 의미를 가진 단어를 그룹으로 묶습니다. 이후 단어 묶음별 핵심 키워드를 뽑습니다.

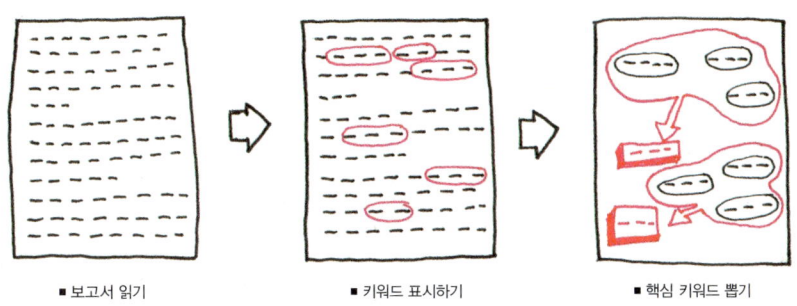

■ 보고서 읽기　　　　■ 키워드 표시하기　　　　■ 핵심 키워드 뽑기

핵심 키워드 뽑기

최근에 작성한 프레젠테이션 보고서 중에서 글자가 많은 슬라이드 한 장을 선택해서 프린트를 합니다. 핵심 키워드에 동그라미를 쳐서 핵심 키워드를 뽑아 봅니다.

키워드를 이미지로 바꾸기

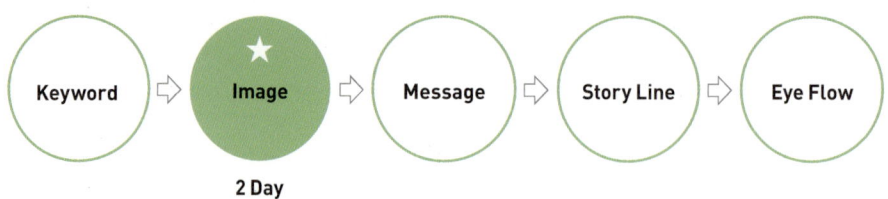

프레젠테이션 시각화 두 번째 날에는 첫날에 뽑은 핵심 키워드를 이미지로 바꿔보는 연습을 하도록 하겠습니다. 좌뇌와 우뇌의 균형잡기 훈련을 위해서 키워드와 이미지를 동시에 표현하는 훈련은 꼭 필요한 과정입니다.

키워드를 쓰고 그림을 그려라

좌뇌가 '손'이라고 말하면 우뇌는 ✋ 을 그립니다.

좌뇌가 '편지'라고 말하면 우뇌는 ✉ 를 그립니다.

좌뇌가 '해'라고 말하면 우뇌는 ☀ 를 그립니다.

키워드를 보고 떠오르는 이미지를 종이에 옮겨 적기만 하면 됩니다. 예를 들어 필자가 좋아하는 키워드 뽑아서 그림으로 그려보겠습니다. 필자는 '나무, 구름, 의자'라는 키워드를 적고 그림으로 그렸습니다.

키워드를 쓰고	그림을 그려라
나무 구름 의자	🌲 ☁ 🪑

비주얼 씽킹 워크숍 시간에 수강생들이 '내가 좋아하는 공간'이란 주제로 그린 단어 시각화 사례를 소개합니다. 다음 공간들은 어디일까요? 맞춰보세요!

단어 시각화 - 키워드를 쓰고 그림을 그려라

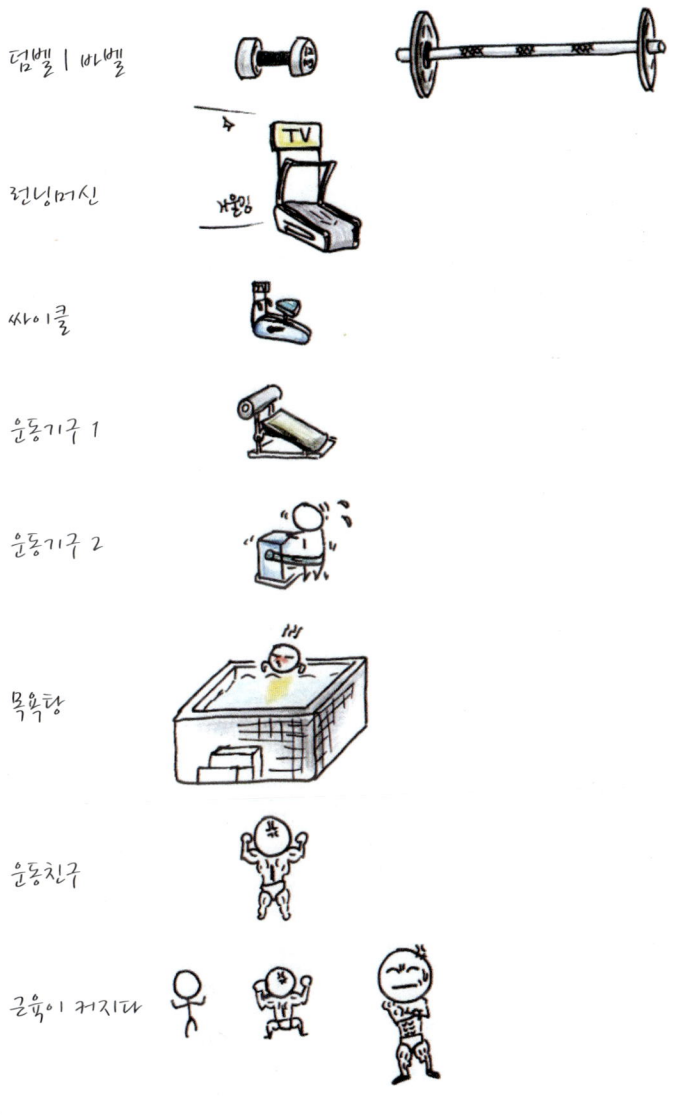

위의 공간은 (　　) 입니다. (　　)에 적합한 장소를 적어 보세요.

키워드를 쓰고 그림을 그려라

화분

영화(TV)

여행사진

커피

소파

장식장

위의 공간은 (　　) 입니다. (　　)에 적합한 장소를 적어 보세요.

여자

스테이지

DJ

술

댄스

위의 공간은 (　　) 입니다. (　　)에 적합한 장소를 적어 보세요.

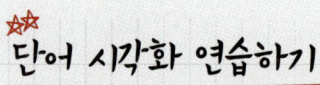
단어 시각화 연습하기

내가 좋아하는 공간과 관련된 키워드 7개를 쓰고 그림으로 그려봅니다.

∷ 이미지 DB를 활용하여 키워드를 이미지로 전환하기

이미지를 찾는 시간을 절약하기 위해서는 평상시에 이미지 DB를 만들어두어야 합니다. 여기서는 자투리 시간을 활용해서 이미지 DB를 만드는 4가지 방법을 소개합니다.

① 검색을 통해 이미지 모으기

검색은 이미지 DB를 만드는 가장 빠르고 효과적인 방법입니다. 필자는 이미지 베이스, 모그 파일과 같은 무료 이미지를 얻을 수 있는 사이트를 종종 이용합니다. 구글을 이용할 경우에는 검색 항목 중에 이미지 검색을 사용하여 많은 양의 이미지를 검색합니다. 그중에서 저작권 재사용가능을 선택하면, 유용하게 쓸 수 있는 이미지를 얻을 수 있습니다.

> **알아두면 유용한 tip**
>
> **무료 이미지를 얻을 수 있는 사이트**
> · 이미지 베이스 : http://www.imagebase.net (전체 무료)
> · 모그파일 : http://morguefile.com (free photos 무료)
> · 구글 이미지 검색 : www.google.com (저작권 재사용가능 버전 선택)

② 카메라 이미지 샘플링

  카메라 이미지 샘플링은 일상 생활에서 기록해두고 싶은 이미지나 자료들을 사진으로 찍어서 보관 및 분류하는 방법입니다. 고가의 기능이 좋은 카메라는 따로 구입하지 않아도 됩니다. 우리가 항상 들고 다니는 핸드폰 카메라로 충분합니다. 특히 스마트폰을 사용하면 사진 촬영을 한 후에 코멘트를 남길 수 있는 '포토앱'들이 있어 더 유용하게 사용할 수 있습니다. 스마트폰으로 촬영을 한 후에는 이미지들을 노트북 등 다른 저장 공간에 체계적으로 분류하는 것이 좋습니다. 매일매일 분류한다기 보다는 넉넉하게 한 달에 한 번 정도 분류의 날을 정해서 옮기는 작업을 하는 것이 좋습니다.

  영국에서 상업적으로 성공한 디자이너이며 자신의 이름으로 된 브랜드를 소유하고 있는 디자이너 폴 스미스(Paul Smith)는 항상 카메라를 갖고 다니며 일상을 찍습니다. [폴 스미스 스타일] 책에서 소개한 이미지들과 2010년 대림미술관에서 개최한 폴 스미스 전시회에서 사진들을 일부 소개합니다. 거꾸로 신호등, 사람 같은 물조리개, 생각하는 토끼 등 일상생활에서 볼 수 있는 풍경들을 사진으로 남긴 것을 볼 수 있습니다.

〈이미지 출처: [폴 스미스 스타일] 도서 일부 내용 및 2010년 대림미술관에서 개최한 폴 스미스 전시회 사진〉

폴 스미스는 평소에 카메라 샘플링을 통해 얻은 생각들을 기반으로 하여 실험적인 패션을 선보이기도 합니다. 이렇듯 일상은 무궁무진한 창조의 공간입니다 필자는 한강을 산책하다가 키 작은 클로버들이 모여있는 모습을 핸드폰 카메라로 담았습니다. 그리고 행복이라고 이름을 붙였습니다. 세잎 클로버의 꽃말은 행복이라고 합니다.

카메라 이미지 샘플링

눈에 띄는 풍경, 훌륭한 디자인, 영감을 주는 사물을 핸드폰 카메라로 찍어 이미지 샘플링을 통해 DB화합니다. 이후 이미지에 이름을 붙입니다.

③ 이미지 스크랩북

　수많은 프린트물, 책, 웹사이트, 포스터를 스크랩합니다. 찾아낸 이미지를 복사하거나 잡지에서 찾은 이미지는 가위로 오려서 보관합니다. 카메라로 찍은 이미지 중에서 일부를 프린트해서 보관합니다. 디지털로 저장해두는 것도 좋은 방법이지만 스크랩북으로 만들어두면 프린트된 다양한 색감이 종이의 질감과 결합되어 다른 형태의 느낌을 전달합니다.

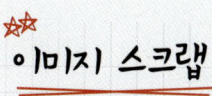

　인터넷에서 찾은 이미지를 프린트해서 스크랩합니다. 영화 팜플렛, 잡지에서 찾은 이미지를 오려서 스크랩합니다.

④ 실제 물건을 수집하기

　손에 잡히는 실제 물건을 수집하면 촉감이 어떤지 만져볼 수 있고 다양한 각도에서 새로운 모습을 관찰할 수 있습니다. 또한 분해할 수도 있기 때문에 보다 많은 영감을 얻을 수 있어 한 가지 물건을 지속적으로 수집하는 컬렉터들은 굉장한 디테일의 소유자가 됩니다. 물건을 수집할 때, 처음에는 큰 물건 보다는 작은 물건부터 수집하는 것이 좋습니다. 어떤 것을 수집해야 할지 결정하기 어렵다면 어릴 적 좋아했던 물건이나 자주 사용하는 문구류 중에서 골라도 좋습니다. 수집할 물건이 결정되면 투명박스를 하나 마련합니다. 책상 위에 올릴 수 있을 만큼 작은 것이면 좋습니다. 책상 서랍 하나를 비우고 시작해도 좋습니다.

아래의 수집 방법은 빌 벅스턴(Bill Buxton)이 집필한 도서인 [아이디어가 들썩이는 사용자 경험 스케치 워크북]에서 제안한 수집 가이드 라인입니다. 생각보다 수집할 수 있는 것들이 광범위하지 않나요? '수집'이라는 단어에 얽매여 한정된 것들만 모으기 보다는 자신이 좋아하는 것을 중심으로 흥미로운 물건, 자신을 즐겁게 하는 물건 등을 통해 디테일한 사람이 되어 보도록 합니다.

❶ 영감을 주는 대상을 수집합니다.
❷ 흥미로운 디자인을 수집합니다.
❸ 불편함을 주는 사물을 수집합니다.
❹ 우리가 개선할 수 있는 대상을 수집합니다.
❺ 우리를 즐겁게 하는 것을 수집합니다.
❻ 우리가 특별히 관심 있어 하는 것과 연관된 것을 수집합니다.

메시지 만들기

프레젠테이션 기획의 기본은 한 페이지에 한 개의 메시지를 담는 것입니다. 여기서 메시지란 프레젠테이션 한 장 한 장의 헤드라인을 한 줄로 정리한 것을 칭합니다. 결국 각 프레젠테이션의 중심이 되는 메시지를 연결하면 기획서에서 전달하고자 하는 내용을 파악할 수 있습니다.

한 줄로 메시지 만들기

혹시 두 줄 이상 되는 명언이나 문장을 암기하고 있는 게 있나요? 아마 딱 떠오르는 것이 없을 겁니다. 보통 사람의 경우에는 두 줄 이상의 문장을 달달 외우지 않는 이상, 한두 번 보고 생각해내기 어렵기 때문입니다. 그렇기 때문에 광고 카피와 개그 유행어는 한 문장을 넘지 않는 단어 하나이거나 한 어절 정도로 구성되어 있습니다. 한 번 들어도 딱! 기억이 날 수 있도록 말이죠. 이렇듯 메시지는 또한 한 줄로 만들어야 효과적입니다.

메시지 시각화 = 문장 시각화

메시지를 이미지로 전환하는 문장 시각화 방법에 대해 배워 보도록 하겠습니다. 우리말 문장 형식을 알면 문장 시각화는 쉽게 이해할 수 있습니다. 이외수 작가는 [글쓰기의 공중부양] 도서에서 우리말의 문장 형식은 아래 세 가지를 활용해서 만들어진다고 설명하고 있습니다.

주어(나는) + 서술어(걷는다)
주어(나는) + 목적어(오솔길을) + 서술어(걷는다)
주어(나는) + 보어(느리게) + 서술어(걷는다)

주어와 목적어는 주로 사람이나 사물에 해당되기 때문에 사람과 사물을 그립니다. 보어는 형용사나 부사에 해당됩니다. 형용사나 부사는 사람이나 사물의 형태를 묘사하고, 행동을 강조하는 표현법으로 그의 해당되는 내용을 그려 넣습니다. 서술어는 동사에 해당되니 동사를 이미지로 바꿔서 그리면 됩니다. 이렇게 문장에서 주어, 목적어, 보어, 서술어에 해당되는 단어를 찾아서 이미지로 전환하는 문장 시각화 훈련을 해보도록 합니다.

김동률의 '기억의 습작' 에 나오는 가사 중 한 문장으로 문장 시각화를 연습합니다.

너의 마음 속으로 들어가 볼 수만 있다면

↓ ↓

주어 서술어
너, 마음 들어가다, 보다

↓

한 장에 결합하기

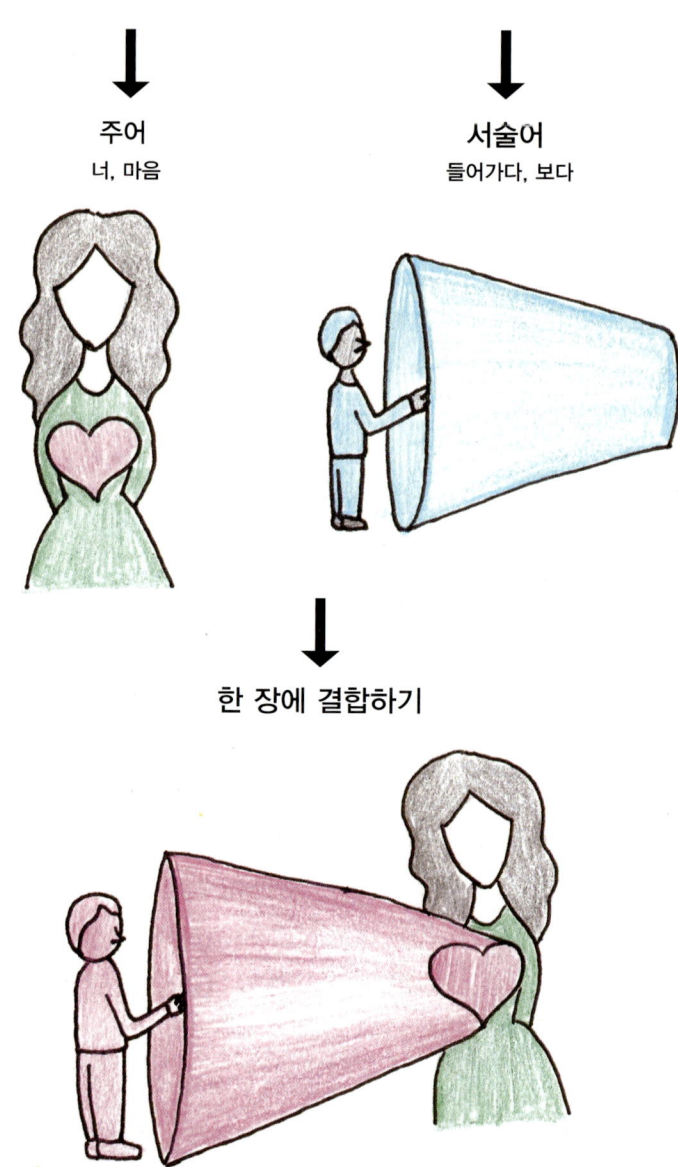

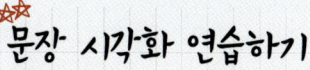 문장 시각화 연습하기

내가 좋아하는 노래 한 곡을 선정합니다. 가사 3문장을 골라 그림으로 그려 봅니다.

알아두면 유용한 tip

전세계 슬라이드 공유 사이트
전세계 슬라이드 공유 사이트인 '슬라이드쉐어' 사이트를 활용하면 전세계 파워포인트, PDF 자료를 볼 수 있습니다.
· 슬라이드쉐어 : www.slideshare.net

스토리 라인 만들기

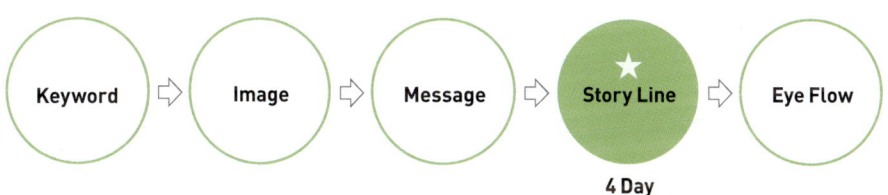

:: 마이클 센델 교수는 어떻게 하버드 3대 명강사가 되었을까요?

마이클 센델 교수의 [정의란 무엇인가] 강연은 하버드대 3개 명강의로 꼽힙니다. 그가 폭발적인 인기를 누리는 이유는 어려운 철학을 스토리로 만들어서 전달하고 있기 때문입니다. '정의' 수업에서 마이클 센델 교수는 학생들에게 이렇게 묻습니다.

"자신이 전차기관사라고 가정해봅시다. 100km로 달리는 전차의 앞쪽에 인부 5명이 일을 하고 있습니다. 브레이크가 고장 나서 아무리 애써도 멈출 수가 없습니다. 그러던 중 비상철로가 눈에 들어왔습니다. 그 비상 철로 끝에서는 인부 1명이 일을 하고 있습니다. 마음만 먹으면 비상철로로 전차의 방향을 바꿀 수가 있습니다. 여러분은 전차 앞쪽에서 작업하는 인부 5명의 생명을 구하기 위해 비상 철로에서 일하는 인부 1명의 생명을 희생시키겠습니까?

마이클 센델 교수는 철학 개념을 표현하는 '전차 기관사 스토리'를 가지고 질문과 토론을 통해서 수업을 이끌어갑니다. 학생들은 자신이 전차 기관사가 된 것처럼 어떤 결정을 내릴지 이야기합니다. 학생들은 흥미진진한 스토리에 빠져들고, 스토리로 설명된 철학은 쉽게 이해됩니다. 이렇듯 '스토리'를 이용하는 방법을 사용하면 청중의 흥미를 이끌어낼 수 있고 전달하고자 하는 내용을 효과적으로 전달할 수 있습니다. 기획안 프레젠테이션을 작업할 때도, 제품을 설명할 때도 마찬가지입니다.

스토리 라인이란?

프레젠테이션은 한 편의 드라마처럼 시간 순서에 따라 발표가 진행됩니다. 여기서 프레젠테이션의 슬라이드 순서가 바로 '스토리 라인'입니다. 드라마에서 스토리 라인이 엉망이면 이야기가 어떻게 전개되는지 알 수 없듯이 프레젠테이션을 할 때 스토리 라인이 제대로 정해지지 않으면 청중이 이해하기 어렵습니다.

프레젠터는 하고 싶은 이야기를 스토리 라인으로 전달하는 작가가 되어야 합니다. 마치 프레젠테이션을 한 편의 영화라고 생각하고 스토리 라인을 구성해야 합니다.

스토리 라인의 정석

스토리 라인은 전체적으로 슬라이드 순서가 잘 배분되어 있어야 합니다. 스토리 라인의 정석은 오프닝, 1번 장표, 별표, 느낌표, 클로징으로 구성됩니다. 이 장표들이 적절히 배분되어 있는 것이 좋습니다. 옆의 이미지는 총 20장으로 구성된 프레젠테이션 스토리 라인입니다. 20장을 기준으로 하여 연습한 후 시간과 내용을 양에 따라 추가하면 됩니다.

■ 스토리 라인의 정석

스토리 라인을 효과적으로 만드는 7가지 규칙

① 스토리 라인의 출발점은 오프닝

프리젠테이션 스토리 라인은 오프닝에서 시작합니다. 시작부터 프레젠테이션 본론을 꺼내면 분위기가 무거워지고 자칫 지루해질 수 있기 때문에 오프닝은 지금 이 프레젠테이션을 듣기 전과 들은 후 달라질 청중의 모습을 가볍게 상상할 수 있도록 짧은 이야기를 준비하면 좋습니다. 참고로 오프닝은 짧게 진행되어야 합니다. 오프닝에서 많은 이야기를 하면 청중들은 본론을 듣기 전에 흥미를 잃을 수 있기 때문입니다.

② 청중에게 별표 선물하기

별표는 스토리의 핵심을 담은 슬라이드를 말합니다. 즉, 청중들이 듣고 싶은 이야기를 담은 슬라이드입니다. 청중이 기억할 수 있는 별표는 3개를 넘지 않기 때문에 별표는 오프닝과 클로징 사이에 적절하게 배치하되, 3개 이상 넘지 않도록 합니다.

③ 청중을 설득할 느낌표 만들기

느낌표는 드라마의 클라이맥스에 해당하는 부분입니다. 청중들을 사로잡을 느낌표는 딱 한 번만 넣습니다.

④ 1번 장표 바꾸기

　최고의 스토리 라인을 찾으려면 1번 장표를 바꿔봅니다. 1번 장표란 오프닝 다음 번에 있는 슬라이드 장표를 말합니다. 슬라이드 1번이 바뀌면 서론-본론-결론의 내용이 모두 바뀝니다. 예를 들어 프레젠테이션 슬라이드 장표가 총 2개면 1번-2번의 순서와 그 순서가 뒤바뀐 2번-1번의 순서가 생겨 총 2개의 스토리 라인을 만들 수 있습니다. 슬라이드 장표가 총 3개면 6건의 스토리 라인이 나올 수 있는데 이렇게 장표 개수에 따라서 1번 장표의 순서를 바꿔보며 가장 말이 매끄럽게 통하는 스토리 라인을 찾아 프레젠테이션을 진행하도록 합니다.

⑤ 최고의 스토리 라인 발견하기

　스토리 라인 구성이 잘 되었는지 마지막으로 체크합니다. 즉, '오프닝-1번-별표-별표-별표-느낌표-클로징'으로 연결되어 있는지 체크합니다.

⑥ 클로징은 담대하게 끝내기

　클로징에 과도한 욕심은 금물입니다. 이제 청중들은 모든 이야기를 들었고, 슬슬 마무리할 기세를 취하고 있는데 새로운 문제 제기를 하거나 거창하게 마무리하면 곤란합니다.

⑦ 연습하고 연습하기

　스토리 라인을 연습할 때는 20장을 기준으로 작성하는 것이 좋습니다. 20장의 슬라이드를 1분씩 자동으로 넘어가게 하면 총 20분이 걸립니다. 20분 기준으로 스피치를 연습해 봅니다.

왕초보 프레젠터의 흔한 실수

프레젠테이션을 준비하는 사람은 할 이야기가 많아 스토리 라인을 복잡하게 짜는 경우가 많습니다. 그럴 경우 전달하려는 주제를 제대로 전하지 못하고, 청중 또한 알고자 하는 내용이 어떤 것인지 혼란스러워 자칫 지루한 프레젠테이션이라고 느낄 수가 있습니다. 심플한 스토리 라인을 이용하여 핵심 주제를 효과적으로 전달하는 것이 좋습니다.

보고서는 문서이고 프레젠테이션은 발표입니다. 보고서는 눈으로 보고 프레젠테이션은 듣습니다. 즉, 보고서는 글이고 프레젠테이션은 말입니다. 보고서를 만들었던 순서는 문서형 글에 가깝기 때문에 프레젠테이션 순서는 새롭게 구성해야 함을 잊지 마세요.

아이 플로우 구성하기

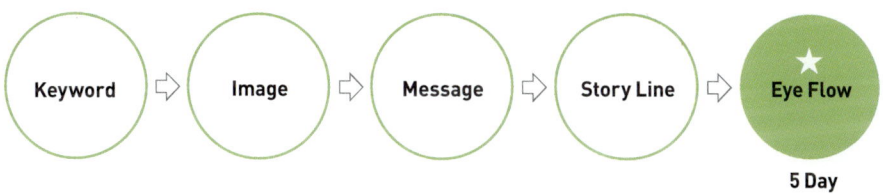

5 Day

뇌의 시야는 전체 시야의 1/1000이다

대부분의 사람들은 자신이 있는 공간이나 눈으로 보려고 하는 사물 및 사람을 볼 때 전체적인 모든 상황이 자신의 시야 안에 있다고 생각하지만 집중해서 보는 시야의 크기는 손톱 크기에 불과합니다. 즉, 전체 시야의 1/1000 정도입니다. 이러한 원리를 카드 게임으로 설명하는 에피소드를 소개합니다. 게임을 시작하기 위해 마술사는 무작위로 하트 에이스를 선택한 후 참가자 한 명에게 서명을 부탁합니다. 따라서 복제한 카드로 바꿔치기할 수 없습니다. 참가자는 서명한 하트 카드가 카드 더미 속에 있다고 생각하고 카드 더미만 바라보고 있습니다.

참여자 자신은 전체적인 상황을 확인하고 있다고 생각하겠지만 뇌의 시야는 전체 시야의 손톱만한 크기, 즉 1/1000 밖에 보이지 않기 때문에 아직까지 마술사의 손에 들린 카드만 바라보고 있습니다.

〈영상 출처: http://tvcast.naver.com/v/90477〉

당신은 하트 에이스를 발견했나요? 마술사는 서명한 하트 에이스를 이마에 붙이고 있습니다. 아주 큼지막하게 말입니다.

■■ 아이 플로우란 무엇인가?

아이 플로우는 슬라이드에서 청중이 어디를 봐야 하는지 레이아웃의 중심 부분을 구성하는 것을 말합니다. 프레젠테이션은 여러 장표들을 넘기면서 진행하기 때문에 한 장한 장 넘어갈 때마다 시선을 어디에 두어야 하는지 청중에게 알려줘야 합니다.

아이 플로우를 구성하는 6가지 유형

초보자가 비교적 쉽게 선택할 수 있는 6가지 유형을 알아 보도록 하겠습니다.

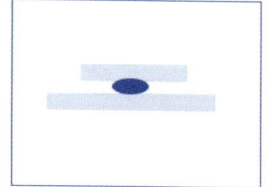

▶ **표지형** : 키워드에 눈이 고정되도록 글자를 키우고 여백을 남깁니다.

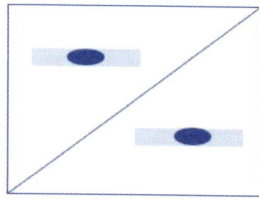

▶ **대각선 분류형** : 두 개의 대비되는 키워드를 배치하여 강조합니다.

▶ **상하 분류형** : 상단에 키워드를 배치하고 하단에서 설명합니다.

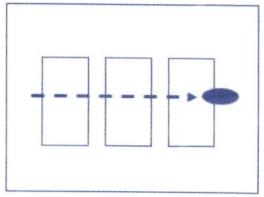

▶ **좌·우 프로세스형** : 눈의 흐름을 좌에서 우로 흘러가도록 합니다.

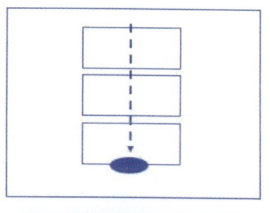

▶ **상·하 프로세스형** : 위에서 아래로 흐름을 만들어줍니다. 결론은 하단에 배치합니다.

▶ **동공 확대형** : 동공이 커질 정도로 임팩트 있는 비주얼을 전체에 넣습니다.

동적인 아이 플로우 유형 활용하기

아이 플로우를 이용하면 동적인 스토리를 만들어 청중의 흥미를 끌 수 있습니다. 여기서는 '기업의 소셜 대화법'의 사례를 소개하도록 하겠습니다. 분홍색 발은 기업이고, 사람 그림자는 소비자를 상징합니다.

기업이 소비자와 대화를 위해 소셜미디어에 발을 들여 놓습니다.

기업은 자기 이야기만 합니다. 옆에 있던 소비자들이 떠납니다.

결국 기업(분홍색 발) 주변에는 남아있는 사람이 없습니다.

기업은 소비자를 기업 영역(분홍색 발)에서 놀 수 있게 열어줍니다.

〈이미지 출처: 슬라이드쉐어 (slideshare.net)〉

소비자와 기업 간의 진짜 소통을 시작합니다.

위에서 보듯이 중앙에 위치한 가장 큰 분홍색 두발을 중심으로 하여 주변 이미지를 변화해서 동적인 스토리를 만들고 있습니다.

마지막 점검 포인트 – 핵심 포인트 3장을 골라라

발표용 자료를 만들고 나서 마지막으로 점검할 사항은 핵심 포인트 3장을 정하는 일입니다. 듣는 사람들은 많은 것을 기억하지 못하기 때문에, 프레젠테이션 내용 중 가장 중요하다고 여겨지는 3장을 골라봅니다. 핵심 포인트 3장이 결정되면 발표할 때 더 효과적으로 전달할 수 있도록 내용을 정리하는 것이 좋습니다.

숫자를 이미지로 활용한 프레젠테이션

우리가 학교에서 배운 통계, 수학, 물리는 골치 아픈 과목이었습니다. 숫자로 표현된 건 뭔가 복잡하거나, 어렵게 느껴지는 이유가 바로 이것 때문일 것입니다. 그러나 기업에서 의사 결정을 하는 사람들은 데이터를 통계화한 자료를 더 선호하는 경우가 많습니다. 이런 그들에게 보여줄 발표 자료를 만든다면 당연히 숫자를 활용해야 할 것입니다. 그러나 복잡한 통계 숫자라고 해서 한꺼번에 숫자만을 나열하는 식은 안됩니다. 통계나 수학 과목처럼 지루하게 느껴지지 않도록 핵심 숫자를 뽑아 사용하는 것이 좋습니다. 즉, 핵심 숫자를 정해 슬라이드 화면에 가득 찰 정도로 크게 보여주는 것이 효과적입니다.

다음과 같은 컨셉이 눈길을 끄는 것은 우연이 아닙니다.

> • 시청률 30% 돌파 • 내가 사랑한 유럽 Top 10 • 성공하는 7가지 습관 • 하루 15분 정리의 힘

숫자는 컨셉을 잡을 때 매우 요긴한 표현입니다. 예를 들어 윤선현 정리 컨설턴트가 쓴 책 '하루 15분 정리의 힘'은 하루의 1%인 15분을 이야기하면서 1%는 사소한 시간이니 쉽게 접근할 수 있다는 것을 숫자로 보여줍니다. 이걸 보는 독자들은 게으른 자신도 15분이라는 짧은 시간이면 할 수 있겠다라는 자신감이 생깁니다.

회사에서 보고서를 쓸 때도 마찬가지입니다. '소셜미디어 운영안'이라고 쓰는 것보다 '10만 팬과 관계를 구축하는 소셜미디어 운영안'이라고 쓰는 것이 더 효과적으로 어필할 수 있습니다.

뇌는 숫자를 좋아합니다. "잘 나가는 제품입니다"라고 말하는 것보다 "세계판매 1위 제품"이라고 하면 "아!"하고 반응하는 게 우리의 뇌입니다. 밋밋하게 적혀 있는 사실을 어떻게 숫자로 바꿀지 고민해 이미 가지고 있는 숫자 중에서 핵심 숫자를 찾아봅니다. 단순화시켜서 오직 핵심 숫자로 전달하고자 하는 주제를 압축해야 합니다. 통계를 보고, 숫자를 찾고, 통계를 보고, 숫자를 찾는 과정을 두 세 번 정도 왕복하면 숫자의 핵심이 드러납니다.

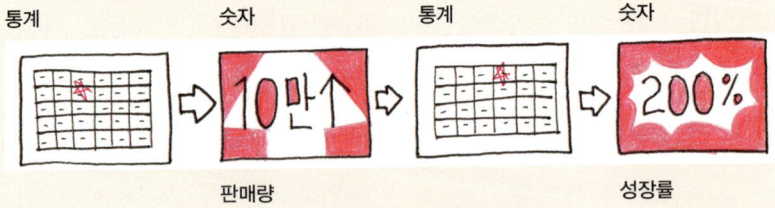

숫자만으로 프레젠테이션 슬라이드 만들기

핵심 숫자를 정했으면 숫자만으로 프레젠테이션을 구성해 봅니다. 숫자를 크게 쓰고, 설명하는 문장이나 단어를 작게 써 넣으면 됩니다.

숫자는 전 세계 공통된 언어입니다. 숫자가 의미하는 바를 단순한 이미지와 함께 배치하면 원하는 의미를 배가시킬 수 있습니다.

전세계 모바일 사용자 통계를 숫자로 표현하는 프레젠테이션이 있습니다. 지구를 배경으로 놓고 모바일 사용자 수와 스마트폰 사용비율을 넣었습니다. 숫자지만 전체적으로 보면 하나의 이미지 덩어리가 됩니다. 글로벌을 더 중요하게 생각했기 때문에 글로벌 이미지를 배경으로 넣은 것인데요. 만약 모바일이라는 걸 강조하고 싶었다면 모바일 이미지를 사용해도 좋습니다.

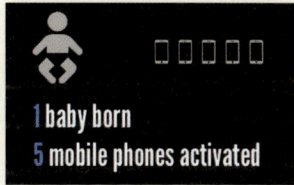

아이가 한 명 태어날 때, 5개의 모바일이 새로 개설된다는 통계가 있습니다. 아이가 태어나는 속도에 비해 모바일 사용자가 늘어나는 속도가 5배 빠르다는 의미를 알리는 프레젠테이션입니다. 숫자는 간단하게, 이미지도 군더더기 없이 심플하게 구성하였습니다.

모바일이 우리 일상생활 모든 부분에서 다양하게 활용되고 있다는 것을 단순한 이미지와 숫자를 통해 표현하였습니다.

■ 출처: http://www.slideshare.net/Pamela Pavliscak/left-to-their-own-devices-the-real-mobile-experience-31622253

제 13 장

Visual Thinking for Life :
생각 정리 시각화

Visual Thinking

생각 정리 시각화

이번 장에서는 자기 계발, 계획, 정리 등 일상 생활과 관련된 다양한 생각 정리를 그림으로 표현해 보도록 하겠습니다. 이해를 돕기 위해서 일상 생활에서 정리할 대상을 크게 '나의 생각'과 '남의 생각'으로 분류하도록 하겠습니다. 일상생활에서 나의 생각을 정리하는 대표적인 것으로 '계획'을, 남의 생각을 정리하는 대표적인 것으로 '독서'를 예로 들고 이것을 확장시켜 필자가 직접 활용하는 7가지 사례를 통해 차근차근 배워보도록 하겠습니다. 배운 내용을 중심으로 일상 생활에서 비주얼 씽킹을 연습하고, 각자 라이프 스타일에 맞게 다양한 주제로 확대하여 적용해 봅니다.

나의 생각 정리	남의 생각 정리
정리, 계획 등 내 머릿속에 떠오르는 생각을 정리하기 위한 비주얼 씽킹	공부, 독서 등 남의 생각을 기록하기 위한 비주얼 씽킹
01. 시간 비주얼 단어장 02. 공간 비주얼 단어장 03. 인맥 비주얼 단어장 04. 비주얼 단어장으로 계획 세우기	05. 책을 읽고 나서 비주얼 단어장 만들기 06. 강연을 듣고 나서 비주얼 단어장 만들기 07. 영상, 공연을 보고 나서 비주얼 단어장 만들기

시간 비주얼 단어장

'시간'은 눈에 보이지 않습니다. 그렇기 때문에 인류는 보이지 않는 '시간'을 시각화하기 위한 도구인 '시계'를 만들었습니다. 시계의 매 분, 매 시간은 동일한 단위지만 우리가 피부로 느끼는 시간은 균일하지 않습니다. 그렇다면, 내가 느끼는 상대적인 시간을 시각화하려면 어떻게 해야 할까요? 비주얼 씽킹을 통해 해결책을 발견해 봅니다. 내가 하루 동안 한 일을 원을 사용하여 시간 단어장을 만듭니다. 실제 진행한 일을 돌아보면서 시간을 어떻게 사용하고 있는지 도움을 주기 위한 방법입니다.

시간 단어장은 질문을 던지는 것부터 시작합니다. 하루 중 가장 행복한 순간은 언제인지, 나는 효과적으로 하루를 사용하고 있는지 시간 단어장 템플릿을 이용해서 아침에 일어나서 잠들기까지 시간 순서대로 나열하여 그림을 그립니다. 일반적으로 사람들은 평일과 주말의 일상을 달리 사용하고 있기 때문에 시간 단어장은 주말과 평일 버전으로 두 개를 그립니다. 그림이 완성되면 나의 하루(주중, 주말)를 살펴봅니다. 나는 하루 동안 무엇을 했는지, 나는 얼마나 행복한 순간을 살고 있는지 검토해 본 후 일상을 변화시키고 싶다면 바꿀 '포인트 시간'을 정합니다. 하루 일과 중 불필요하게 사용하고 있다고 생각되는 시간을 최소 15분에서 최대 2시간까지 정하여 취미활동을 한다거나 자기계발을 하는 시간으로 변경합니다. 이 시간을 어떻게 사용해야 할지 고민이라면 사람들과 함께 공유하는 것도 좋은 방법입니다. 세 명 이상의 사람들과 함께 공유하여 의견을 받아보고 만약 얼굴을 마주보며 공유가 가능한 경우에는 다른 사람의 발표 내용을 듣고 내용을 추가하거나 변형해 봅니다.

원형 모양으로 그리기

일어나서 잠들기까지 했던 활동 내용을 원형 모양의 그림으로 표현합니다. 그림을 그린 후 시간, 내용을 간략하게 적고 화살표로 연결합니다. 이 도식을 활용하면 하루 동안 한 일을 시간 순서대로 한눈에 볼 수 있습니다. 각 활동별로 만족도 점수를 주고 동일한 하루를 산다면 어떤 부분을 바꾸고 싶은지 표시합니다. 또한 어떤 활동을 하고 싶은지 원하는 시간과 내용을 옆에 표시합니다.

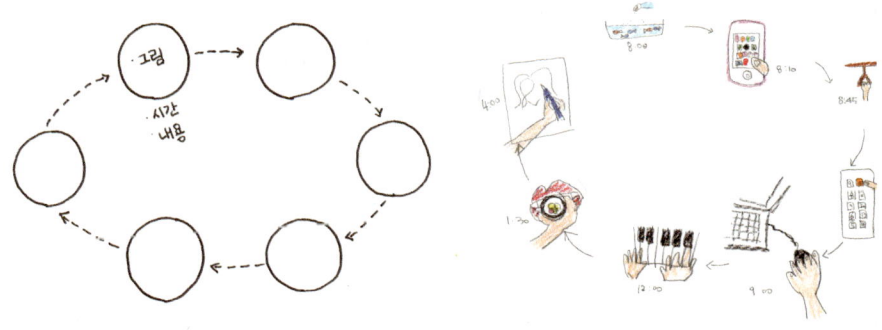

 '손이 하루 동안 한 일'이란 주제로 수강생이 그린 그림을 소개합니다. 원형으로 그린 그림 옆에는 시간이 적혀 있습니다. 8시에 일어나서 물고기 밥을 주고, 지하철에서 모바일 게임을 하며 지하철 손잡이 잡고 이동합니다. 8시 50분에 회사를 도착해서 엘리베이터의 버튼을 눌러 회사에 출근한 후 9시부터 마우스를 잡고 일을 합니다. 점심 시간에는 피아노를 친 후 오후 1시 반에 김밥으로 점심을 때웁니다. 4시부터 비주얼 씽킹 수업에 와서 그림을 그리고 있는 내용입니다.

시계 모양으로 그리기

 초등학교 시절 작성했던 하루 일과표 모양을 활용한 것으로, 시간과 내용을 적고 그림으로 표현합니다. 만족도는 별표로 표시합니다. 이 도식을 사용하면 어떤 일에 가장 많은 시간을 할애하고 있는지 파악할 수 있습니다.

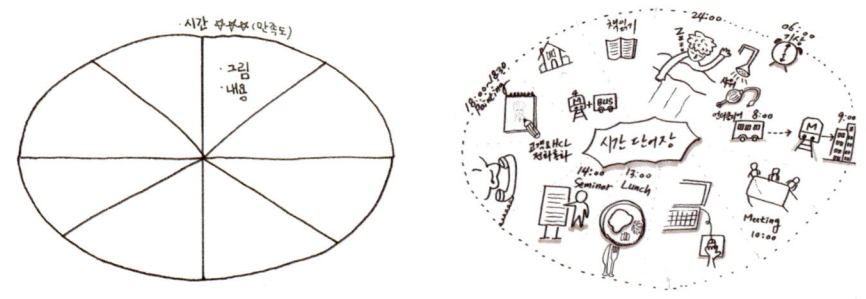

✎ 나의 하루

나의 하루 24시간을 그림으로 완성합니다. 일어나서 잠들기까지 한 일을 그림으로 그리고 시간과 내용을 적습니다.

공간 비주얼 단어장

공간 정리는 공간에 들어가는 물건을 정리하고 재배치하는 일을 의미합니다. 공간 정리를 효율적이고 손쉽게 하기 위해서는 현재 공간에 있는 물건이 제 위치에 놓여있는지, 불필요한 물건이 아닌지 확인하여 위치를 이동시키거나 정리하고 필요한 물건들을 생각해 적재적소에 배치하는 것이 중요합니다. 여기서는 우리가 대부분의 시간을 보내는 회사와 집을 중심으로 한 장의 그림으로 정리하는 방법에 대해 알아보도록 하겠습니다.

∷ 나의 방 정리

"매일 들어가는 원룸인데, 행복하지 않아요!" 비주얼 씽킹 수강생 중 한 분은 살고 있는 방에 대해서 이렇게 설명했습니다. 필자는 수강생에게 '나에게 행복한 방에는 무엇이 있는가?'라는 주제로 현재의 방과 가장 행복한 시절의 나의 방을 한 장씩 그려보라고 권했습니다. 두 개의 공간이 완성된 후 비교해봤더니 가장 행복했던 방에는 푹신한 1인용 소파와 스탠드 조명이 있었습니다. 또한 자신의 취향에 맞춰 직접 고른 커튼이 쳐져 있었습니다. 아이러니하게도 지금 그 분이 살고 있는 원룸에는 이 세 가지가 빠져있었습니다.

수업이 끝나고 며칠 뒤 수강생에게 한 통의 이메일을 받았습니다.

안녕하세요? 갑자기 이렇게 메일을 드린 이유는 감사함을 전하고 싶어서 입니다.
아주 소소한 이야기지만..
그 날 '공간'의 중요성에 대해 이야기를 나눴었잖아요. 방 그림도 그려보고.
그래서 엊그제 고등학교 때 좋아하던 소파를 본가에서 택배로 받았어요. 받자마자 밤새 집 구조도 싹 바꾸고요^^
소병도 골라 두어서, 다음 주에는 조명까지 세팅완료 하려고 해요!
그리고 나서 맞은 첫 휴일에 쇼파에 앉아 책도 읽고, 글도 쓰고, 드라마도 보고 있답니다.
이렇게 즐기다 보니 선생님이 생각나서요!
자기가 좋아하는 공간을 만들어야 한다고 말씀하셨던 이유를 이제야 알겠습니다.
하기 싫어 미뤄 오던 할 일들(예를 들어 밀린 일기 쓰기, 생각 정리하기 등..)을 하고 싶게 만드는 마법이 일어나는 것 같아요~
무튼, 그러던 도중 선생님 덕분에 일어난 소소한 삶의 변화를 알려 드리고 싶었어요.
방식이 옳았는지는 모르겠지만. 어떻게 했느냐 보다는 이런 시간을 만들어서 고민해 보는 기회를 가졌다는 게 중요한 것 같아요.
머릿속으로 흐릿하게 상상하던 것들을 직접 그려 보니, 미래에는 어떤 모습이길 바라고 있었는지 보이더라고요. 정말 값진 경험이었습니다!

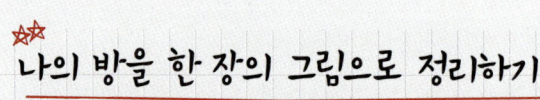

나의 방을 한 장의 그림으로 그려봅니다.

책상 정리

아침에 출근해서 내 책상을 바라봅니다. 이곳저곳에 쌓여 있는 파일과 어지럽게 꺼내져 있는 다양한 펜들. 오늘 해야 하는 업무 파일을 놓을 곳이 없어 대충 아무데나 쌓고 업무를 시작합니다. 한참 동안이나 일을 한 후 스테이플러를 쓰려고 하는데 어디로 갔는지 책상에서 도무지 찾기 힘들어서 옆에 앉은 직장동료에게 빌려봅니다. 정리를 제대로 못하는 내 자신이 한심스러워서 막상 책상을 정리하려고 하면 어디에 어떻게 물건을 정리해야 하며 당장 내가 필요한 물건이 어떤 것인지 결정하기 어렵습니다. 이럴 때, 5단계를 통해 한 장의 그림으로 책상을 정리하는 방법을 배워보도록 하겠습니다.

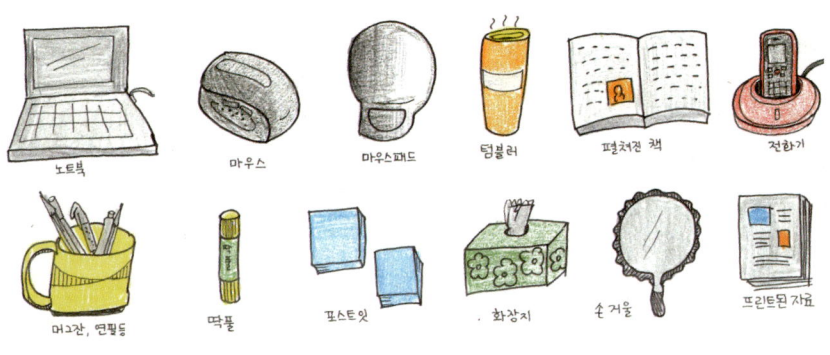

- **1단계 : 질문하기** – 내 책상에 있어야 할 물건, 버려야 할 물건은 무엇인가요?

- **2단계 : 그리기** – 카페나 집 등 사무실이 아닌 공간에서 책상 위에 있는 물건을 생각나는 순서대로 그려봅니다. 떠오르지 않는 물건은 가장 먼저 버려야 할 물건입니다.

- **3단계 : 살펴보기** – 사용 목적별로 3개를 그룹으로 나누고 3가지 색상을 이용하여 물건에 동그라미를 치면서 그룹핑을 합니다.

- **4단계 : 발견하기** – 책상이라는 목적에 맞지 않는 물건을 버리세요. 책상은 '일'을 하는 곳입니다. 화장품이 책상에 많다면 서랍에 따로 정리하는 것이 좋습니다. 목적에는 맞지만 넘치게 많은 물건이 있는지 확인합니다. 필기구는 꼭 필요한 것들을 추려 적당량을 연필꽂이에 꽂으세요. 이후 책상에 맞는 물건이 부족한지 찾아봅니다.

- **5단계 : 공유하기** – 책상이 깨끗한 동료에게 책상 정리 노하우를 물어보세요.

옷장 정리

필자는 친구를 만나러 코엑스에 가던 중 쇼윈도에서 화사한 꽃무늬가 그려진 원피스를 발견했습니다. 평소에도 원피스를 자주 입고 좋아하는 필자는 어느샌가 가게로 들어가서 원피스를 구매하고 카드를 긁고 있었습니다. 원피스를 구매하고 코엑스를 이리저리 둘러보며 친구와 만나기로 한 약속 장소에 도착해보니, 친구는 없고 손에는 원피스 두 벌이 담긴 종이가방이 들려 있었습니다. 순간 이런 생각이 들었습니다. '왜 아직도 원피스만 보면 사고 싶어질까? 옷장에 20벌보다 훨씬 많은 원피스가 있는데 왜 막상 입을 만한 원피스가 없는 걸까?'

대부분 여성들의 옷장에는 원피스는 물론 다양한 옷들이 잔뜩 걸려있습니다. 하지만 막상 옷장을 보면 이런 생각이 들기 마련입니다.

'나 작년에 뭐 입고 다녔지? 오늘 뭐 입고 나가지? 입을 옷이 없어.'

구매한 원피스는 물론 옷들이 이렇게나 많은데 왜 항상 입을 옷이 없는 걸까요? 저는 그 궁금증을 해결하기 위해 수첩과 펜을 꺼내서 생각나는 대로 원피스를 쓱쓱 그리기 시작했습니다. 그림을 그려 보니 왜 입을 원피스가 없는지 알게 되었습니다. 취향이 변하거나, 유행이 지나 안 입는 원피스가 많았기 때문입니다. 더 이상 들어갈 공간이 없는 옷장 안에 불필요한 옷들을 정리하기 위해서는 안 입는 옷은 누군가에게 주거나 기부를 하는 것이 좋겠다는 생각이 들어 집에 가자마자 옷장을 정리하기 시작했습니다. 그랬더니 수납공간도 많아지고 입는 옷들로만 정리되어 어떤 옷을 입어야 할지에 대한 고민도 수월해졌습니다.

여러분은 어떠신가요? 자신의 옷장 안에 있는 옷들을 모두 다 활용하고 있다고 생각하나요? 그렇지 않다면 하단의 옷장을 정리하는 5단계 방법을 따라하며 여러분도 필자처럼 한 장의 그림으로 옷장을 정리해 보도록 합니다.

- 1단계 : **질문하기** – 정리하고 싶은 옷에 대해서 질문을 던집니다.

- 2단계 : **그리기** – 생각나는 순서대로 그리세요. 머릿속에 어떤 옷들이 들어 있는지 생각해 봅니다.

- 3단계 : **살펴보기** – 구매한 연도, 사용 횟수, 떠오르는 추억을 적어 넣습니다. 앞으로 입지 않을 옷에는 X표를 합니다. 입지 않게 되는 이유를 함께 적습니다.

- 4단계 : **발견하기** – 내가 옷을 사는 기준을 찾습니다.

- 5단계 : **공유하기** – 옷장 정리하면서 느낀 점들을 공유합니다.

비주얼 씽킹 워크숍에서 한 장의 그림으로 옷장 정리를 하고 얻은 공통된 의견들을 통해 옷장 정리를 잘 할 수 있는 방법을 알아보도록 하겠습니다.

첫째, 3~4년 이상 된 옷들은 유행이 지나거나 색감이 마음에 들지 않는다는 이유로 잘 입지 않습니다. 안 입는 옷은 올해 입을 계획인지 판단하고, 정리하고 싶은 옷에는 X를 표시합니다. 남을 주거나 기부하는 방법도 좋습니다.

둘째, 비슷한 아이템은 되도록이면 구매하지 않도록 합니다. 줄무늬 티셔츠를 좋아하는 사람은 계속 줄무늬 티셔츠를 삽니다. 원피스를 좋아하는 사람은 계속 원피스를 사고, 허리에 끈이 들어가는 옷을 좋아하는 사람은 계속 비슷한 류의 옷을 삽니다. 옷은 많지만, 생각보다 종류가 다양하지 않아 다 비슷해 보이기 때문에 입을 옷이 없다고 생각될 수 있습니다.

셋째, 옷장 정리를 하고 나면 두 가지 상반된 결론에 이릅니다. 하나는 생각보다 옷이 많으니 그만 사거나, 다른 하나는 사야 할 옷이 많으니 더 사야겠다는 생각이 듭니다. 어느 결론이든 옷을 더 효율적으로 사고, 더 자주 입게 될 것입니다.

비주얼 씽킹으로 옷장 정리를 꾸준히 하면, 갖고 싶은 디자인에 대한 생각이 명확해집니다.

필자는 어느날 디자이너가 디자인한 물건이 아닌 오직 나만의 개성이 담긴 신발이 갖고 싶다는 생각이 들어 흰색 신발을 사서 패브릭 물감을 사용하여 색을 칠했습니다. 파랑, 노랑, 주황, 녹색 4가지 컬러를 왼발과 오른발에 칠했더니 내 마음에 쏙 드는 짝짝이 신발이 탄생했습니다.

가방 안 물건 정리

　수강생 중 한 분은 가지고 다닐 물건이 많아 평소에 작은 가방부터 큰 가방까지 3개의 가방을 들고 다닙니다. 그녀는 비주얼 씽킹 수업시간에 "가방이 너무 무거운데 가지고 다닐 가방을 한 개로 줄이려면 어떻게 해야 할까요?"라는 질문을 던졌습니다. 필자는 수강생의 가방을 보면서 가방에 넣어서 가지고 다니는 물건을 모두 그려보라고 했습니다. 생각나는 순서대로 물건을 그리고 다 그린 후에는 비슷한 것끼리 그룹핑 해보도록 권했습니다. 비가 오지 않아도 항상 들고 다니는 우산, 다양한 수첩, 각종 비상약 등. 가지고 다니는 물건은 A4 종이 2장에 빽빽하게 그려도 부족했습니다. 그림을 그려놓고 우리는 꼭 필요한 것과 가끔 필요한 것으로 나누고, 물건은 다르지만 목적이 같은 것들은 1개로, 소량으로 가지고 다닐 수 있는 것은 낱개로 나눠 물건을 줄였습니다. 그 분은 3개의 가방을 들고 다니면서도 정확히 어떤 물건을 가지고 다니는지 몰랐고, 물건 하나하나를 보면서 다 필요하다고만 생각하고 있었던 것입니다. 전체 물건을 한 장의 그림으로 정리해서 보니 중요도, 사용횟수, 필요성이 명확하게 보였습니다. 수강생은 앉은 자리에서 그린 종이에 따라 가방을 정리하였고 불필요한 물건을 제외한 딱 한 개의 가방을 들고 다닐 수 있었습니다.

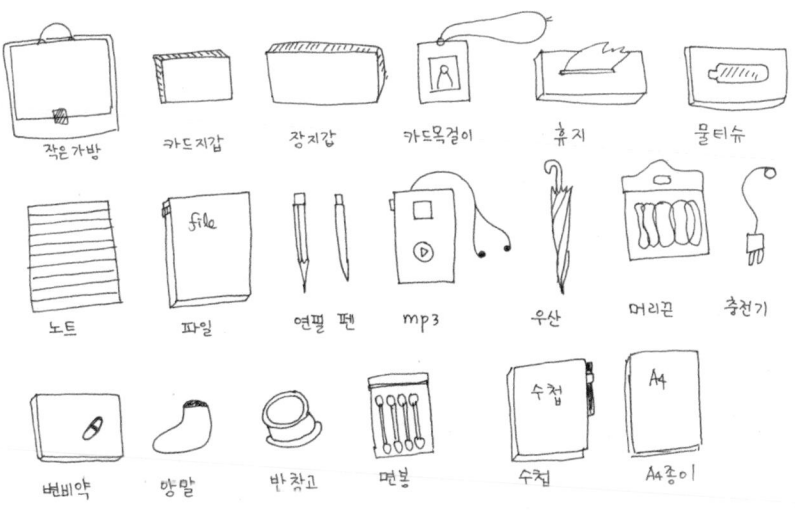

기타 물건 정리

자녀 장난감, 화장품, 펜, 책, 애플 제품, 그릇 등 사람들은 특별히 애착을 갖거나 자주 구매하는 제품이 있습니다. 하지만 쌓여가는 물건들은 어느 순간 짐이 되기도 합니다. 이럴 때에는 그림으로 정리해 봅니다. 머릿속으로 정리를 하지 않은 상태에서 물건을 버리려면 언젠가 나시 사용하게 될 것 같은 생각 때문에 제대로 정리하기가 어렵습니다. 그림으로 그린 물건은 실제 물건보다 '객관화'되는 특징이 있어, 냉정하게 '필요성'과 '중요성'을 판단할 수 있습니다.

한 수강생은 '나는 어디에 기록하는가?'라는 질문을 던졌습니다. 아날로그, 디지털을 통 틀어서 기록하고 있는 것들을 정리했습니다.

이외에도 다른 수강생은 '나는 얼마나 많은 텀블러를 가지고 있는가?'라는 질문을 던지고 텀블러를 그렸습니다. 결혼할 때 가지고 오지 않은 텀블러를 제외하고도 텀블러가 집과 회사에 각각 20개씩 있는 것을 발견하고 경악했습니다. 다른 한 분은 '눈이 좋은 나는 왜 안경을 사 모으는가?'라는 질문을 던졌습니다. 그림을 그리면서 안경을 사게 된 이유를 함께 적었더니 안경을 사는 것을 좋아하는 친구를 따라 다니면서 나도 모르게 구매하게 되었고 잘 쓰지도 않는 안경이 10개 이상 있다는 걸 알게 되었습니다.

인맥 비주얼 단어장

비주얼 씽킹 수업시간에 그림으로 인맥 정리를 해보는 시간이라 이야기하면 순식간에 분위기가 술렁술렁 어수선해집니다. '인맥'을 정리한다는 개념이 슬프게 느껴지기도 하고, 사람들과 어떤 이야기를 나누고 어떤 관계를 맺어왔는지 그림으로 정리할 수 있을까라는 걱정이 앞서기 때문입니다. 하지만 사람들과의 관계를 그림으로 표현하다 보면 단편적으로 보는 것이 아니라 입체적으로, 어떤 사람이 허물 없이 잘 지내는 친구인지, 또 어떤 사람이 업무적으로 필요한 사람인지 정리할 수 있습니다.

인맥 비주얼 단어장이란 함께 하고 싶은 가족, 친구, 동료를 한 장의 그림으로 정리한 것을 말합니다. 인생 버스에 태우고 싶은 사람은 누구입니까? 만약 인생 버스에 사람을 태우고 10년을 가야 한다면, 누구를 태우고 싶습니까? 인생 버스 템플릿을 이용해서 인맥 비주얼 단어장을 만들어 봅니다. 인생이라는 버스에 가족, 친구, 동료 등 현재 알고 있는 사람들을 태웁니다. 이제까지 어떤 길을 함께 달려왔는지, 앞으로 어떤 길을 함께 달려가고 싶은지 적습니다.

비주얼 씽킹 수강생 중에 한 분은 '나에게 진짜 친구는 누구인가'라는 질문을 던지고 2013년, 그 해에 만난 친구들을 정리했습니다. '이제 공부 그만하고 친구들에게 돌아와', '고마운 나의 조력자', '건강 챙기고 철 들어라' 등 친구들에게 하고 싶은 이야기도 함께 옆쪽에 적었습니다. 반대로 그 친구가 나에게 자주 했던 말을 적거나 함께 어울렸던 행동, 활동을 적어도 좋습니다. 한 수강생은 초등학교 동창생들과의 관계를

■ 인생 버스에 태우고 싶은 사람은 누구입니까?

그림으로 그렸습니다. 서로 10년 넘게 만나왔는데 서로 어떤 일을 하면 행복한지, 미래는 어떻게 준비하고 있는지 한 번도 묻거나 얘기한 적이 없었다는 것을 깨닫게 되었고 관계가 너무 소홀하지 않았나라는 생각이 들었습니다. 그림을 그린 이후 친구들과 다른 추억을 만들고, 서로 꿈을 공유하기로 했습니다. 인맥 관계도를 그려보면 대개 늘 같은 활동만을 함께 한 친구들의 모습을 발견합니다. 관계도를 정리해 새로운 활동과 앞으로 할 계획을 만들어 봅니다.

인맥 비주얼 단어장 만드는 방법

- 1단계 : **질문하기** – 그림으로 표현하기 위한 구체적인 질문을 합니다. 예를 들어 최근 3개월 간 만난 사람은 누구인가? 인생의 후반기에도 계속 만나고 싶은 친구는 누구인가? 내가 좋아하는 사람은 누구인가? 내 인생에 도움을 준 사람은 누구인가? 등.

- 2단계 : **그리기** – 그림은 특징을 잡아서 간단히 그립니다. 전체 시간이 15분을 넘지 않도록 빠르게 그립니다.

- 3단계 : **살펴보기** – 인물 옆에 처음 만난 해와 최근 만난 해를 적습니다. 1991/2014라고 적혀 있으면 1991년에 처음 만나서 지금까지 만나고 있다는 의미입니다. 그 친구들에게 하고 싶은 이야기도 적습니다. 반대로 그 친구가 나에게 자주 했던 말을 적어놓아도 좋습니다. 함께 어울렸던 행동, 활동을 적어도 좋습니다.

- 4단계 : **발견하기** – 이 친구와 나는 어떤 관계인가? 그림을 놓고 보면서 생각해 봅니다.

- 5단계 : **공유하기** – 친구들과 앞으로 무엇을 할지 계획을 세웁니다.

⋮⋮ 얼굴을 기억하는 새로운 방법 – 얼굴 단어장 그리기

다양한 강의나 토론회, 취미활동 등에서 만나게 되는 새로운 사람들을 잘 기억해 두기 위해 얼굴 단어장을 만듭니다. 필자는 얼마 전에 '정연두 작가'의 강의를 들으며 5분 정도 간단히 스케치를 했습니다. 세련된 외모와 달리 선한 미소가 특징인 작가의 모습을 중심으로 웃는 모습을 그려보았습니다.

얼굴 단어장을 만들 때 '이름 + 다양한 특징'을 간단히 메모합니다. 다양한 사람을 많이 만나는 분들에게 특히 유용한 비주얼 씽킹 방법입니다.

✪ 얼굴 단어장 만들기

최근에 새로 만난 사람 또는 인상 깊었던 강연자의 얼굴을 간단히 스케치합니다. 이름과 함께 다양한 특징을 메모합니다.

비주얼 단어장으로 계획 세우기

주간 계획

주간 계획을 세울 때 비주얼 단어장을 활용하면 일정을 한눈에 볼 수 있어 계획의 중요도를 판단할 수 있습니다. 일주일 동안 무엇을 하고, 어떤 것에 집중해야 하는지 주간계획을 한 장의 그림으로 정리합니다. 이후 비주얼 주간 계획을 짜서 팀원들과 공유합니다.

〈주간 계획을 비주얼 마인드맵으로 그리는 방법〉

1. 포스트잇에 업무를 하나씩 적습니다. 비슷한 업무끼리 그룹핑을 하고, 그룹을 대표하는 명칭을 붙입니다.
2. 종이 한 가운데에 해당되는 주를 씁니다. 1년은 52주이기에 '해당 00주 / 52주'라고 적습니다.
3. 주변에 그룹핑한 명칭을 크게 적습니다.
4. 각 그룹핑 밑에 세부적인 업무를 적습니다. 선으로 연결하고 글자 옆에 그림을 그려 넣습니다.
5. 매주 주간 계획을 그리면, 52주짜리 그림 다이어리가 완성됩니다.

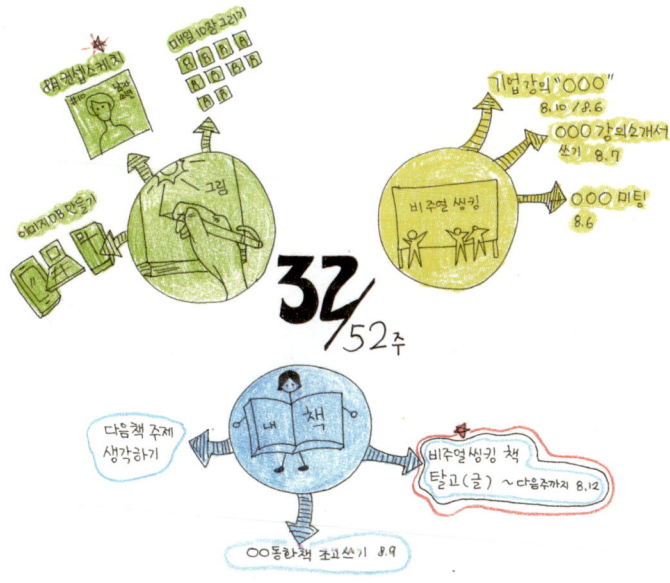

주말 계획

주말 계획만 따로 정리합니다. 아래 그림은 수강생이 그린 주말 계획입니다. 주말에 어머니 생신이 준비되어 있어서, 생일상을 받은 엄마의 관점에서 그림으로 표현했습니다.

쇼핑 계획

쇼핑을 한 장의 그림으로 그리는 '쇼핑 트리' 템플릿을 활용하여 나무 줄기마다 내가 사고 싶은 물건들을 정리합니다.

책을 읽고 나서 비주얼 단어장 만들기

책을 읽고 난 후 어떤 내용의 책인지, 감명 깊었던 부분은 어디인지 오랫동안 기억하기 위해 비주얼 독서 후기를 작성하면 좋습니다. 말풍선 템플릿을 활용하여 기억에 남는 문장을 말풍선에 넣어 기록하면 간단하게 비주얼 독서 후기를 만들 수 있습니다.

책 내용 중에서 디자인이나 스케치로 소개한 부분이 있으면 노트에 그대로 옮겨도 좋습니다.

다음 장의 이미지는 댄 로암(Dan Roam)이 쓴 [생각을 말하는 사람, 생각을 그리는 사람] 책에서 좌뇌로 사고하는 사람을 여우에 비유하고, 우뇌로 사고하는 사람을 벌새로 지칭하여 그림으로 표현한 내용을 한 장으로 정리한 것입니다. 한 챕터에 걸쳐서 설명한 내용 중에서 그림에 해당하는 설명만 모아 한 장으로 정리하니 일목요연하게 내용을 볼 수 있습니다.

 여우

 벌새

= 언어적 사고

✓ 선형적이다
✓ 분석적이다
✓ 인내심이 강하다
✓ 영리하다
✓ (조금 의기양양하다)

= 시각적 사고

✓ 공간적이다
✓ 즉흥적이다
✓ 종합적이다
✓ (변덕이 심하고 산만하다)

여우가 묘사하는 숲

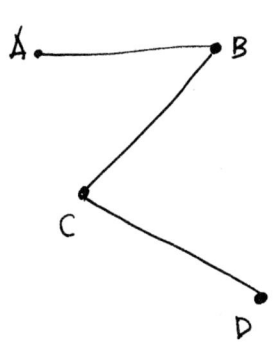

벌새가 묘사하는 숲

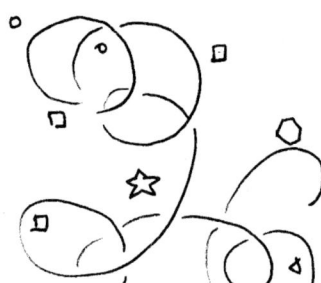

전형적인 여우의 순서

I. 블라
   A. 블라블라
      1. 블라블라
      2. 블라블라
   B. 블라블라
II. 블라
   A. 블라블라
      1
      2
   B
III A 1 2 B

선형적이고 지속하며 의미를 밝혀주지만는 더 헷갈리게 만든다

전형적인 벌새의 순서

연결과 층위가 풍부하지만 이해하기가 쉽지 않다

인상 깊었던 문장을 쓰고, 키워드를 그림으로 변형해서 한 장에 정리해도 좋습니다.

구본형 소장의 책 [익숙한 것과의 결별]을 읽으면서 비주얼로 정리한 내용의 일부입니다. 만약 '물고기처럼 생각하는 낚시꾼이 되라'라는 문장을 그림으로 표현하려면 '물고기, 낚시꾼, 생각하다'라는 단어에 해당하는 그림을 그려 표현하면 됩니다.

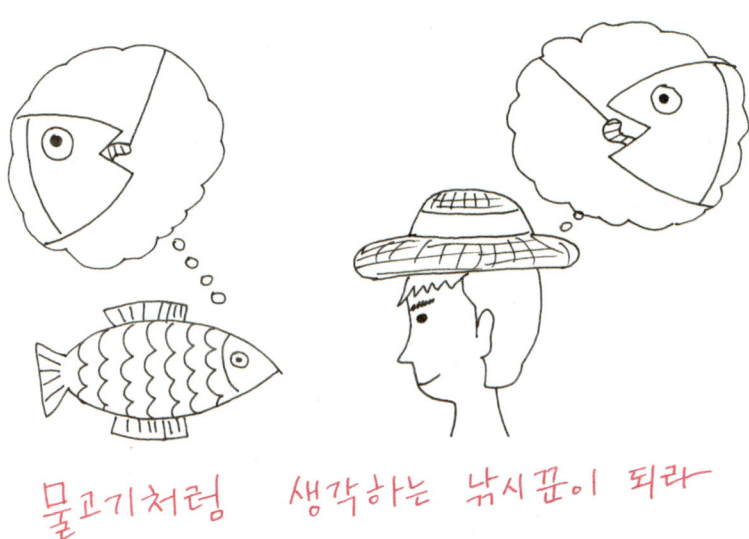

강연을 듣고 나서 비주얼 단어장 만들기

강연을 듣고 나서 비주얼 단어장을 기록합니다. 실시간으로 기록하는 것을 '그래픽 레코딩'이라고 하는데, 해외 유명 세미나에서는 그래픽 레코딩을 진행하는 퍼실리테이터가 있어서, 강연자가 강연을 하는 동안 그림으로 강연 내용을 정리해서 보여줍니다. 아래의 사진은 2014년 SXSW 세미나에 다녀온 한 지인이 보내준 행사장의 모습입니다. 강연이 진행되는 동안 종이는 강의와 관련된 그림과 내용으로 채워졌습니다.

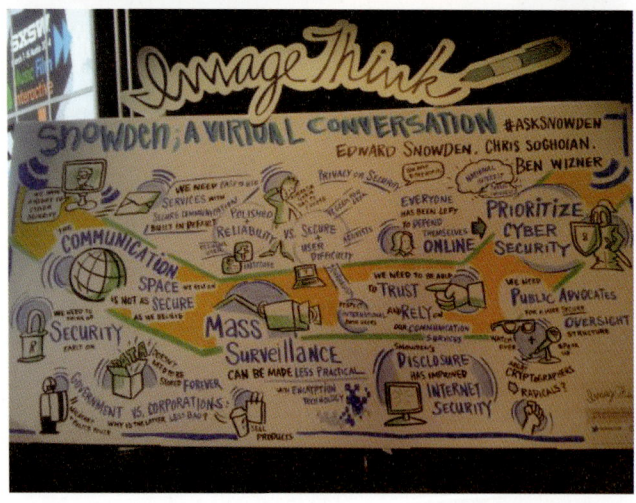

영상, 영화를 보고 나서 비주얼 단어장 만들기

영상 교육 자료나 영화를 본 후에 비주얼 단어장을 사용하여 개략적인 내용이나 감명 깊었던 부분을 정리합니다. 아래 그림은 영화 스파이더맨의 후기를 손그림을 통해 인포그래픽 형태로 그린 것입니다.

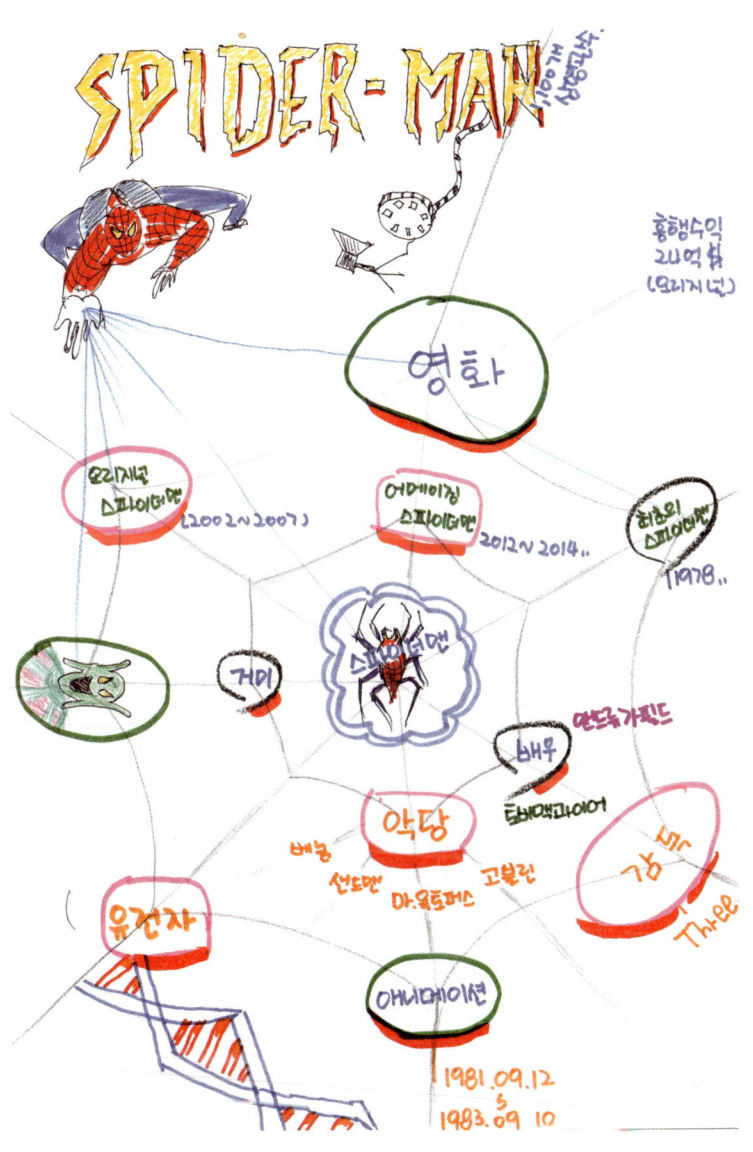

변화를 원한다면, 시간/공간/인맥을 바꿔라

비주얼 씽킹 워크숍은 새로운 방식으로 일을 하고 싶거나, 복잡한 생각을 간단하게 정리하고, 커리어를 바꾸고 싶어 수강하러 오는 사람들이 많습니다. 좀 더 발전된 모습으로, 다른 사람들과 다른 나의 모습으로 변화하기 위해서는 '시간'과 '공간', 그리고 '인맥'을 바꿔야 합니다.

❶ 시간 바꾸기
첫째, 시간을 바꿉니다. 어제는 바꿀 수 없고, 미래는 알 수 없지만 오늘의 시간은 효율적으로 관리할 수 있습니다. 바쁘다고 나에게 투자하는 시간을 마련하지 못하는 것은 당신의 핑계일 뿐입니다. 하루 24시간 단어장을 만들고 앞으로 이 시간을 어떻게 사용할지 생각하는 시간을 가져봅니다.

❷ 공간 바꾸기
둘째, 공간을 바꿉니다. 당신이 자주 머무는 집, 지하철, 회사 등의 공간 중에서 당신의 창조성을 끌어올리는 공간이 있습니까? 기분이 좋아지는 공간이 있습니까? 매일 머물러야 하는 집과 회사 공간을 벗어나 나의 창의성을 높여줄 수 있는 미술관이나 공연장을 공간 리스트에 올려봅니다. 공간이 바뀌어야 생각이 바뀌고 생각이 바뀌어야 당신이 바뀝니다. 기분이 좋아지는 공간, 나의 창의성을 한층 더 올려줄 수 있는 공간을 찾아 새로운 풍경과 마주해 보도록 합니다.

❸ 인맥 바꾸기
셋째, 인맥을 바꿉니다. 최근에 당신보다 20살 적거나 많은 사람을 만나 이야기한 적이 있나요? 가족, 직장동료 제외하고요. 대부분의 사람들이 '아니오'라고 대답합니다. 20대 때에는 주로 20대의 사람들만 만나고 40대가 되면 주로 40대만 만납니다. 이렇게 늘 같은 연령대, 같은 생각을 가진 사람들과 어울리다 보면 생각의 틀이 굳어집니다. 다양한 생각을 가진 사람들을 만나기 위해서 다양한 모임이나 동호회 활동을 해보도록 합니다.

	시간 관리	공간 관리	인맥 관리
점수			
이유			

❹ 시간, 공간, 인맥을 통합하는 모험지수 만들기

'모범생이 아니라 '모험생'이 되라' 이노디자인의 김영세 대표가 한 말입니다. 늘 비슷한 시간, 비슷한 공간에 머무르고 늘 같은 사람만 만나면 제자리 걸음으로 머물 수 밖에 없습니다. 이 행동이 나와 어울릴까?라고 생각될 정도로 나와는 다른 모험적인 과정을 겪으면 뜻하지 않은 '멋진' 결과를 얻을 수 있습니다. 지금까지 했던 것과는 완전히 다른 시도들을 해보기 위해 모험지수를 만들고 생활해 봅니다.

나의 하루를 그림으로 작성하고 하루 15분을 완전히 다른 활동을 합니다. 예를 들어 일상에서 새로운 공간을 찾아 보거나 퇴근 시간에 늘 이용하던 방법이 아닌 완전히 다른 방법으로 집을 찾아갑니다. 비슷한 생각, 비슷한 직업, 비슷한 연령을 가진 사람이 아닌 완전히 다른 직업을 사는 사람을 만나봅니다. 시장에 나가서 나이 많은 상인과 대화를 하거나 당신이 40대라면 20대들의 모임에 나가봅니다. 시간, 공간, 인맥으로 나누고, 모험 지수를 만듭니다. 위에서 보여준 예시들이 그 항목들의 예입니다. 내가 정한 기준으로 1에서 10까지 모험점수를 주고, 얼마나 모험적이었는지 체크합니다.

제 **14** 장

Visual Thinking for Dream :
꿈의 시각화

Visual Thinking

꿈의 시각화

2005년 6월 12일, 스티브 잡스는 스탠포드 졸업식에서 인생을 연결하는 점들, 사랑과 상실, 그리고 죽음에 관한 3가지의 중요한 주제를 가지고 연설했습니다. 그중 첫 번째 이야기에서 인생을 연결하는 '점'은 인생에서 결정적인 순간일 수도 있고, 과정과 결과일 수도 있기 때문에 이러한 점들이 과거로부터 현재, 그리고 미래로 연결된다는 것을 잊지 말라고 스티브 잡스는 충고합니다.

아래 글은 스티브 잡스의 연설문 중 인생을 연결하는 '점'에 관한 내용이 담긴 일부분입니다.

첫 번째는 점들을 연결하는 것에 관한 이야기입니다.
저는 리드 칼리지(Reed College)를 다닌 지 6개월만에 자퇴했습니다. 하지만 정말로 대학을 그만 두기 전, 18개월 남짓 청강생으로 학교 주위에 머물렀습니다.

⋮

(중략)

⋮

그 당시 리드 대학은 아마도 최고의 캘리그라피 강의를 제공했던 것 같습니다. 캠퍼스 곳곳의 포스터마다, 모든 서랍의 라벨마다 글씨가 아름답게 써 있었습니다. 제가 자퇴를 한 상황이라 일반과정을 수강할 필요가 없었기 때문에, 관심이 가는 캘리그라피 강좌를 듣기로 결심했습니다. 저는 serif와 san serif의 글꼴을, 다른 글자와의 조합 사이에서 공간의 다양한 변화에 관해, 또한 무엇이 위대한 타이포그래피를 더 위대하게 만드는지에 대하여 배웠습니다. 이것은 과학적인 방식으로는 포착할 수 없는 아름답고, 역사적이며, 예술적으로 오묘한 것이었습니다. 저는 그것에 완전히 매료되었습니다.

이러한 어떠한 것도 제 삶에 실질적으로 적용할 수 있으리라 생각하지 못했습니다. 그러나 10년이 지난 후 우리가 처음으로 맥킨토시 컴퓨터를 디자인할 때, 그것들은 모두 나에게 커다란 도움으로 돌아왔습니다. 그래서 우리는 맥에 그것들 모두를 반영해 디자인했습니다. 맥은 아름다운 타이포그래피를 가진 최초의 컴퓨터입니다. 만약 제가 대학에서 그 과정을 듣지 않았더라면, 맥은 결코 다양한 글꼴들과 균형 잡힌 글자체를 가지지 못했을 것입니다.

스티브 잡스는 10년 전에 청강한 캘리그라피 과정 덕분에 아름다운 글자체를 가진 최초의 맥킨토시 컴퓨터를 만들어낼 수 있었다고 이야기합니다. 이렇듯 도움이 될 것이라고 생각지도 못한 과거의 작은 행동이 현재와 미래에 엄청난 영감과 방향성을 제시합니다. 이런 것들을 기반으로 하여 과거와 현재 미래의 자신의 모습을 하나씩 발견해나가면 과거-현재-미래를 연결할 수 있습니다.

당신에게 이 점은 무엇으로 보입니까?

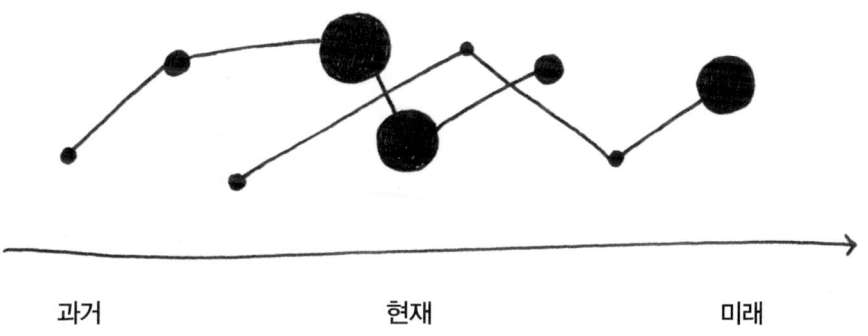

당신 인생에는 크고 작은 점들이 있습니다. 과거에 있었던 어떤 일들은 현재에 영향을 미치고, 미래를 변화시킵니다.

이번 장에서는 여러분의 과거–현재–미래를 연결하는 점을 발견하고 연결하는 꿈의 시각화를 위한 7가지 방법을 배워보도록 하겠습니다.

▶ 과거 찾기

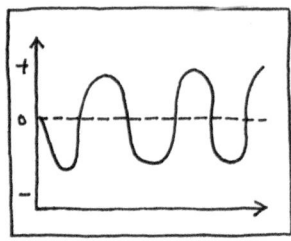
■ Life History Graph

■ Career Bottle Graph

▶ 현재 찾기

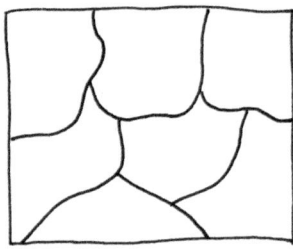
■ Dream Image Map

■ Personal Image Map

▶ 미래 찾기

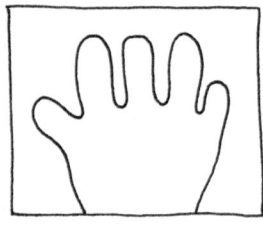
■ Finger Roadmap

■ Essay Roadmap

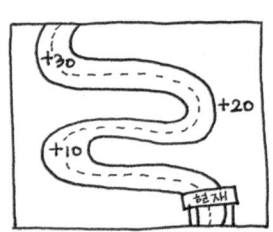
■ 30 Years Roadmap

Life History Graph － 인생 그래프

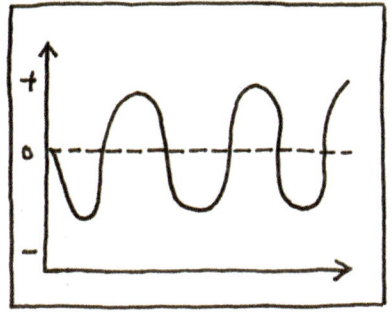

　인생 그래프란 살아온 인생에 대한 행복도 또는 만족도를 그래프로 작성한 것으로 한눈에 인생의 흐름을 볼 수 있는 비주얼 씽킹 방법입니다. 인생 그래프는 각기 사람마다 다른 인생을 살아왔기 때문에 동일한 패턴이 있을 수가 없습니다. 그렇기 때문에 인생 그래프는 표준이 되는 정답은 존재하지 않습니다. 어떤 사람은 '좋음'과 '나쁨'이 굴곡으로 반복하는 사람이 있고, 어떤 사람은 계속 플러스 상태에 머무는 사람도 있습니다. 인생 그래프를 그려 보면 과거의 나는 어떻게 살아왔고, 얼마나 행복했는지를 한눈에 확인할 수 있어 앞으로 살아가야 할 시간들을 어떻게 꾸려나가야 할지 많은 생각을 하도록 도와줍니다. 또한 인생 그래프에 그린 곡선을 보면서 가장 행복했던 지점과 반대로 가장 힘들었던 시기를 돌아볼 수 있고 어느 시점에 어떤 일이 행복도에 영향을 줬는지 알 수 있습니다.

　인생 그래프를 그릴 때에는 가로는 시간을 표시하고, 세로는 행복도를 표시합니다. 시간은 태어나서 현재까지 1년 단위로 표시하고 행복도는 가운데 선을 긋고 '0'을 쓴 후 위쪽은 플러스(+), 아래쪽은 마이너스(-)로 표시합니다. 인생그래프는 매년 행복도를 점으로 표시하고 각 점을 연결해서 만들면 됩니다.

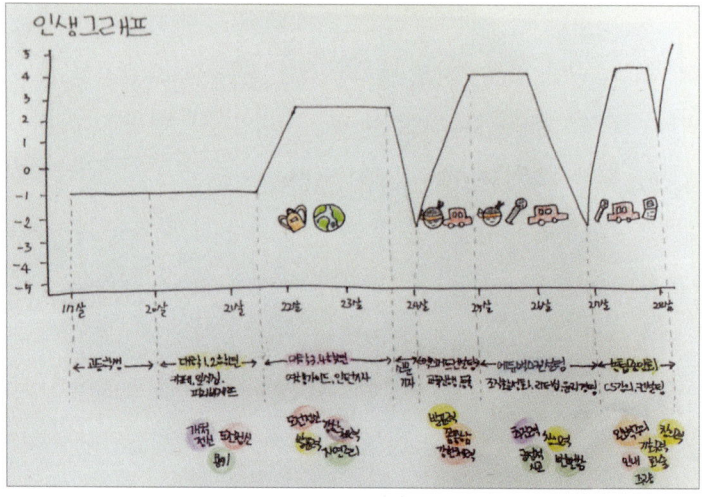

⭐ 인생 그래프

1년 단위로 시간을 표시하고, 행복도를 점으로 표시하여 점을 연결합니다. 3명 이상 함께 인생 그래프를 그린 후 이야기를 나눠 봅시다.

Career Bottle Graph - 직업 병 그래프

직업 병 그래프란 했던 일들을 하나의 병에 담는다고 가정하고, 병 라벨에 프로젝트 이름을 쓴 후, 프로젝트 만족도를 5점 만점의 액체로 채우는 것을 말합니다.

직업 병 그래프를 그릴 때에는 우선 했던 일의 개수대로 병을 그립니다. 예를 들어 세 가지 일에 대한 만족도를 그리고 싶으면 세 개의 병을 그리면 됩니다. 그 후 병 라벨에 프로젝트 이름을 적고 눈금으로 표시된 5점 만족도에서 해당되는 부분까지 액체가 들어있다고 생각하고 펜으로 색을 칠해서 채웁니다. 만족도가 높았던 일은 가득 채워지고, 반면 낮았던 일은 비어있게 됩니다.

직업 병 그래프를 가진 자

레오나르도 다 빈치는 '일을 즐겁게 하는 자는 세상이 천국이고, 일을 의무로 하는 자는 세상이 지옥이다'라고 말했습니다. 직업 병 그래프를 계속 그리면, 어떤 일이 나에게 만족감을 주고, 어떤 일이 나에게 불편함을 주는지 파악할 수 있어 내가 원하고 좋아하는 일을 명확히 알 수 있습니다.

Dream Image Map - 꿈 이미지 맵

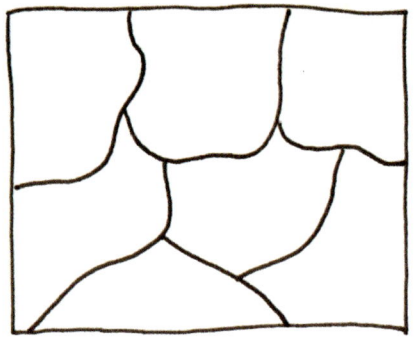

꿈 이미지 맵이란 갖고 싶은 것, 하고 싶은 것, 되고 싶은 것을 이미지로 오려 붙여서 한 장의 맵으로 표현하는 것을 말합니다. 앙드레 말로는 "오랫동안 꿈을 그리는 사람은 그 꿈을 닮아간다"고 말했으며, 이지성 작가는 책 [꿈꾸는 다락방]에서 'R=VD'라는 꿈의 시각화 공식을 이야기했습니다. 결국 선명하게 꿈을 꾸면 이뤄진다는 의미입니다. 갖고 싶은 것, 되고 싶은 것, 삶의 이상향을 나타내는 이미지를 오려 붙이는 간단하고 쉬운 방법을 통해서 한 장의 이미지 맵으로 오랫동안 선명하게 꿈을 그릴 수 있는 방법을 알아보도록 하겠습니다.

꿈 이미지 맵을 그리기 위해서는 먼저 몇 개의 잡지를 꺼내어 놓고 자신이 되고 싶은 모습이 담긴 이미지를 찾은 후 해당 페이지를 쭉 찢어서 옆에 쌓아놓습니다. 20장에서 30장 정도를 찾은 후 크기에 맞게 가위로 오리거나 손으로 찢으세요. 큰 그림과 작은 그림 크기와 상관없이 다양하게 준비하도록 합니다. 이후 A3 정도의 큰 종이를 준비하고 종이 위에 오린 이미지를 이리저리 배치해 봅니다. 종이가 작으면 몇 개 붙이지 못하고 꽉 차버리기 때문에 큰 사이즈가 좋습니다. 이미지를 다 붙인 후에는 옆에 키워드를 적어 어떤 내용인지 한 번에 파악할 수 있도록 합니다. 완성된 맵은 집에서 자주 눈이 가는 곳에 붙여둡니다. 여자들은 화장대 옆도 좋고, 남자들은 거실이나 서재도 좋습니다.

수강생들이 그린 다양한 꿈 이미지 맵을 소개합니다.

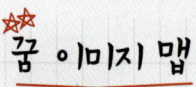 꿈 이미지 맵

잡지 몇 개를 갖다 놓고 갖고 싶은 것, 되고 싶은 것, 하고 싶은 것으로 구성된 한 장의 이미지 맵을 만듭니다.

1. 갖고 싶은 것 (물건의 이미지)
2. 되고 싶은 것 (사람의 이미지)
3. 하고 싶은 것 (라이프스타일, 취미 관련 이미지)

Personal Image Map - 나의 다중 역할 그리기

퍼스널 이미지 맵이란 집에서는 아내, 시댁에서는 며느리, 회사에서는 팀장 등 자신의 다양한 역할을 한 장의 그림으로 설명해 놓은 것을 말합니다. 결혼한 직장 여성은 친정에서는 딸로, 시댁에서는 며느리로, 집에서는 아내로 삽니다. 회사에서는 CEO의 모습으로 일을 하지만 자신이 업무를 다른 사람에게 알려주기 위해 강의를 하는 강사라는 직업을 함께 갖고 있을 수도 있습니다. 이렇듯 누구와 함께 있느냐, 어떠한 행동을 하느냐에 따라서 불리는 역할이 다릅니다. 자신이 하고 있는 역할 중에는 비중이 큰 것도 있고 작은 것도 있고, 하기 싫은 것도 있습니다. 이런 다양한 나의 역할을 한 장의 그림으로 정리하고 그 일이 나에게 얼마나 중요한지, 중요도에 따라서 본인이 좋아하는 역할을 찾아봅니다.

퍼스널 이미지 맵을 그리려면 먼저 두 개의 하트를 그립니다. 안쪽 하트에는 내가 좋아하는 역할을, 바깥쪽 하트에는 달갑지 않은 나의 역할을 그려 넣습니다. 꼭 하트가 아니더라도 원이나 세모 등 다양한 도형을 사용해도 좋습니다. 또한 반대로 위쪽에는 내가 좋아하는 역할을 그리고 아래 쪽에는 비교적 좋아하지 않는 역할들을 그려도 좋습니다.

퍼스널 이미지 맵 사례

아래 그림은 프리랜서 웹 디자이너 수강생의 그림입니다. 좋아하는 역할은 위쪽에, 싫어하는 역할은 아래쪽에 표시하였습니다. 주부, 딸, 며느리로서 삶보다 초보 카툰작가, 프리랜서 웹 디자이너로서의 삶이 더 만족스럽게 느껴져 위쪽에 그렸으며, 이 역할이 인생에서 차지하는 비중을 동그라미 사이즈로 표시하여 추가했습니다. 동그라미가 가장 큰 것은 웹 디자이너이고, 딸과 며느리로서 역할은 제일 작습니다. 현재 대학원을 다니고 있어서 학생, 제자, 선배라는 역할을 큰 점으로 표현했습니다.

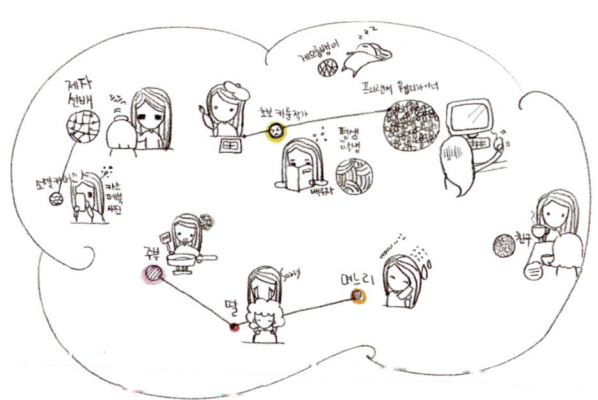

비주얼 씽킹은 그림을 그리고 나서 생각하는 시간을 갖는 것이 중요합니다. 다중 역할을 그리고 나서 공통점은 무엇인지 찾아보고 어떤 역할일 때 즐거웠는지, 스스로 중요한 사람이라고 느끼게 하는 직업의 조건은 무엇인지 생각해 봅니다.

나의 다중역할 그리기

내가 갖고 있는 다양한 역할을 그려봅니다. 어떤 역할이 즐거웠나요? 중요한 사람이라고 느끼게 하는 직업은 무엇이었나요? 그 이유를 생각해 봅니다.

Finger Roadmap - 손에 잡히는 자기계발 로드맵

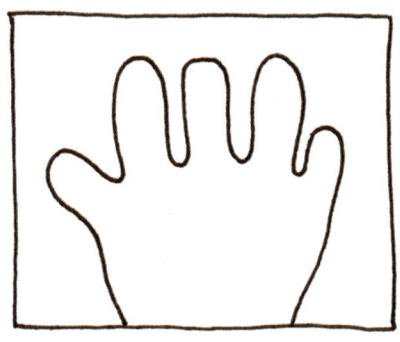

핑거 로드맵이란 손바닥에 나의 직업을 쓰고, 자기 계발을 위한 다섯 가지 활동을 손가락에 적어서 한눈에 파악할 수 있도록 그린 것을 말합니다.

현재 시점에서 내가 집중해야 할 일과 그렇지 않은 일을 찾는데 도움을 주는

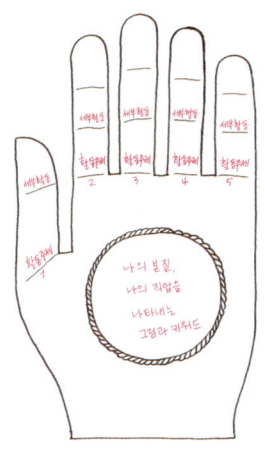

핑거 로드맵을 활용하려면 먼저 손바닥에는 나의 본질, 나의 직업을 나타내는 키워드를 쓰고 그림을 그린 후 각 손가락에 이를 뒷받침하는 활동을 적고 마디마디에는 해야 할 일을 적으면 됩니다. 옆에 있는 템플릿을 사용하며 내가 지금 어떤 일을 하고 있고, 어떤 활동에 집중해야 하는지 작성하며 자기계발 로드맵을 만들어 봅니다.

Essay Roadmap - 5년 후 오늘의 나를 상상하기

에세이 로드맵이란 5년 후 오늘의 내가 하루 동안 한 일을 에세이 형식으로 작성한 것을 말합니다. 현재보다 더 나은 모습과 행복하게 살고 있는 자신의 모습을 상상하여 구체적인 에세이 형식으로 작성한 후 이미지를 삽입하여 정말 5년 후에 와 있는 것처럼 표현합니다. 아래 글은 소책자에 실은 5년 후 나를 상상한 모습입니다. 인터뷰 형식으로 구성해보았습니다.

현재 시점에서 딱 5년 후 나의 모습, 5년 후 내가 원하는 것을 이룬 행복한 모습을 상상해 봅니다. 나는 지금 무슨 일을 하고 있습니까? 누구와 함께 있습니까? 생생한 글과 그림으로 표현해 봅니다. 에세이 로드맵은 유명 잡지 기자에게 인터뷰 요청을 받았다고 상상하고 질문과 대답 형태로 작성합니다.

2018년 4월 5일
㈜소셜프로그 CEO 김은주 Interview

Q. 세계적으로 유명한 한국의 '비주얼리스트'로서 명성을 얻고 계신데요. 가장 최근에 관심을 갖고 있는 아이디어는 무엇입니까?

A. 얼마 전에 경복궁에 놀러 갔다 왔었어요. 날씨가 정말 화창하고 널찍한 공간도 좋았는데 한 가지 저의 시선을 붙잡은 건, Ticket box였습니다. 그냥 글자만 크게 써놓은 비주얼이 마음에 안 들었습니다. 우리나라 문화유산 입구에 떡 하니 서 있는 티켓 박스를 심플하면서도 한국적인 비주얼로 바꾸고 싶어요. 그래서 첫번째 프로젝트인 '경복궁 비주얼 아트'를 기획 중입니다. 티켓 박스부터 경복궁 위엄을 느끼게 만들고, 경복궁 입장권, 지하철 표지판까지 모두 새롭게, '경복궁스럽게' 만들고 싶습니다.

Q. 올해로 창립 5주년을 맞은 소셜프로그가 사무실을 이전했는데요. 이번에 새롭게 꾸민 사무실 소개를 부탁드립니다.

A. 상상력과 따뜻함이 있는 카페형 오피스를 만들었어요. 자연친화적인 카페 스타일로, 자리는 아무 데나 원하는 곳에 앉으면 됩니다. 카페 안쪽에 직원들을 위한 각각의 캐비닛을 두어서 노트북이나 책들을 보관할 수 있습니다. 필요하면 카운터에서 노트북 대여도 가능해요. 항상 음악이 흐르는 카페형 오피스입니다. 집중형 오피스를 원하면 별도로 2층에 평범한 사무실이 마련되어 있습니다. 카페형 오피스 한쪽 벽면은 책으로 가득 꾸몄어요. 유리창에는 직원들이 그린 아트웍들과 계절감을 느낄 수 있는 아기자기한 소품들을 놓아둡니다. 술이나 음료는 공짜. 간단한 와인 한 잔이나 맥주 한잔은 근무시간에도 언제나 가능합니다. 모두 자율에 맡겨요. 술 취해서 헤롱 되는 직원은 없겠죠. (웃음) 파주 헤이리에 위치하고 있고, 따로 출퇴근 시간은 정하지 않고 자율에 맡깁니다. (중략)

Q. 사무실 오프닝 파티를 준비 중으로 알고 있습니다. 어떤 분들을 초대했고 어떤 분들이 참석하나요? 어떤 이벤트를 준비하고 계신가요?

A. 5년 동안 소셜프로그에 근무했던 모든 분들과 5년 전 [아티스트 웨이]에서 만난 친구들을 초대하고 싶습니다. 24시간 동안 즐길 수 있는 파티를 기획 중이라서 시간될 때 잠깐이라도 왔다 갈 수 있습니다.

Q. 올해 벤처기업협회에서 '최고 기업상'을 받으셨습니다. 소셜프로그가 매출 100억의 안정적인 회사로 성장할 수 있었던 비결은 무엇입니까?

A. 4시간 일하는 회사라는 컨셉으로 직원들이 창의성을 높이는데 주안점을 뒀습니다. 또한 비주얼 씽킹을 모든 업무에 적용하고 있습니다. 처음 회사에 입사하면 30년 인생 로드맵을 그립니다. 일과 인생의 균형점을 찾는데 주력하고 있는 점이 직원들과 유대감을 높이는데 도움이 되었습니다.

5년 후 나의 모습

5년 후 오늘, 나는 어떤 모습일까요? 유명 잡지에서 인터뷰를 한다고 생각하고 질문을 작성하고 답을 써봅니다.

30 Years Roadmap – 30년 인생 로드맵 그리기

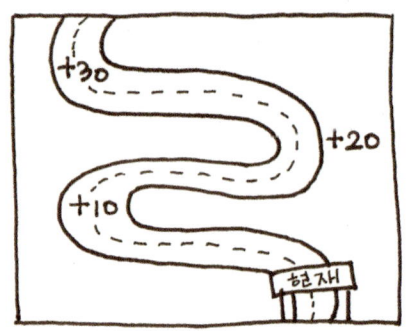

30년 인생 로드맵이란 앞으로 30년 동안 어떻게 살고 어떤 직업과 활동을 할 것인지를 로드맵으로 정리한 것을 말합니다. 80세 인생을 하루 24시간인 시계로 바꿔보는 인생 시계를 통해 설명하자면 1년은 시계의 18분 정도에 해당되어 서른 살은 고작 9시이고, 마흔 살은 정오입니다. 우리의 일상과 비교했을 때 아직 점심 식사도 마치기 전입니다. 수명이 점점 늘어나서 100세가 되고, 120세가 되면 삼십 대는 아침 8시나 9시밖에 되지 않을 것입니다. 앞으로 살 날이 길어지면서 긴 인생을 어떻게 보내야 '잘 살았다'라고 먼 훗날 평가할 수 있을까요? 이럴 때 30년 인생 로드맵을 사용하여 10년에 한 번씩 새로운 일을 할 수 있도록 새로운 직업을 계획해 보도록 하겠습니다.

30년 인생 로드맵을 사용하여 10년에 한 개씩 총 3개의 직업과 활동을 정리해 봅니다. 30년 인생 로드맵을 그릴 때에는 알파벳 'S'와 같이 구불구불하게 총 3번을 꺾어 그립니다. 출발점은 현재 오늘이고, 한 구비마다 현재 나이에 10살을 더한 나이를 적습니다. 29세인 사람은 현재 29세라고 적고 그 뒤에 39세, 49세, 59세라고 적으면 됩니다. 10년마다 찾아오는 오늘, 나는 어떤 직업을 갖고 어떤 일을 하고 있는지, 어떻게 행복하게 살고 싶은지 기록합니다.

10년마다 새로운 직업을 정하라

 필자의 30년 인생 로드맵을 소개합니다. 필자는 10년마다 새로운 직업을 계획하고 있습니다. 서른 살이 되었을 때 대학원 석사를 졸업했고, 디지털 마케팅, 소셜 마케팅을 하는 사람으로 삼십대를 보냈습니다. 사십 대에는 비주얼 씽킹 전도사로 다른 사람들에게 비주얼의 즐거움을 전염시키는 일을 하고 싶습니다. 오십 대에는 컨텐츠 아티스트로 창작활동 및 작품활동을 하고 싶습니다. 육십 대에는 빌리지 가드너로서 나눔을 좋아하는 사람들을 위한 공동체를 만드는 일을 하고 싶습니다.

나를 브랜드로 기획하라

꿈을 비주얼라이징(Visualizing)하면 꿈은 한발 내 앞으로 다가옵니다. 즉, 뚜렷하게 보이지 않았던 꿈의 실체를 선명하게 재조명해 볼 수 있습니다.

꿈의 시각화를 위해 꿈을 정하고, 로고로 만든 후 꿈을 표현하는 이미지와 키워드를 찾아서 정리합니다. 또한 죽음을 앞두고 꿈을 이룬 자신의 유언장을 써봅니다. 30년 후, 꿈이 이뤄진 순간을 그림으로 표현합니다. 이러한 일련의 절차를 통해 꿈이 먼 미래가 아니라 바로 오늘, 여기에 와 있는 것처럼 생생하게 느껴봅니다.

아래의 사례는 비주얼 씽킹 워크숍에 참석한 사람 중 가장 인상 깊었던 '미래를 현실로, 퓨처라이저' 김윤경님의 사례입니다.

■ 나의 꿈을 로고로 만들기

■ 죽어도 여한이 없을 유언장 작성하기

■ 나를 나타내는 이미지 키워드 찾기

알아두면 유용한 **tip**

30년 인생 로드맵을 위한 몇 가지 원리

❶ 다가오는 첫 10년을 바꿔라

사람들은 다른 인생을 살고 있지만, 30년 인생 로드맵을 비슷한 패턴으로 그립니다. 다가오는 10년은 직장인으로 돈을 많이 벌기 위해, +20년에는 창업 등 하고 싶은 일을 하기 위해 살고, +30년에는 세계여행, 전원생활 등 휴식을 위해서 삽니다. 세 번의 10년 중에 행복한 정도로 분류하면 +30년이 가장 행복하고 그 다음 +20년, 다가오는 10년이 가장 힘들다고 표시합니다. 물론 대부분이 생각하는 인생 로드맵이 잘못된 것은 아니지만, 행복도의 기간을 좀 더 앞당겨 가장 행복한 10년을 다가오는 10년에 준비해 보세요. 인생은 순차적으로 진행되지 않습니다. 가장 하고 싶은 일을 다가오는 첫 10년에 합니다.

❷ 인생의 20%는 다가오는 10년을 위해 준비하라

생존을 위한 변화가 필요한 시대입니다. 회사는 10년마다 문을 닫고, 새로운 직업이 생겨납니다. 나이를 많이 먹었다고 해서 새로운 도전을 하지 않으면 도태될 수 밖에 없습니다. 다가오는 10년 후에 할 새로운 직업을 위해서 내 시간의 20%를 투자합니다. 커피숍 창업을 꿈꾼다면, 지금부터 커피숍에 대한 시장조사를 합니다. 취미활동이 직업이 될 수도 있고, 완전히 새로운 직업을 위해서 자격증을 딸 수도 있습니다.

❸ 내 꿈을 담은 인생 키워드를 만들어라

당장의 계획도 실행하기 쉽지 않은데 30년 계획이 과연 무슨 소용이 있을지 의문일 수도 있습니다. 하지만 미래를 보고 계획을 세우다보면 현재의 자신의 모습도 변화되는 것을 발견하게 됩니다. 너무 먼 미래라고 생각하지 말고 지금부터 30년 꿈을 담은 인생 키워드를 찾아보도록 합니다.

제 **15** 장

Visual Thinking for Habit :
비주얼 씽킹 습관화

Visual Thinking

비주얼 씽킹 습관화

이번 장에서는 작고 사소한 실천을 통해 비주얼 씽킹을 일상의 한 부분인 습관처럼 만들 수 있는 방법을 소개합니다. '천리 길도 한 걸음부터'라는 속담처럼 이 책을 읽은 오늘부터 비주얼 씽킹 첫걸음을 디딜 수 있도록 7일부터 365일까지 단계적으로 성장하는 프로그램으로 구성했습니다.

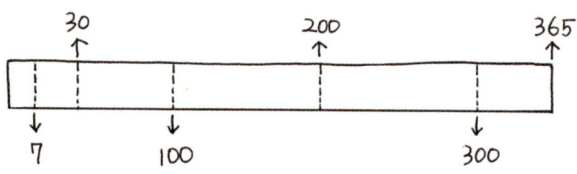

구분	기간	방법	시간
비주얼 씽킹 입문	1일~7일	7일 프로젝트 - 라인 스케치	하루 15분
	8일~30일	30일 프로젝트 - 키워드 시각화	하루 30분
비주얼 씽킹 초급	31일~100일	100일 프로젝트 - 컨셉 스케치	하루 1시간
	101일~200일	200일 프로젝트 - 모닝 노트	하루 1시간
비주얼 씽킹 중급	201일~300일	300일 프로젝트 - 데일리 드로잉	하루 1시간
	301일~365일	365일 프로젝트 - 아티스트 놀이	1주일 2시간

7일 프로젝트 - 라인 스케치

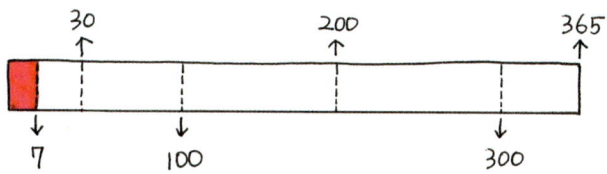

비주얼 씽킹을 시작하는 처음 7일 동안은 그림에 대한 부담감을 줄이고, 선 긋기와 라인 스케치 연습을 통해서 손을 푸는 시간을 갖도록 하겠습니다. 하루 15분씩 시간을 정해놓고 라인 스케치를 시작해 봅니다.

라인 스케치는 사람, 사물을 단순화하여 라인, 도형으로 표현한 스케치를 말합니다. 원근법, 명암, 색 표현이 없어 빠르게 그릴 수 있는 장점이 있습니다. 첫날에는 제일 기본인 선 그리기 연습을 하는 것을 권합니다. 직선, 곡선, 지그재그 긋기를 통해 다양한 선을 자유자재로 그리면서 기본기를 쌓는 것이 좋습니다. 선 긋기를 연습한 종이는 버리지 말고 모아두세요. 다음 번 선 긋기를 할 때 비교하면 실력이 늘어난 것을 확인할 수 있습니다.

직선 긋기 연습법

직선 긋기는 A4 종이 위에 가로-세로, 세로-가로 긋기와 좌-우, 우-좌로 대각선 긋기를 종이의 왼쪽 끝에서 오른쪽 끝까지 1cm 간격을 두고 크게 그으며 연습합니다. 손목이 아닌 팔을 움직여야 직선이 잘 그려지기 때문에 볼펜 또는 연필을 쥐고 팔 전체를 움직이면서 선을 그어야 합니다. 시작점과 끝점의 간격과 선의 굵기를 일정하게 유지하려고 노력하면서 꾸준히 연습해보기 바랍니다.

⭐ 직선 긋기 연습법

꽃을 표현한 그림입니다. 아래 그림처럼 직선 긋기로 꽃잎을 표현해 보세요.

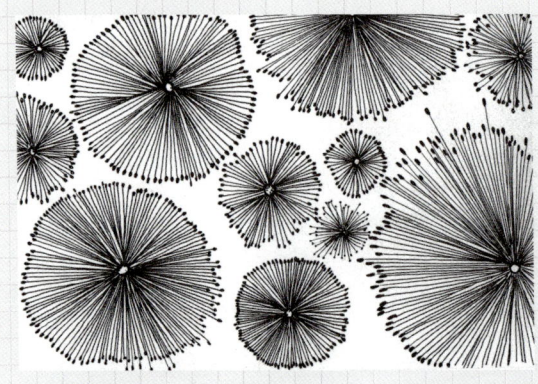

∷ 곡선 그리기 연습법

　이번에는 곡선을 그려보는 연습을 해보겠습니다. 통통배를 타고 멀리 바다 한가운데에 나갔다고 상상하고 출렁이는 파도를 떠올리며 다양한 물결무늬를 그려봅니다. 또한 일정한 간격을 두거나 물결 간격에 변화를 주면서 그려봅니다. 오각형, 별, 네모나 세모 동그라미의 도형을 그리고 같은 모양으로 안을 채워도 좋습니다.

☆☆ 파도 그리기

　출렁이는 파도를 그린 그림입니다. 아래 그림처럼 곡선 긋기를 통해 파도를 표현해 보세요.

손풀기 스케치

　세상에 없는 나만의 추상적인 글자 모양을 만듭니다. 마야인들의 글자, 외계인의 글자라고 상상해도 좋습니다. 다양한 선들을 빠르게 그으면서 글자 모양을 만들면 선에 대한 자신감과 손목 힘을 느낄 수 있습니다. 또한 우리가 모르는 글자를 만들면 '잘 쓴다'라는 기준이 없기 때문에 내기 흘겨 쓴 글씨는 '잘 쓴 글씨'가 됩니다. 아무런 부담감 없이 휘갈겨 쓰다보면 자신감이 상승되고 그림도 한 단계 성장할 수 있습니다.

비주얼 씽킹 시각재료 그리기

8장에서 배운 비주얼 씽킹 시각 언어들을 아래의 일주일 일정표를 보며 차근차근 따라해 봅니다. 일주일 일정표는 비주얼 씽킹을 습관화하는데 중요한 첫 단추입니다. 하루에 매일 15분씩 일정표에 맞게 그림을 그리면서 습관화의 기초를 다져보도록 합니다.

1일차	사람과 행동 표현
2일차	표정 표현
3일차	말풍선 표현
4일차	화살표 표현
5일차	사물, 건물 표현
6일차	제목 표현
7일차	색 표현

30일 프로젝트 – 키워드 시각화

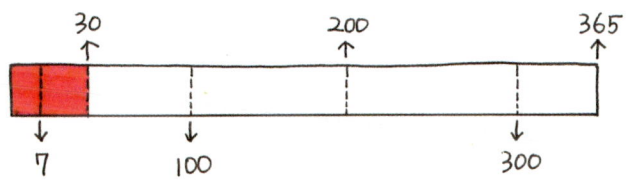

7일 프로젝트에서 그림을 그리는 연습 즉, '비주얼'에 해당되는 기초를 다졌다면, 30일 프로젝트에서는 '씽킹'에 기반을 두고 생각을 디자인할 수 있도록 '키워드 시각화'를 배워보도록 하겠습니다. 먼저 나의 생각을 나타내는 단어를 찾는 것이 씽킹의 출발점입니다.

이후 단어에 해당되는 이미지를 스케치하여 표현하면 됩니다. 처음에는 연필, 사과와 같이 시각적인 것이 쉽게 떠오르는 키워드를 중심으로 연습하고 점차 시각화하기 어려운 단어를 훈련합니다.

키워드 시각화를 할 때에는 책, 보고서, 교과서, 노래 가사 등 내가 중요하게 생각하는 키워드를 쇼핑한다고 생각하고 즐거운 마음으로 진행합니다. 쇼핑한 단어는 A4 종이를 8개로 나눠서 찢은 종이에 하나씩 적어 놓습니다. 종이가 없다면 모바일 메모 앱을 활용하여 입력하면 됩니다.

자신이 좋아하는 책을 한 권 선정하고, 책을 넘기면서 눈에 띄는 단어를 쇼핑합니다. 보고서에서는 중요한 핵심 키워드를, 제품이라면 제품과 관련된 키워드를 쇼핑합니다. 또한 트렌드 관련 키워드를 찾거나 학생이라면 교과서에서 단어를 쇼핑합니다. 지하철이나 버스에서 멍하게 노래를 듣다가 귀에 꽂히는 노래가사를 쇼핑해보기도 하고 내가 중요하게 생각하는 행복의 조건에 해당하는 단어를 쇼핑합니다. 이렇게 눈으로 보고, 귀로 듣는 많은 단어들 중에서 쇼핑할 단어를 찾습니다.

키워드 시각화 4가지 방법

키워드를 찾았다면 아래와 같은 4가지 방법으로 시각화하는 훈련을 합니다.

- **단어 시각화** : 단어를 쓰고, 그림을 그리는 방법입니다.

- **문장 시각화** : 문장 속에서 주어, 목적어는 사람과 사물을 나타내는 그림을 그리고, 보어와 서술어는 동작, 형태를 나타내는 그림을 그리는 방법입니다.

- **시각적 연상 기법** : 단어와 관련하여 떠오르는 그림을 그리는 방법입니다. 예를 들어 '봄'이라는 단어를 시각화하려면 연상되는 '꽃'을 그립니다.

- **시각적 은유 기법** : '단어는 (시각적인 무엇)과 같다'라는 문장을 만들고, '시각적인 무엇'에 해당되는 그림을 그립니다. 예를 들어 '어려움'을 시각화하려면 '어려움은 벽과 같다'라는 문장을 만들고, 벽을 그려서 '어려움'을 시각화합니다.

단어 시각화와 문장 시각화는 제12장 프레젠테이션 시각화를 참고하고, 시각적 연상 기법과 시각적 은유 기법은 제10장 아이디어 시각화를 참고하면 보다 자세한 방법을 학습할 수 있습니다.

비주얼 씽킹 워크숍 시간에 노래 가사에서 찾은 키워드를 사용하여 시각화한 사례를 소개하겠습니다. 여기서는 조를 나누어서 조별로 1개의 노래를 선정하고, 노래가사 중 3개의 문장을 골라 시각화하도록 하였습니다.

한 조는 가수 심수봉의 '남자는 배 여자는 항구' 노래를 선정하였습니다. 가사 첫 줄은 남자는 배, 여자는 항구로 의인화해서 '두 손을 잡은' 모습을 그림으로 표현했습니다. 또한 '쓸쓸한 표정 짓고 돌아서면 잊어버리는 남자는 다 그래'라는 가사는 얼굴 두 개를 나란히 그리고 한쪽 얼굴은 울고 있고, 뒤돌아선 얼굴은 노래 부르는 모습으로 표현했습니다.

다른 한 조는 그룹 에픽하이의 '우산'이라는 노래를 선정하였습니다. '내 마음의 문'을 열어 놓고, '그댄 내 머리의 우산'은 그대가 우산이 되어 비를 막아주는 모습을 그렸으며, '그대 없이 난 한쪽 다리가 짧은 의자'는 짧은 다리 밑에 그대가 서 있는 모습으로 표현했습니다. '기억의 무게'는 머리 위에 사각형으로 된 기억을 여러 개 올려놓았고, '고개 숙여 보니 풀어진 내 신발끈'은 가시 그대로 표현했습니다.

100일 프로젝트 – 컨셉 스케치

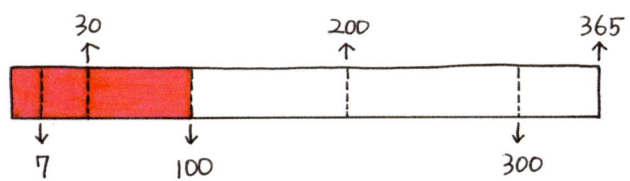

    컨셉 스케치란 한 가지 주제를 지속적으로 그리는 방법을 말합니다. 컨셉 스케치는 그림이나 사진을 보고 따라 그리는 필사 연습법을 활용해 배울 수 있습니다. 필사 연습법을 통해 한 가지 컨셉을 계속 그리는 연습을 하면 사물을 좀 더 심도 있게 관찰할 수 있어 깊이 있는 그림을 그릴 수 있으며 다양한 컨셉으로 재창조할 수도 있습니다.

    피카소는 1953년 이후 만년에까지 [화가와 모델]이란 주제를 가지고 600여 점의 유화와 판화를 남겼으며, 폴 세잔은 파리를 떠나 낙향하면서 '나는 사과 한 알로 파리를 놀라게 할 것이다'라는 말을 남긴 후 후대에 사과 그림으로 전세계를 놀라게 만든 화가가 되었습니다. 화가 지망생들은 레오나르도 다 빈치 그림을 배우기 위해 벽화가 그려진 성당에 앉아서 몇 시간씩 그림을 베껴 그리곤 했다고 합니다. 필사 연습법은 처음에는 단순히 따라 그리는 기초적인 작업이지만 이런 단계를 거치고 나면 자신만의 그림 스타일이 완성됩니다. 참고로 일러스트 작가의 그림, 아동용 도서에 나오는 삽화 등의 그림은 보기 좋은 형태와 색으로 단순화해 놓았기 때문에 필사하기 좋습니다.

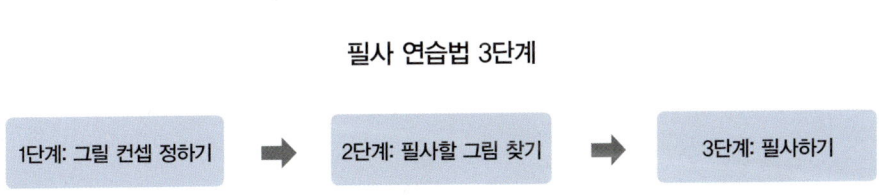

1단계 : 그릴 컨셉 정하기

동물, 사람 얼굴, 집에 있는 물건 등의 그림으로 그릴 컨셉을 정합니다. 비주얼 씽킹 초보자는 15분 동안 그릴 수 있는 작은 물건부터 따라 그려 봅니다.

2단계 : 필사할 그림 찾기

그림이나 일러스트레이션은 단순한 이미지를 선택합니다. 처음부터 복잡한 것을 그리면 그림에 대한 부담감이 늘어날 수 있습니다. 사진은 디자이너의 손을 거쳐 레이아웃이 정돈된 광고 사진이 좋으며, 실제 물건은 집, 회사, 카페와 같이 자주 가는 공간에서 봤던 익숙한 물건을 찾아서 그리는 것이 좋습니다. 처음에는 작은 물건부터 시작해서 실력이 늘었다 싶으면 좋아하는 화가나 아티스트의 작품을 선택해 그려 보도록 합니다.

3단계 : 필사하기

찾은 그림을 따라 그립니다. 그림을 그릴 때에는 명사와 동사 단어장을 각각 만들어 명사에는 '핸드폰', '해', '달', '자동차', '건물' 등 우리가 일상에서 만나는 다양한 물건들을, 동사에는 '균형을 맞추다', '변하다' 등과 같은 단어를 표현하여 그립니다. 이렇게 만들어진 비주얼 단어장을 가방에 넣고 다니며 필사할 사물을 발견하면 간단하게 스케치하는 습관을 기릅니다.

그림 보고 그리기

필자는 무당벌레, 물고기 등 작은 사이즈의 파충류와 어류 그림을 그리다가 차차 호랑이, 코끼리와 같은 큰 동물을 매일 그리는 연습을 했습니다.

움직이는 동물을 직접 보고 그리기는 어렵기 때문에 초보자는 일러스트로 된 동물 그림을 보고 따라 그려보기를 권합니다. 다양한 행동을 하고 있는 동물의 움직임을 표현하면서 실력을 늘려봅니다.

이미지 DB를 찾아두지 않았다면 모바일을 열고 카카오톡 메신저에 들어가서 이모티콘을 보고 따라 그려 봅니다. 이모티콘에는 표정, 행동, 느낌, 키워드까지 잘 정리되어 있어서 행동을 표현하는 필사 연습용으로 사용하기 좋습니다. 색연필이 있다면 간단하게 색을 칠해도 좋습니다.

실제 물건을 보고 그리기

실제 물건을 보고 그릴 때에는 늘 익숙하게 봐 왔던 작은 물건을 그립니다. 예를 들어 향긋한 모닝 커피가 담긴 머그잔, 책상 위에 올려진 노트북, 작은 수첩과 같은 물건들이 좋습니다. 실제 물건을 그리고 그것을 떠올렸을 때 나는 생각을 같이 기록해도 좋습니다. 아래 그림은 필자가 새해에 그린 그림입니다. 가위 옆에는 "작년은 싹둑 잘라버려! 잘 잊어버리는 것도 복이야!"라는 생각을 적어 넣었습니다.

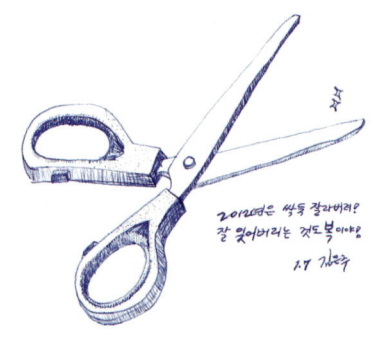

대가의 그림 보고 그리기

유명 화가나 일러스트레이터의 그림을 따라 그리면, '대가'의 표현법을 익히는 데 도움이 됩니다. 아래 그림은 필자가 고흐의 방을 라인 스케치로 따라 그린 그림입니다.

아래 그림은 레오나르도 다 빈치가 [코덱스 아틀란티쿠스]라는 책에 남긴 식물 그림을 보고 그린 그림입니다. 3B 연필로 따라 그리면서 디테일을 살리는 데 많은 도움을 받았습니다.

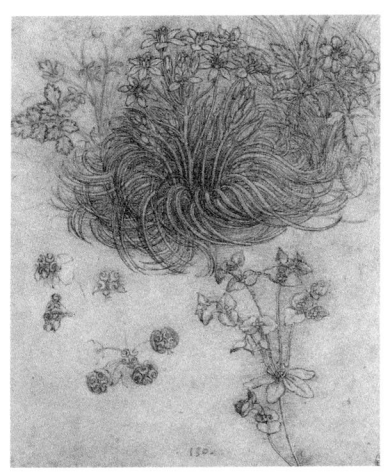
■ 레오나르도 다 빈치의 그림

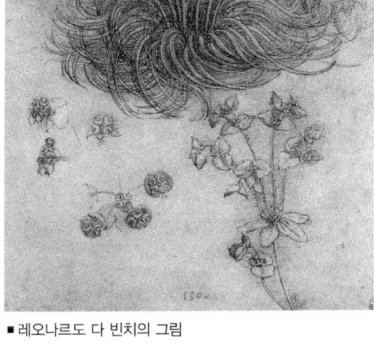
■ 필사해서 보고 그린 그림

필사 연습 시 주의사항

필사 연습법은 선택한 사진과 이미지에 따라서 그림이 많이 달라집니다. 어떤 그림은 그리기 쉬워 보이지만 잘 안 그려지는 그림이 있고, 그와 반대로 그리기 어렵다고 생각됐던 그림은 술술 잘 그려지는 경우도 있습니다. 그렇기 때문에 필사 후 그림을 잘 그렸다, 못 그렸다고 평가하는 것보다는 끝까지 따라 그렸다는 노력을 칭찬하는 것이 중요합니다.

그림 실력이 느는 것은 계단 오르기와 같아서, 한 계단 한 계단씩 순서에 따라 성장합니다. 따라서 조급한 마음을 갖지 말고 시간을 두고 천천히 그림 실력을 키워 나가는 것이 좋습니다. 매일 조금씩 그림을 그리다 보면 어느샌가 상당히 높은 계단으로 올라온 자신의 그림 실력을 발견할 수 있을 것입니다.

✨ 100일 동안 한 가지 컨셉으로 그리기

100일 동안 필사할 컨셉을 정합니다. 컨셉에 맞는 그림 또는 사진을 100장 이상 찾아서 매일 그립니다. 또는 필사할 컨셉으로 좋아하는 아티스트를 정하고 그의 그림을 모아서 100일 동안 따라 그립니다.

200일 프로젝트 - 모닝 노트

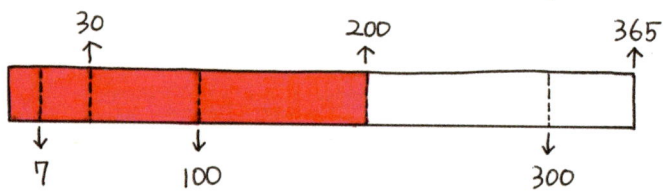

101일부터 200일까지 총 100일 동안 진행하는 훈련으로, 아침에 일어나자마자 글쓰기와 그림 그리기를 통해 잠재되어 있던 생각을 꺼내는 모닝 노트를 소개합니다.

모닝 노트란 아침에 일어나자마자 머릿속에 떠오르는 생각을 부담 없이 노트에 옮겨 적는 것을 말합니다. 글이 생각나면 글을 쓰고, 그림이 생각나면 그림을 그립니다. 논리적이지 않고 뒤죽박죽 엉켜있는 생각을 종이에 일단 옮기기만 해도, 노트에는 '생각 원석'이 생깁니다. 원석을 캐야 다듬고 가공해서 '보석'을 만들 수 있습니다. 미켈란젤로가 다비드 조각상을 만들기 위해 제일 먼저 대리석을 캐러 '산'에 간 것처럼 '생각 원석'을 캐기 위해 '머릿속'으로 들어가는 작업을 모닝 노트를 통해 시작해 봅니다.

쓸 내용이 없을 때는 '쓸 내용이 없다'라고 쓰기

모닝 노트를 시작하면 3초가 지나기 전에 깨닫습니다.

"참 쓸 내용이 없네…?"

우선 첫 줄은 '몇 월 며칠 몇 시에 모닝노트를 시작합니다'라고 쓰세요. 다음 줄에 쓸 내용이 없으면 '쓸 내용이 없다'라고 쓰세요. 이유 없이 멍하면 '멍하다'고 쓰세요. 생각이 안 나면 '생각이 안 난다'고 쓰세요. 생각은 생각을 부르는 힘이 있기 때문에 이상하게도 다음 생각이 떠오를 것입니다. 현재 눈에 보이는 물건이나 귀에 들리는 내용을 노트에 옮겨 적어도 좋습니다. 엄마가 부르는 소리가 들리면, '엄마가 부르는 소리가 들린다'라고 적고, 볼펜이 잘 나오지 않으면 '볼펜이 잘 안 나온다'라고 쓰세요. 생각은 끊임없이 생각을 쏟아내고 손은 쉴 새 없이 생각을 적어내면 됩니다.

습관을 만들기 전까지는 읽지 않기

보통 습관이 되려면 66일이 걸린다고 합니다. 몸을 습관화시키는 기간입니다. 습관을 들이는 66일 동안은 '모닝 노트'를 쓰고 나서 읽지 마세요. '다시 펼쳐서 읽어 보지 않을 것이다'라고 생각하면 글을 쓰는 부담감이 많이 줄어듭니다. 대신 누구의 눈에 뜨지 않게 잘 숨겨두세요. 다른 사람이 읽으면 좀 부끄러울 수도 있습니다.

가끔 늦잠으로 모닝노트를 쓰지 않았다면 점심 시간에 적으세요. 모닝노트가 집에 있다면 손에 잡히는 아무 종이에다 쓴 후 찢어 버리세요. 집에 두고 온 모닝 노트를 핑계로 미루거나 집에 와서 모닝 노트에 다시 옮겨 적을 필요는 없습니다. 매일 쓴다는 것이 중요합니다. 즉, 습관화 시키는 것이 중요합니다.

3장까지 쭉 내려 적기

쓰는 걸 멈추지 않고 노트의 세 장을 채워보세요. 작은 노트라면 세 장을 채우는데 15분도 안 걸립니다. 여기서 두 장은 워밍업을 위한 시간입니다. 마지막 한 장이 진짜 자신의 속마음을 표현한 것입니다. 처음에 쓰는 두 페이지는 타인이 나를 좋게 바라봤으면 하는 마음처럼 자신을 꾸미는 고운 말, 예쁜 생각만 쓰려고 합니다. 쉴 새 없이 종이를 채우다보면 비로소 마지막 장이 돼서야 진짜 내 안의 생각들이 쏟아져 나옵니다. 가식 없이, 꾸밈없이 내 마음 가는 대로 험한 말이나 나쁜 생각도 여과 없이 진실되게 쓰는 것이 중요합니다.

노트를 쓰기 시작했다면 꼭 세 장까지 멈추지 말고 쓰세요. Never Stop! 멈추지 않는다는 건 중요한 의미입니다. 머릿속을 샅샅이 뒤져서 숨어 있던 생각을 밖으로 끄집어내게 합니다.

초보자가 겪는 모닝 노트 증상들

모닝 노트를 쓰면서 겪을 수 있는 다양한 증상들이 있습니다. 개인차는 있지만 비슷하게 겪는 증상들을 소개합니다. 극복하는 방법은 단 하나, 계속해서 모닝 노트를 쓰는 것입니다. 계속 하면 자연스럽게 사라질 가벼운 증상들이니까요.

- **매일 쓰기 어렵다.** 머리맡에 모닝 노트를 두고 자도 아침이면 새까맣게 잊는다. 잠들기 전에 모닝노트를 써야지 생각해도 막상 일어나면 기억이 안 난다.
- **노트 세 장을 쓰기 어렵다.** 노트 세 장을 채우기 위해 계속 글쓰기가 쉽지 않으며 쓸 것이 없어서 쓰기도 힘들다.
- **글씨 쓰기가 힘들다.** 손글씨가 아닌 컴퓨터 글씨에 익숙하다 보니 손으로 글씨를 쓰는 게 너무 힘들다. 생각의 속도를 따라가다 보면 글씨가 빨라지고, 글씨가 빨라지면 아무렇게나 휘갈겨쓰게 되어 나중에 알아보기 힘들다.

모닝 노트의 수다 효과

회사 스트레스, 상사와의 불화, 남자친구와의 싸움. 스트레스 받는 날 친구랑 신나게 수다를 떨면 기분이 좋아지는 경우가 많습니다. 모닝 노트 또한 친구와 수다를 떤 것 같은 효과가 있습니다. 모닝 노트를 쓰고 나면 머릿속이 맑아지며, 피곤함이 사라지기도 합니다. 아침에 일어나서 뻐근한 몸으로 모닝 노트를 시작합니다. 쓰고 나면 맑고 개운한 정신으로 하루를 보내고 있는 '나'를 발견할 수 있습니다.

:: 디지털로 모닝 노트 쓰기

출퇴근 시간에 지하철에서 에버노트 앱을 사용하여 모닝 노트를 쓰는 것도 한가지 방법입니다. 에버노트 앱을 다운로드받아 지하철을 타고 가면서 생각 나는 잡다한 것들을 적어 보세요 그러나 이건 보조적인 방법일뿐 손이 진짜라는 것을 잊지 말기 바랍니다.

모닝 노트 쓰기

머리맡에 모닝 노트와 필기구를 놓고 '아침에 일어나서 세 장의 모닝노트를 쓰겠다'라고 생각하며 잠듭니다. 아침에 일어나자 마자 모닝 노트를 씁니다.

300일 프로젝트 - 데일리 드로잉

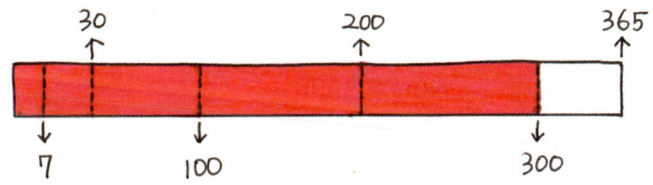

201일부터 300일까지 총 100일 동안 매일매일 그림을 그리는 데일리 드로잉을 실습합니다. 해외 유명 의과 대학에서는 환자의 상태를 관찰해서 올바른 처방을 내리기 위한 훈련으로 드로잉 수업을 진행한다고 합니다. 이렇듯 드로잉은 훑어보던 것들을 그림으로 그리면서 자세히 관찰할 수 있도록 도와주기 때문에 관찰력을 높일 수 있는 효과적인 방법 중 한 가지입니다. 매일 1시간씩 시간을 정해서 규칙적으로 연습하도록 합니다.

하지 말아야 할 일은 무엇인가?

첫째, 미술 입시 학원에 다니지 마세요. 우리는 입시를 준비하는 학생이 아닙니다. 그림을 그리는 공식을 배우면 그림에 흥미를 잃기 쉽습니다.

둘째, 그린 그림을 버리지 마세요. 맘에 안 드는 그림도 모아둡니다. 못 그린 그림을 보면 다음 번에 더 잘 그릴 수 있을 거라는 용기가 생깁니다.

셋째, 다른 사람과 그림을 비교하지 마세요. 어제의 나와 오늘의 나를 비교합니다. 전문적으로 그림을 그린 사람과 비교하면 내 그림에 단점만 보입니다. 조금이라도 나아진 부분이 있다면 나에게 아낌없이 칭찬합니다.

데일리 드로잉 100가지 목록 만들기

- 장소 중심으로 찾기

  ① 집에 있는 물건 그리기 : 부엌, 거실, 서재, 침실 등을 돌아다니며 그리고 싶은 물건을 정합니다.

  ② 회사에 있는 물건 그리기 : 회사 책상을 보면서 그리고 싶은 물건을 정합니다.

  ③ 여행 사진 그리기 : 여행 가서 찍은 사진들을 놓고 그리고 싶은 사진을 정합니다.

- 시간 중심으로 찾기

  ① 어린 시절 좋아했던 물건 그리기

  ② 가족들과 함께 했던 즐거운 경험 그리기

  ③ 남편, 남자친구와 주고받은 선물 그리기

365일 프로젝트 – 아티스트 놀이

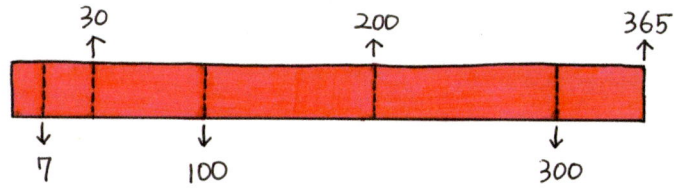

아티스트 놀이란 온전히 나를 위해 내가 좋아하는 것에 몰두하는 것을 말합니다. 즉, 자유로운 영혼의 아티스트처럼 생각하고 아티스트처럼 행동하는 시간을 만드는 것입니다. 301일부터 365일까지 1주일에 딱 2시간 동안 누구의 방해도, 눈치도 받지 않고 오로지 내가 좋아하는 것에 몰두할 시간을 내세요. 창조성은 누구나 가지고 태어납니다. 어른이 되면 창조성은 소수의 사람들, 타고난 사람들만이 갖고 있다고 생각하기 쉽습니다. 또한 나는 창조성이 없다고 단정 짓는 경우가 많습니다. 아티스트 놀이를 통해서 내 안의 창조성을 흔들어 깨워 봅니다.

필자의 첫 번째 아티스트 놀이는 '혼자 떠나는 하루 여행'이었습니다. 홀로 지하철을 타고 춘천을 가면서 나만의 시간을 즐길 수 있었습니다.

두번째 아티스트 놀이는 '혼자 미술관 가기'였습니다. 덕수궁 돌담길을 따라 서울시립미술관을 걸어 올라가면서 다른 사람과 같이 갈 때는 이야기하느라 못 봤던 풍경도 볼 수 있었고 친구끼리 혹은 연인끼리, 그리고 가족끼리 온 사람들을 보면서 내 주변 사람들을 다시 돌아볼 수 있는 기회가 되었습니다.

내 안의 창조성과 대화를 시도합니다

마음 속 창조성에게 말을 걸어 봅니다. '이렇게 깨방정 떨면 안되나요?'라고 묻고 스스로 '되지'라고 답해봅니다. 혼자 아티스트 놀이를 할 때에는 다른 사람의 눈치를 볼 필요가 없습니다.

"장난 치지마?" "장난 치면 안 되나요?" "되지"
"진지하지가 않잖아?" "재미있으면 안 되나요?" "되지"
"철이 없다?" "철이 없으면 안 되나요?" "되지"

창조력은 근육입니다

창조력은 근육과 같아서 열심히 훈련하면 그 만큼 부피도 커지고 늘어나게 됩니다. 창조력을 키우는 가장 좋은 방법은 지속적으로 연습하는 것입니다. 모닝 노트를 쓰고, 그림을 그리고, 내가 좋아하는 것을 하다 보면 '창조력'은 조금씩 성장을 합니다.

"왜 그렇게 매일 열심히 연습하지?"
"하루를 연습하지 않으면 내가 알고 이틀을 연습하지 않으면 평론가들이 알지 사흘을 연습하지 않으면 관객들까지 알게 돼."

– 파데레프스키 (음악가)

손의 근육을 자유롭게 발달시키면 머릿속에 떠오르는 자유로운 생각들을 손으로 표현하기 쉬워집니다. 자전거를 배우면 몸이 자전거 타는 방법을 익히듯이 손으로 생각을 표현하는 방법을 배우면 손지식이 늘어납니다. 손지식이 늘어나면 아이디어도 그만큼 쏟아져 나옵니다.

아티스트 놀이

① 매주 2시간 나만을 위한 시간을 계획합니다.
② 매주 월요일, 이번 주 아티스트 놀이를 정합니다.
③ 아티스트 놀이 인증샷을 블로그 또는 페이스북에 올립니다.

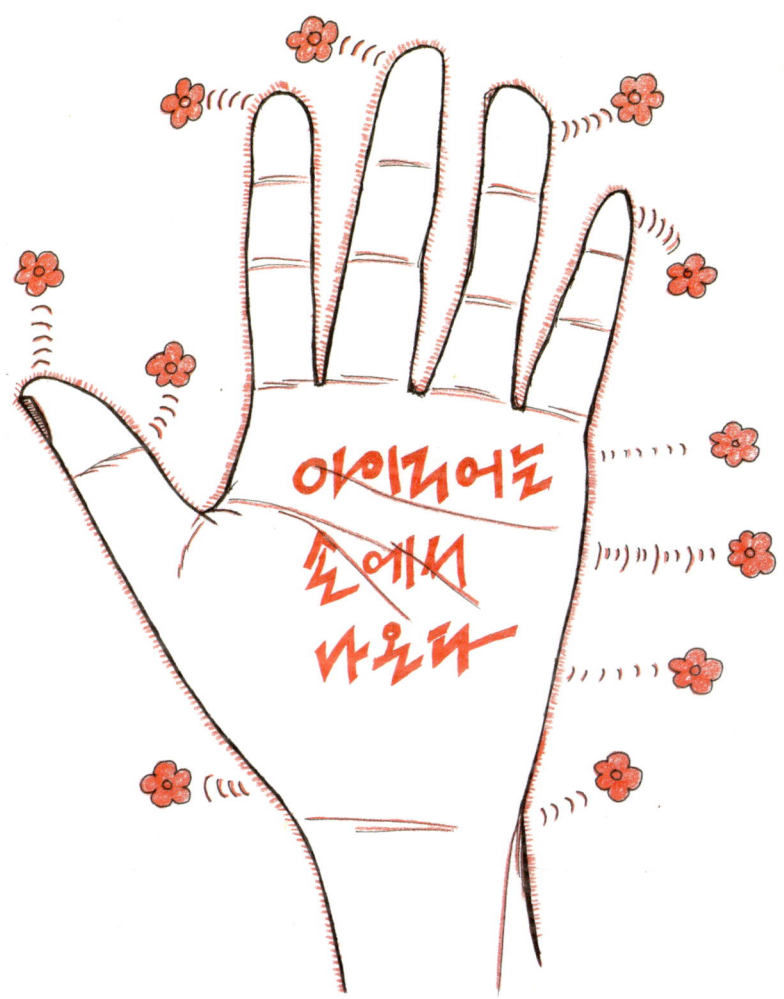

비주얼 씽킹 슬럼프

재미로 그림을 그리고, 낙서를 하면 부담감 없이 잘 되다가도, 아이디어를 내거나 기획안을 써오라고 하면 갑자기 막히는 이유를 알려주는 에피소드를 하나 소개합니다. 소설 [은교]를 집필하신 박범신 작가 강연에서 들은 내용입니다.

'소설'이라고 노트에 적는 순간 일어난 일

"나는 교대를 나와서 무주로 교사 발령이 났다. 그 시절에 무주에는 아무것도 없었기 때문에 무료한 시간을 보낼 꺼리가 필요했다. 처음에는 친구들에게 편지를 썼다. 하루는 원고지 300매 분량의 장편의 편지를 쓰기도 했지만, 거의 답장을 받지 못했다.

자존심이 상하기도 하고 편지는 그만두고 빈 노트에 글을 쓰기 시작했다. 낙서이기도 하고 상상해서 써 넣기도 하고 말이다.

하루는 장편의 편지를 받은 친구가 무주까지 놀러 왔는데, 내가 없는 동안 내 노트를 읽은 모양이다. 나를 보면서 하는 말이. '너 소설 쓰는 구나'였다.

나는 한번도 소설을 쓴다는 생각을 못했는데 '소설' 그 말을 듣는 순간, 알게 되었다. 나는 소설가가 되어야겠다고 생각을 했다.

그날 친구를 보내고 방에 들어와서 노트 앞에 '소설'이라고 적었다.

그런데 그때부터 글이 안 써졌다. 며칠 동안 아무 글도 쓸 수 없었다. 나중에 나이가 들고 나서 왜 글이 안 써졌는지 알게 되었는데, '소설'이라고 노트에 적는 순간, 노트가 나에게 '플롯'을 요구했기 때문이다."

소설에서 요구한 '플롯'은 기획안에서 '로직'과 같습니다. 로직을 세워야 한다고 생각하는 순간 생각은 멈춰 버립니다. '박범신 작가는 계속해서 말을 이었고, 한 마디로 정리했습니다.

"멈추지 말고 써라"

슬럼프를 극복하는 방법은 계속 그림을 그리고 노트에 쓰면서 생각하고, 내 안의 아티스트를 깨우기 위해 다양한 경험을 계속하는 것입니다. 플롯은 나중에 생각하고 생각을 자유롭게 꺼낼 수 있도록 훈련해야 합니다.

비주얼 씽킹 인턴기 1년

비주얼 씽킹을 시작하면, 본격적으로 뇌가 말랑말랑하게 바뀌기 시작합니다. 동일한 사물을 봐도 전체가 한눈에 들어오고 구석구석 특징들이 도드라지게 보입니다. 그러나 물이 끓는 점인 100도를 향해 99도까지의 인내심이 필요하듯이 비주얼 씽킹이 습관화되고 창조적인 뇌로 탈바꿈되려면 생각보다 많은 시간이 걸립니다. 필자는 1년의 비주얼 씽킹 잠복기를 거쳤습니다. 이 시기를 거치고 나면 자연스럽게 많은 부분에서 응용력이 생깁니다. 축구 스타를 꿈꾸는 소년이 슛을 넣는 연습만 한다고 해서 축구경기에서 골 결정력이 높아지지 않습니다. 슛 연습도 하고 경기도 많이 보고, 기초 체력훈련도 해야 합니다. 비주얼 씽킹 역시 간단한 몇 가지 스킬을 배운다고 해서 바로 목적에 골인할 수는 없습니다. 비주얼 씽킹 기본기를 다지고, 꾸준히 연습해야 합니다. 아래의 글은 김난도 교수의 책 [아프니까 청춘이다]에 소개된 일화입니다.

어떤 나무꾼이 도끼로 나무를 계속 찍어대고 있습니다. 하지만 도끼가 낡고 칼날이 벼리지 않아서 열심히 내리쳐도 나무는 그대로입니다. 도끼를 한 번 내리칠 때마다 나무가 움푹 파여야 하는데, 나무는 꿈쩍도 하지 않습니다. 이를 지켜본 나그네는 도끼를 좀 날카롭게 하고 나무를 베는 게 어떻겠냐고 말을 건넸습니다. 나무꾼은 나그네와 말 할 시간도 없다면서 땀을 뻘뻘 흘리며 도끼를 나무에 내려치고 있습니다.

내게 나무를 벨 시간이 6시간 있다면 4시간은 도끼를 가는데 쓰세요. 당신이 지식을 새로운 방식으로 배우고 있지 않다면 당신의 필살기인 도끼는 낡아 있을 겁니다. 지식 노동자에게 도끼는 생각하는 힘입니다. 생각이 막히고, 아이디어가 없고, 상상력이 부족하여 창의성이 없다는 평가를 받고 있다면 비주얼 씽킹을 시작해봅니다. 비주얼 씽킹은 나무꾼의 도끼를 날카롭게 만들어주는 역할을 할 수 있습니다.

슬럼프를 극복하는 방법

비주얼 씽킹을 시작하면 장애물을 만납니다. 스스로 만드는 장애물과 주변에서 생기는 장애물을 각각 3가지씩 적어봅니다. 이 장애물들을 넘기 위해서 나는 어떤 노력을 할 것인지 작고 사소한 실천법까지 함께 정리해봅니다.

- 스스로 만드는 장애물 3개를 쓰세요.

스스로 만드는 장애물을 다 적었나요? 보통 '그림 그릴 시간이 없다', '그림을 잘 못 그린다', '어디서부터 시작해야 할지 모르겠다'와 같은 내용들이 많이 나옵니다. 그림 그리는 시간은 하루 15분이면 충분합니다. 그림 실력 또한 지금 실력으로 충분합니다. 우리는 화가가 될 생각이 아니라 업무적으로 활용할 정도면 되니까요. 어디서부터 시작해야 할지 모르겠다면 필사 연습법부터 시작해 봅니다.

- 주변사람들에게 비주얼 씽킹을 소개해 보세요.

'왜 그리는 거예요?'라는 의구심을 가진 시선과 '일을 안 하고 그림 그리고 있다'는 시선, 특이한 사람이라는 눈빛을 보내는 주변의 시선들이 신경쓰일 것입니다. 이런 시선들을 극복하기 위해서 주변인들에게 비주얼 씽킹을 소개합니다. 당신이 그림을 그리는 것을 대단하게 생각하는 시선으로 바뀔 것입니다.

- 오늘 15분 동안 할 수 있는 실천법 3가지를 쓰세요.

어떻게 장애물을 뛰어넘을 수 있을지 오늘, 지금, 당장할 수 있는 작고 사소한 실천법 3가지를 적으세요. 비주얼 씽킹 워크숍 시간에 가장 많이 나오는 실천법은 '그림노트, 필기구, 색연필 등 관련 도구를 구입한다'입니다. '매일 1개씩 주변 물건을 그린다'도 좋은 실천법입니다. 도구도 없고, 이미지 DB도 없다면 회사에 있는 책상 위에서 도구와 그릴 거리를 찾아봅니다. 만약, 그것도 어렵다면 일단 볼펜을 들고, A4 종이에 종이컵을 하나 그려 보도록 합니다.

그림에 재미를 붙이는 방법

비주얼 씽킹을 더 재미있게 하기 위해서 그림에 재미를 붙이는 나만의 방법을 찾아보세요. 아래는 필자가 비주얼 씽킹을 습관화하면서 경험한 사례들입니다. 여러분도 하나씩 따라해 보세요!

지하철에서 그리기

빠른 스케치는 특징을 잡아내는데 유용합니다. 지하철에서 자신의 주변에 있는 사물과 사람을 빠른 스케치를 통해서 그려 보세요.

야외에서 그리기

북촌 한옥마을에서 2시간 동안 그린 그림입니다. 펜과 색연필로 색칠했습니다.

창문에 그리기

집이나 사무실 창문에 그림을 그려봅니다. 유리창에 그리는 그림은 건물, 나무 등 풍경과 조화를 이루어 인테리어 효과가 있습니다. 집이라면 가족이 함께 그려도 좋은 경험이 됩니다.

화이트보드에 그리기

화이트보드는 쉽게 지울 수 있기 때문에 그림을 그리다가 나는 실수에 대한 부담감을 줄일 수 있으며 여럿이 함께 그릴 수 있습니다.

전지에 일어서서 그리기

작은 종이보다는 사이즈가 비교적 큰 종이를 벽에 붙이고 일어서서 그리면 책상에 앉아서 그리는 것보다 훨씬 몰입이 잘됩니다. 함께 그리면 나의 그림에 다른 사람들이 다양한 해석을 할 수 있고, 하나로 합칠 수도 있어 브레인스토밍을 할 때 유용합니다.

왼손으로 그리기

왼손으로 그림을 그리거나 글을 써 본 적이 있으세요? 오른손 잡이는 왼손으로, 왼손잡이는 오른손으로, 자신이 잘 사용하지 않는 손으로 글씨를 쓰고 그림을 그립니다.

아래는 필자가 왼손으로 글씨를 쓰고 그림을 그린 내용입니다. 생각보다 아트적으로 보이지 않나요?

다양한 재료에 그리기

2013년 여름, 그랜드 민트 페스티벌에서 부채를 사용해 그림을 그리는 비주얼 씽킹 수업을 진행했습니다.

산책을 나갔다가 '질경이'를 포스트잇에 스케치한 그림입니다. 잎이 몇 개 달려 땅에 떨어진 나무 줄기도 선을 이용해 간단하게 표현하였습니다.

캘리그라피 연습하기

글씨는 그저 문자라고 생각하는 사람들이 많지만 글씨도 엄연히 '그림'의 일부입니다. 과거 문인화가들은 글씨와 그림을 함께 어울려 그렸으며 최근에는 광고 카피, 제품 브랜드명, 영화 타이틀에서 손으로 쓴 아름답고 개성있는 캘리그라피를 사용하고 있습니다.

전문적으로 배우지 않고 캘리그라피를 따라 하고 싶을 때에는 유명한 캘리그라퍼의 글씨를 따라해보며 기본기를 익혀봅니다. 캘리그라피를 할 때에는 일반 펜 보다는 캘리용 펜을 따로 구매하여 사용하는 것이 좋습니다. 처음에는 중간 사이즈의 모나미 붓펜으로 연습해 보세요. 딱딱한 고딕스타일의 캘리그라피를 해보고 싶을 때는 만년필 '라미(LAMY)'를 추천합니다.

음악 들으며 그리기

그림을 그릴 때 듣는 음악은 무엇인가요? 느린 음악은 손놀림을 느리고 부드럽게 만들고, 빠른 음악은 연필을 빠르고 거칠게 다루게 합니다.

스케치를 할 때마다 다른 음악을 들으면서 그림을 그려 봅니다. 마음에 드는 음악이 생기면 그 음악을 며칠이고 반복해서 들으면서 그림을 그려 보는 것도 좋습니다.

엽서 만들기

내가 그린 그림을 엽서로 만들 수 있는 엽서 제작 사이트를 이용합니다. 내가 만든 엽서를 가지고 오랜만에 만난 친구에게, 부모님에게, 선생님에게 편지를 써봅니다. 아래는 왕초보 드로잉 수업에서 수강생들이 그린 그림으로 만든 엽서입니다.

엽서 제작 사이트(포토몬) : www.photomon.com

핸드폰 케이스 만들기

내가 그린 그림을 핸드폰 케이스 만들기 사이트에 이미지로 등록하면 나만의 멋진 핸드폰 케이스로 만들 수 있습니다. 아래 이미지는 왕초보 드로잉 워크숍 시간에 수강생들이 그린 그림으로 만든 핸드폰 케이스입니다.

핸드폰 케이스 제작 사이트(케이스바이미) : www.caseby.me(유료)

◆◆ 작은 전시회 열기

회사 또는 우리집 한쪽 벽면에 작은 전시회를 열어봅니다. 카페 벽을 이용해서 작은 전시회를 열어도 좋습니다. 아래 이미지는 먼데이 드로잉 멤버들과 함께 '카페 전시회'에 걸었던 필자의 그림들입니다.

먼데이 드로잉 소모임 친구들과 함께 전시회를 하기 위해, 그린 그림을 보기 좋게 배치하여 붙이는 작업을 진행하였습니다.

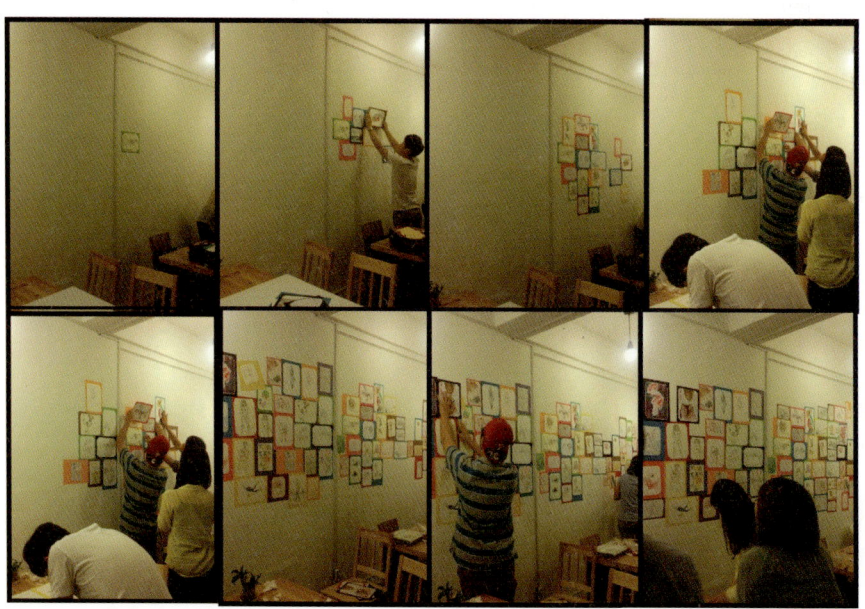

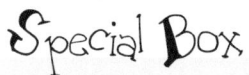

왜 어른들은 그림 그리기를 멈추는가?

"딸이 일곱 살쯤 되었을 때 내게 무슨 일을 하냐고 물었다.
대학에서 사람들에게 그림 그리는 걸 가르친다고 했더니 아이는 날 이상하게 쳐다보며 되물었다.
'그럼 그 사람들은 그림을 어떻게 그리는지 잊어버렸단 말이야?'"

미국의 예술가이자 교수인 하워드 이케모토(Howard Ikemoto)의 일화입니다. 아이들은 잘 그리든 못 그리든 펜만 잡으면 벽이든 장판이든 그리기 바쁘지만 그렇게 자란 아이들이 어른이 됐을 때에는 그림 그리는 것을 부끄러워하고 자신은 그림을 잘 그리지 못한다고 생각합니다. 비주얼 씽킹 수강생들 또한 처음에는 그림 그리는 걸 망설입니다. 어떻게 그려야 할지 막막해하고, 나와 눈이 마주치면 '그림을 잘 못 그립니다'라고 이야기를 합니다. 하지만 수업이 중반에 이르면 수강생들 중 아무도 그림을 못 그린다고 말하지 않습니다. 그림을 그리면서 집중하느라 사각사각 연필 소리만 들립니다. 못 그린다고 고개를 절레절레 흔들던 사람들이 그린 그림을 보면 언제나 생각보다 멋있습니다.

어른이 되었다고 그림 그리기를 스스로 멈추지 마세요. 어린 시절 그렸던 그림 실력으로 그리는 것이 비주얼 씽킹의 가장 기본적인 출발점입니다. '잘 그려야 한다'는 고정관념을 버리고 삐뚤빼뚤한 그림으로 비주얼 씽킹을 시작하세요.

'하지만 나는 직선도 못 그리는데!'라고 마음속에 아직도 부정적인 생각이 남아 있습니다. 직선이 모든 그림의 기초가 되는 것 같지만 꼭 그렇지만은 않습니다. 꼭, 반듯한 직선을 그어야만 한다면 자를 쓰면 됩니다. 내 생각을 표현하고 남들과 의사소통 하는데 '7살의 그림 실력'이면 충분합니다. 중요한 것은 그림으로 표현하고 싶다는 의지입니다.

제 16 장

Visual Thinking Community :
비주얼 씽킹 소모임

VisualThinking

비주얼 씽킹 소모임

비주얼 씽킹은 생각, 마인드, 뇌 전체를 바꾸는 과정으로 시간과 노력이 필요한 작업입니다. 그렇기 때문에 그룹을 지어 함께 하면 힘들 때 의지가 되고, 장기적으로 계속 비주얼 씽킹을 할 수 있는 원동력을 얻을 수 있습니다. 소모임은 직장 동료, 친구 그리고 가족과 함께 소규모의 그룹으로 진행하는 것이 좋습니다. 또한 온라인과 오프라인을 통해 지속적으로 운영하는 것이 좋습니다.

이번 장에서는 비주얼 씽킹을 함께 할 동료를 찾고, 소모임을 만드는 방법을 소개합니다. 동료, 친구, 가족에 따라 정해지는 소모임 형태와 규칙들을 배우면서 나에게 알맞은 소모임을 찾고 모임을 체계적으로 운영하는 방법에 대해 알아보도록 하겠습니다.

소모임 형태

비주얼 씽킹 소모임 형태는 누구와 함께 하느냐에 따라 달라집니다. 여기서는 회사에서 직장 동료들과 함께, 친구 또는 가족과 함께, SNS를 통해 같은 관심사를 가진 사람들과 함께 하는 방법을 소개합니다.

회사 동호회

비주얼 씽킹 회사 동호회는 매주 1회 정해진 시간에 모여서 함께 비주얼 씽킹 연습을 하는 동호회입니다. 축구, 야구 등 운동 동호회처럼 정기적으로 모여서 운동 연습을 하고 다른 팀과 경기를 하듯이 비주얼 씽킹 회사 동호회 또한 정기적으로 모여서 비주얼 씽킹 연습을 하면 됩니다.

회사에서 동료들과 함께 동호회를 만들어서 진행하면 3가지 장점이 있습니다.

첫 번째, 모임장소를 정하기 쉽습니다. 회사 회의실을 이용하면 되고, 별도의 이동시간이 필요하지 않습니다.

두 번째, 모임시간을 정하기 쉽습니다. 업무시간 이외의 시간이 없는 경우 점심시간에 간단히 진행할 수 있으며 퇴근 후 시간을 정할 수도 있습니다.

세 번째, 지속성을 갖습니다. 매일 회사에서 만날 수 있는 사람들이기 때문에 모임의 참석률이 높아 오래 모임을 이끌어 갈 수 있습니다.

회사에서 동호회 지원금을 받을 수 있다면, 비주얼 씽킹 1박 2일 워크숍을 통해 심화학습을 하는 것도 좋습니다.

단, 주의사항이 있습니다. 비주얼 씽킹 동호회 참여를 의무사항으로 만들지 않기 바랍니다. 비주얼 씽킹은 재미를 기반으로 한 즐거운 모임이 되었을 때 효과가 극대화됩니다.

회사 동호회를 만들었다면 1주일에 1번 정기적으로 진행하도록 합니다. 이때 공통으로 사용할 비주얼 씽킹 교재를 사용하면 좋습니다. 월요일 점심시간 또는 퇴근 후를 이용하면, 주말 동안에 비주얼 씽킹 숙제를 할 시간이 있기 때문에 모임은 새롭게 시작하는 주의 월요일 날 갖는 것을 추천합니다.

> **비주얼 씽킹 회사 동호회 만들기**
>
> 회사에서 비주얼 씽킹 동호회 주최자가 되어봅니다. 함께 할 동료를 모으는 공지를 만듭니다. 매주 1회 1시간~2시간 정도 모임 시간을 정하고 활동을 시작합니다.

대학 동아리

비주얼 씽킹 대학 동아리는 마케팅 동아리, 인문학 동아리처럼 비주얼 씽킹을 주제로 스터디를 하는 동아리입니다. 비주얼 씽킹은 대학생들에게 특히 필요합니다. 직장에서 가장 필요한 능력인 커뮤니케이션 능력을 향상시켜주는 훌륭한 도구이기 때문입니다.

대학생이 비주얼 씽킹을 배워야 하는 이유는 2가지입니다.

첫 번째, 비주얼 씽킹은 이론이 아니라 실습 위주로 진행되기 때문입니다. 함께 모여서 실습을 하고, 다른 사람이 실습한 내용을 보는 것이 중요합니다.

두 번째, 비주얼 씽킹은 단기간에 늘지 않기 때문입니다. 동아리를 통해 친구들과 함께 1년이라는 비주얼 씽킹 인턴기를 헤쳐나가야 합니다.

단, 주의사항이 있습니다. 같은 학과 학생들끼리 만드는 것보다 다양한 학과와 학년이 함께 하는 것이 좋습니다. 비슷한 친구들끼리 비주얼 씽킹을 하면 편향적으로 생각이 굳어질 수 있습니다.

비주얼 씽킹 대학 동아리 만들기

비주얼 씽킹 대학 동아리 주최자가 되어봅니다. 함께 할 친구를 모으는 공지를 만듭니다. 매주 1회 1시간에서 2시간 정도 모임 시간을 정하고 시작합니다.

SNS 소모임

비주얼 씽킹 SNS 소모임은 페이스북와 같은 SNS를 통해 모르는 사람들이 연결되어 운영되는 소모임입니다. SNS를 통해 진행되는 비주얼 씽킹 소모임은 3가지의 장점을 가지고 있습니다.

첫 번째, 다양한 직업과 생각을 가진 사람들이 함께 스터디를 할 수 있습니다.
두 번째, 시간 제약 없이 온라인에서 연습한 내용을 공유할 수 있습니다.
세 번째, 새로운 멤버들이 유입되어 생동감을 유지할 수 있습니다.

단, 주의사항이 있습니다. 반드시 오프라인 모임을 병행합니다. 오프라인에서 함께 모여서 실습하는 시간이 필요합니다.

알아두면 유용한 tip

페이스북 비주얼 씽킹 워크숍 가입하기

필자가 운영하는 페이스북 비주얼 씽킹 소모임이 있습니다. 가입하여 매주 진행되는 미션에 참여하고 활동을 시작합니다.

* www.facebook.com/groups/visualthinkingworkshop

비주얼 씽킹 가족 캠프

비주얼 씽킹 가족 캠프는 1년에 한 번 가족들이 모여 비주얼 씽킹을 진행하는 것을 말합니다. 필자는 매년 1월 1일이면 가족들을 집에 초대해서 비주얼 씽킹 가족 캠프를 갖습니다. 12월 31일 모여서 같이 한 해를 마감하고, 1월 1일 같이 아침을 먹습니다. 아침 식사가 끝날 때쯤 가족들에게 종이 한 장과 연필 한 자루를 나눠주고 곳곳에 색연필을 비치해둡니다. 이렇게 모두 모여 비주얼 씽킹 가족 캠프를 열면 가족들의 올해 목표나 서로에게 바라는 점 등을 공유할 수 있어 관계가 더욱 돈독해지고 친밀해지는 효과를 얻을 수 있습니다. 단, 처음부터 강하게 추진하지 말고 호의적인 사람들과 작은 가족캠프부터 진행하도록 합니다. 강하게 밀어붙이면 가족들의 반발이 생길 수 있으니 천천히 가족들의 호응을 얻으면서 진행합니다.

비주얼 씽킹 가족캠프에서 쓴 내용은 스캔을 받아서, 가족들에게 이메일로 보내도록 합니다. 다음 해에 1월 1일, 제2회 가족캠프를 갖게 되면 1년을 함께 돌아보는 시간을 갖을 수 있습니다.

비주얼 씽킹 가족캠프 준비하기

비주얼 씽킹 가족캠프 주최자가 되어봅니다. 1년에 한 번 1월 1일, 올해 3대 뉴스를 글과 그림으로 표현하고 공유하는 시간을 갖습니다.

비주얼 씽킹 소모임 10계명

비주얼 씽킹 소모임을 본격적으로 운영하기 위해 필요한 10계명을 공유합니다. 비주얼 씽킹 소모임을 실행할 수 있도록 단계별로 나눴습니다. 1계명부터 시작하면 됩니다.

1계명 • [마인드] 비주얼 씽킹을 선언하라

비주얼 씽킹을 배우겠다고 선언합니다. 비주얼 씽킹 소모임을 만드는 주최자가 되겠다고 선언합니다.

2계명 • [동료] 함께 할 동료, 친구를 찾아라

비주얼 씽킹 소모임을 함께 할 동료, 친구를 찾습니다. 초기 설립멤버는 3명에서 4명이 적당합니다. 함께 하면 좋을 것 같은 사람을 찾고, 비주얼 씽킹을 하면 어떤 점이 좋아지는지 설명하여 함께 설립멤버가 되어 달라고 부탁합니다.

3계명 • [규칙] 모임 일정을 세우고 규칙을 정하라

설립멤버들과 함께 비주얼 씽킹 소모임 규칙을 정합니다. 모임 날짜, 시간을 정합니다.

4계명 • [공지] 비주얼 씽킹 소모임을 공지하라

비주얼 씽킹 소모임을 공지합니다.

5계명 • [교재] 비주얼 씽킹 교재를 정하라

비주얼 씽킹 교재를 선정하고, 교재 순서에 따라서 진행합니다. 교재와 함께 세부 주제를 정해도 좋습니다.

6계명 • [연습] 정기모임 연습시간을 정하라

오프라인에서 정기적으로 모이는 연습시간을 정합니다. 학생이라면 점심시간이나 강의가 없는 자투리 시간을, 직장인이라면 점심을 먹고 난 후 남은 점심시간을 이용하거나 퇴근 시간 이후를 추천합니다. 새롭게 시작하는 주의 월요일 날 모임을 갖는 것이 좋습니다.

7계명 • [응원] 빠지는 멤버를 찾아서 응원해줘라

정기적으로 모임을 하면 자주 나오는 사람들은 친해지지만, 몇 번 빠진 사람은 서먹해질 수 있습니다. 소모임 내에서 5명에서 6명씩 조를 만들어 멤버끼리 빠지는 사람이 있으면 응원하고 격려하도록 합니다

8계명 • [공유] 온라인에서 공유할 채널을 만들어라

1주일에 한 번 만나는 시간 외에도 매일 비주얼 씽킹을 연습하는 시간을 갖고 이것을 공유할 수 있는 온라인 채널을 만듭니다. 카카오톡 그룹, 네이버 밴드, 페이스북 그룹 중에 선택합니다.

9계명 • [파도] 신규 멤버를 멤버를 끌어들여라

신규 멤버는 기존 멤버가 추천해서 들어오는 방식과 정기적인 공지를 통해서 뽑는 방법이 있습니다. 두 개를 병행해서 진행합니다.

10계명 • [점검] 12주를 기준으로 점검하라

12주, 약 3개월을 기준으로 점검합니다.

Visual Thinking 으로 하는
생각 정리 기술

1판 1쇄 발행 2014년 10월 30일
1판 6쇄 발행 2019년 2월 3일

저　　자 | 온은주
발 행 인 | 김길수
발 행 처 | 영진닷컴
주　　소 | (우)153-778 서울특별시 금천구 가산디지털1로 24 (가산동)
　　　　　　대륭 13차 10층
등　　록 | 2007. 4. 27. 제16-4189호

ⓒ2014., 2019. (주)영진닷컴
ISBN | 978-89-314-4757-6

이 책에 실린 내용의 무단 전재와 무단 복재를 금합니다.
잘못 만들어진 책은 구입하신 서점에서 교환 가능합니다.

http://www.youngjin.com

YoungJin.com Y.
영진닷컴

비주얼 씽킹 워크숍
교육과정 안내

비주얼 씽킹 워크숍 | 기초과정 | 1day

국내 최초로 개설된 비주얼 씽킹 워크숍 과정으로, 사고의 확장과 시각화의 기초를 다질 수 있습니다. 그림에 자신 없는 사람들도 비주얼 씽킹 능력을 키울 수 있으며, 아이디어 발상, 창의력 등 업무에 활용할 수 있습니다.

주요내용 : 비주얼 씽킹 시각 언어, 비주얼 씽킹 5단계 방법론 등
교육기관 : 마이크임팩트 (종로, 역삼) | 02-722-2058
홈페이지 : www.micimpactschool.com

비주얼 씽킹 워크숍 | 마스터 과정 | 10주 22시간

비주얼 씽킹 습관화를 위한 과정으로, 매주 10개의 비주얼 씽킹 기법들을 배워 아이디어, 창의력, 기획력, 커뮤니케이션 등 업무에 응용하여 활용할 수 있는 방법을 배웁니다.

주요내용 : 시각 연상 기법, 시각 은유 기법, 캐릭터라이징 기법, 이미지 투 텍스트, 아이디어 스토리보드
교육기관 : ㈜소셜프로그 (선릉) | 070-8227-6940
홈페이지 : www.visual-thinking.co.kr

비주얼 씽킹 워크숍 | 특별 과정 | 1day

장난감 레고를 활용하여 생각하고 소통하는 레고 씽킹 워크숍을 통해 직원들 간의 의사소통, 창의력 역량을 강화할 수 있습니다.

주요내용 : 레고 시리어스 플레이 방법론 배우기, 레고 아이스 브레이킹, 레고 게임 등
교육기관 : ㈜소셜프로그(선릉) | 070-8227-6940
홈페이지 : www.visual-thinking.co.kr

비주얼 씽킹 워크숍 기업 출강 문의 (저자 강연)
070-8227-6940 | www.visual-thinking.co.kr | school@socialfrog.co.kr

품의 발달을 돕고. 유아의 자신이 들은 이야기를 말 정리 그림으로 간단하게 자신있게 발표하도록 지도해 주세요.

• 꿈 표현하기

아이에게 자신의 꿈과 이야기를 4개의 문장으로 만들게 하고 4개의 그림으로 표현한 후 한 장에 결합하도록 합니다.

- 1단계 : 꿈을 한 장의 에세이로 쓴다.
- 2단계 : 꿈과 이야기를 4개 문장으로 만든다.

1. 외면의 나는 통통하고 길이 아주 밉다.

2. 내면의 나는 시간 약속에 민감하고 의외로 잡생각을 많이 한다.

3. 취미, 관심사 - 음식, 게임, 박기웅, 다이어트

4. 커서는 결국 여행을 하고 싶다.

- 3단계 : 각 문장에 맞는 그림을 그린다.
- 4단계 : 한 장에 결합한다.

@임지예

용어 나중 사진 파일들을 찾으셨어 아래의 택틀들에 용어가를 고르 보세요.

• 자녀:
• 남편:

• 자녀:
• 남편:

• 엄마가 그리는 육아일기

부모가 아이와 함께 한 이야기를 4컷 만화로 그려 보세요.

@이나영

부모로서 아이에게 해주고 싶은 말 5개를 적은 후 옆에 간단하게 그림을 그려서 아이에게
보여주세요.

1.

2.

3.

4.

5.

● 아빠가 해주고 싶은 것 그리기

– 아빠가 해주고 싶은 것 5가지를 정하고, 그림으로 또는 글로 아이에게 선물하세요.
– 아이가 받고싶어 해주고 싶은 것을 5가지를 정해 그림 또는 글로 남겨주세요.

● 예시) 29. 성경 공부를 하는 시간이 있었으면 좋겠어.

※ 29. 성경

한나님 경험하는 것.
2014. 8. 29 ⓒ 차 정훈

• 이름으로 나를 표현하기

부모와 아이가 함께 둘러 앉아 자신의 이름을 A4 종이에 크게 쓰고 좋아하는
물건을 사용하여 표현해 보세요.

• 우리 가족의 10대 뉴스

우리 가족의 10대 뉴스는 무엇인지 쓰고, 옆에 작은 그림을 그려 보세요.

1.

2.

3.

4.

5.

6.

7.

8.

9.

10.

새해 소망 그리기

새해에 갖고 싶은 것 5개를 적고 그림으로 그려 보세요.

1.

2.

3.

4.

5.

그림으로 영어 단어장 만들기

아래 단어에 해당하는 그림을 그려 보세요.

• Book

• School

• Walk

• Smile

• 좋아하는 장난감 용기 그리기

장인 용기 중에 특별히 좋아하는 5가지의 용기들을 그려 보세요.

1.

2.

3.

4.

5.

부모와 아이가 함께 할 수 있는 비주얼 씽킹 : 가족이 함께 하는 비주얼 씽킹

부모와 아이가 함께 앉아 그림을 그리면서 생각을 공유해 보세요. 노트를 더욱 효과적으로 사용하기 위해서는 아이가 이 노트를 사용하여 직접 그릴 수 있도록 하는 것이 좋습니다.

- 좋아하는 집안 물건 그리기
- 그림으로 영어 단어장 만들기
- 새해 소망 그리기
- 우리 가족의 10대 뉴스
- 이름으로 나를 표현하기
- 아빠가 해주고 싶은 것 그리기
- 엄마가 그리는 육아일기
- 꿈 표현하기

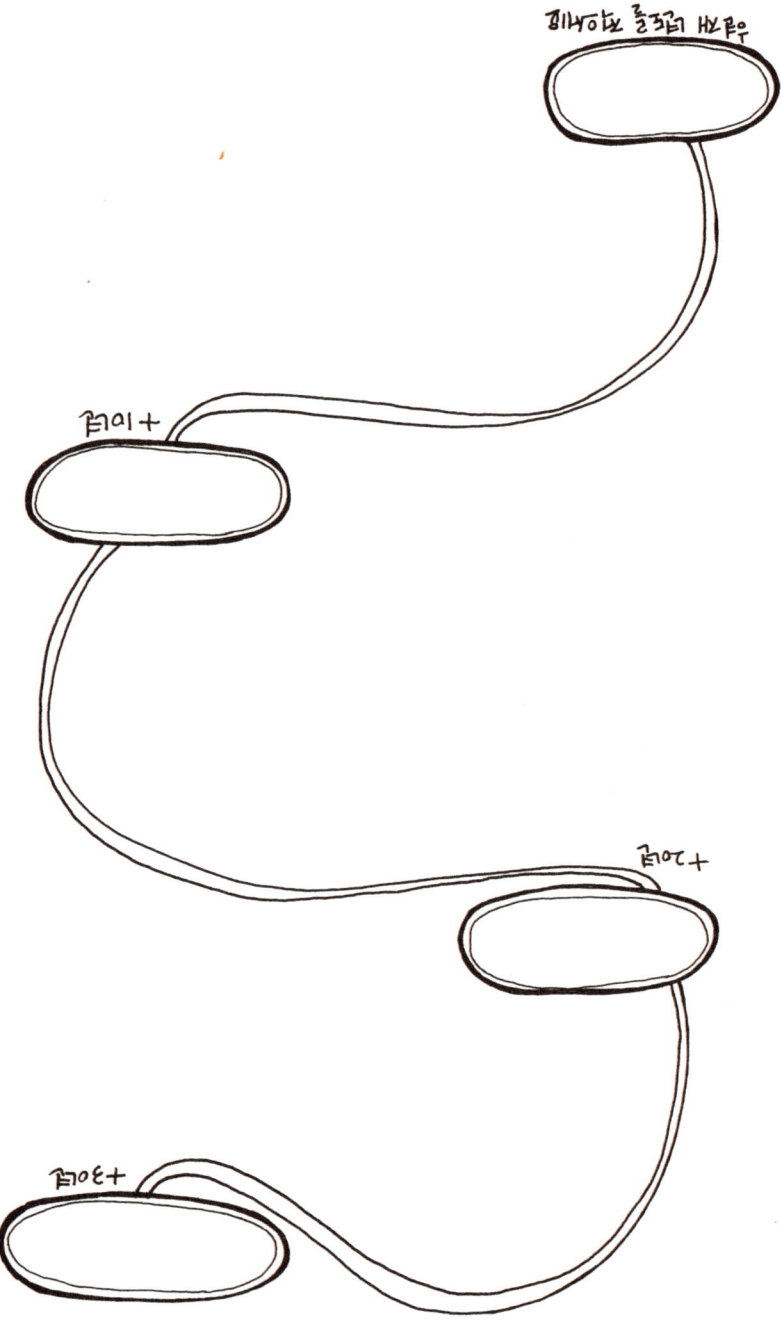

• 30 Years Roadmap – 30년 인생 로드맵 그리기

30년 인생 로드맵이란 앞으로 30년 동안 어떻게 살고 어떤 직업과 활동을 할지를 로드맵으로 정리한 것을 말합니다.

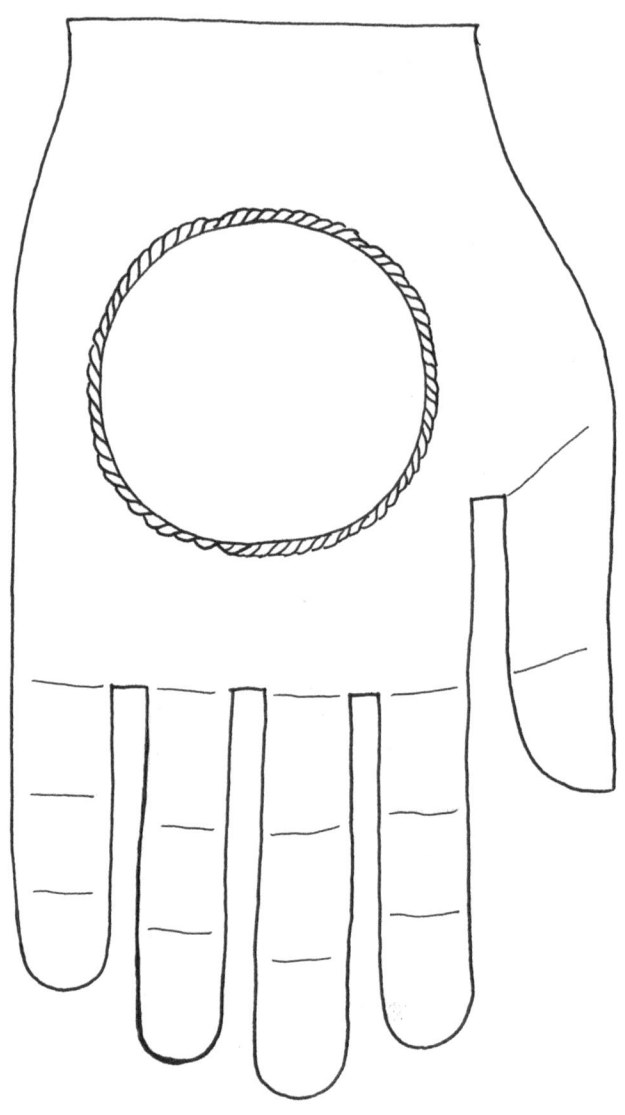

• Finger Roadmap – 손에 잡히는 자기계발 로드맵

핑거 로드맵이란 손 안에 나의 활동을 적어놓은 것을 말합니다.

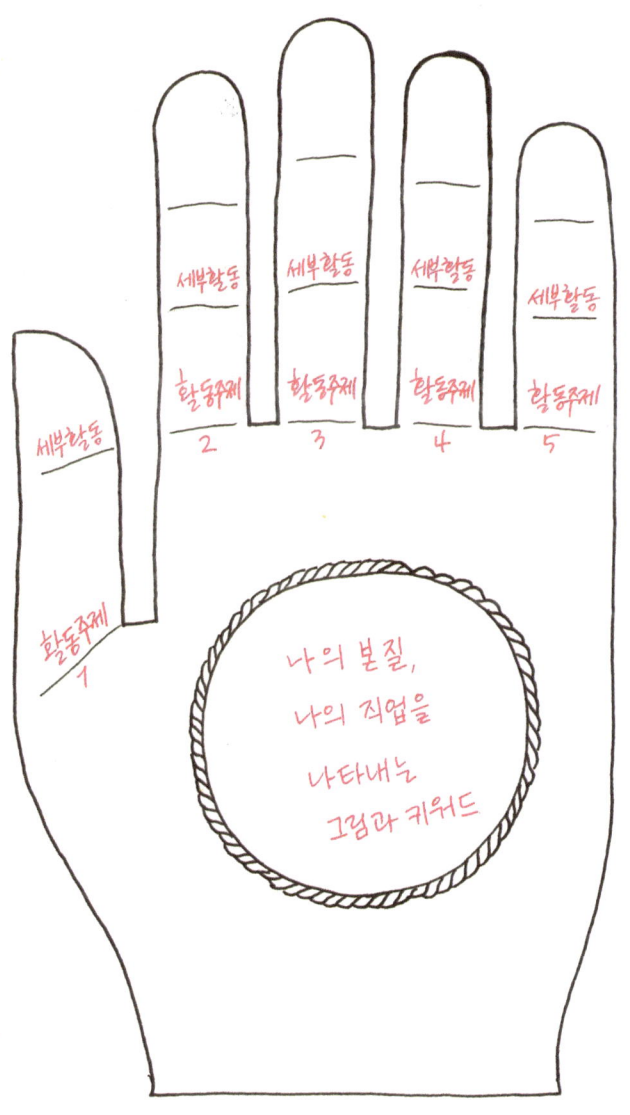

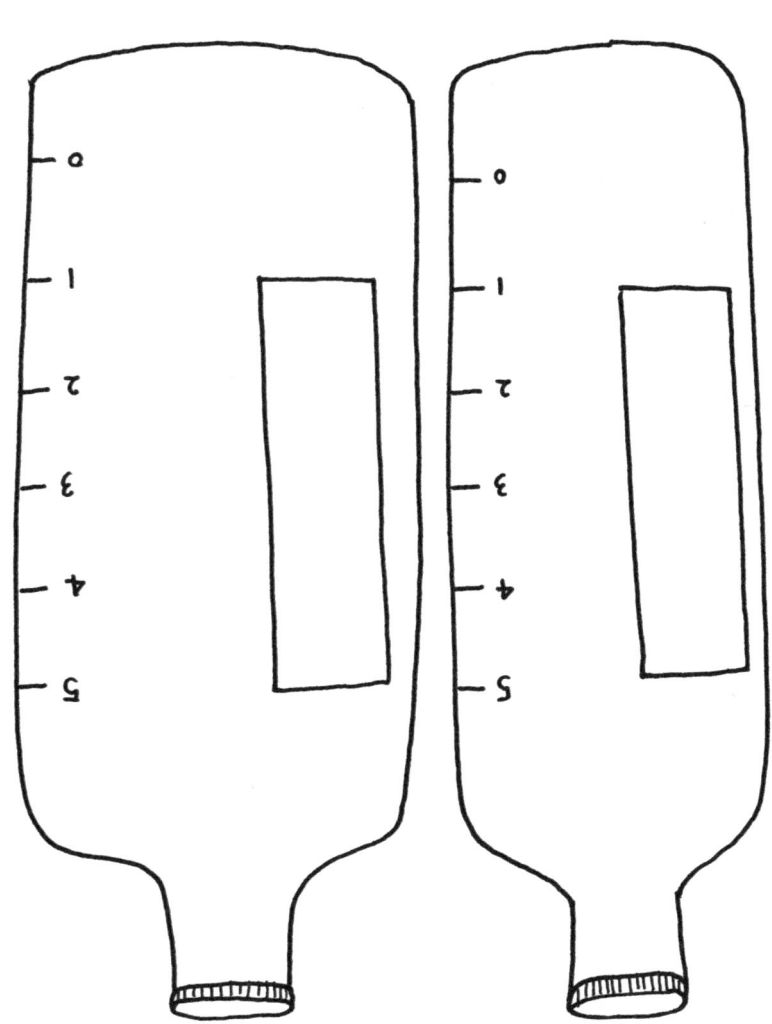

• Career Bottle Graph – 직업 병 그래프

직업 병 그래프란 했던 일들을 하나의 병에 담는다고 가정하고, 병 라벨에 프로젝트 이름을 쓴 후, 프로젝트 만족도를 5점 만점의 액체로 채워놓는 것을 말합니다.

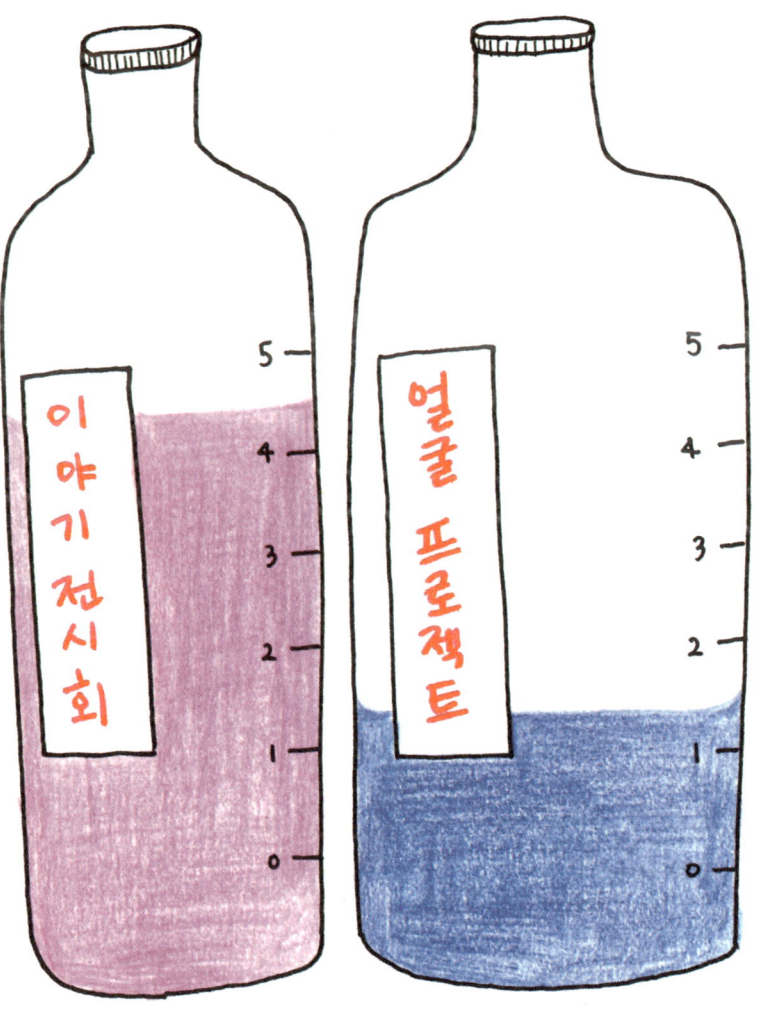

게임이 줄 수 있는 미소의 생김새

밑들의 하이 나이 인과 그래프를 안에 가로패드를 그리세요.

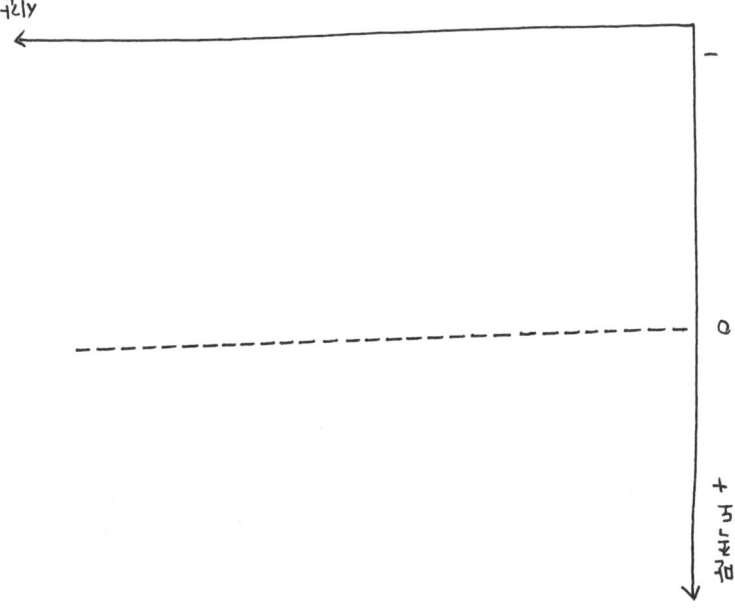

● Life History Graph – 인생 그래프

인생 그래프를 생이중 인생에 대한 행복도 또는 만족도를 그래프로 작성합니다. 너비 만큼의 시간을 표시하고, 행복도를 정도를 표시하여 있음 같은 표현합니다. 그래프의 생이중 시간을 표시할 정도로 표시하여 있음 같은 표현합니다.

그림일기 쓰기

일상에서 흔히 볼 수 있는 물건, 음식 등을 보고 자유롭게 그립니다. 이후 그림 옆에 간단한 메모를 남겨서 그림일기를 작성합니다.

책을 읽고 나서 미즈컵 단어장 만들기

- 책을 읽고 나서 미즈컵 단어장 만들기
- 책을 읽고 나서 미즈컵 독서 후기를 담아서 이해 정리된 인상 깊었던 내용을 말 풍선 안에 적어 봅니다.

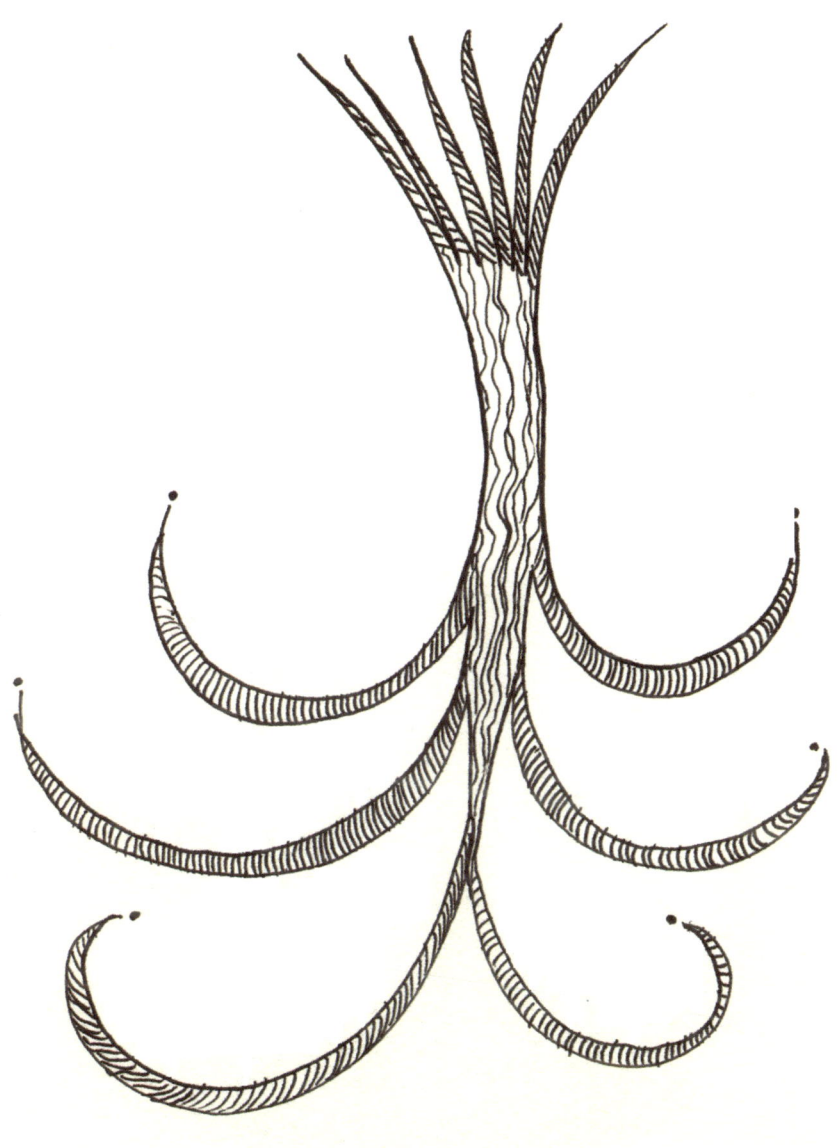

• 수민 제이슨

솟대 트리. 태블릿을 통용양이 나무 사이 대가 줄기까지 싶고 정진을 볼 위에 뚫
나무.

● 주간 계획

일주일 동안 무엇을 하고, 어떤 것에 집중해야 하는지 주간 계획을 한 장의 그림으로 정리합니다.

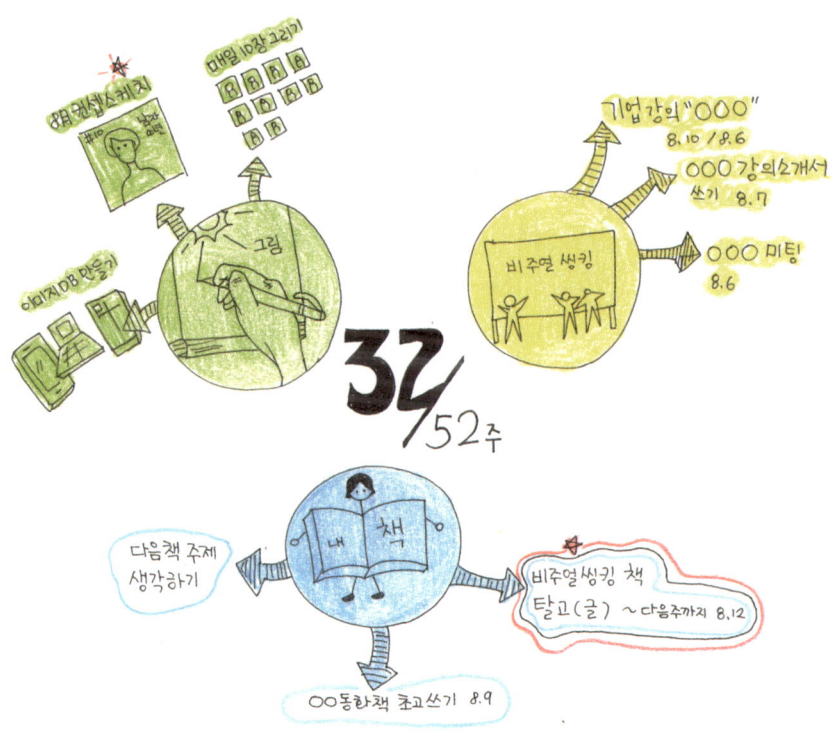

인생 버스에 태우고 싶은 사람을 그리세요.

인맥 비주얼 단어장

인맥 비주얼 단어장이란 함께 하고 싶은 가족, 친구, 동료를 한 장의 그림으로 정리한 것을 말합니다. 인생 버스에 태우고 싶은 사람을 버스 창문에 그려 봅니다.

• 월급 타아서 — 월급을 기다리는 새로운 방법

월급날 전후로 그리고 그림 앞에 월급을 받으면 신나서 들썩들썩 장단을 쳐이 봅니다.
나야 체력 좋을 건강도 좋으시고 그 친구를 떠올리며 이번 생각이 드네요?

• 가방 안 물건 정리

가방 안을 들여다보는 물건들을 그리며 특별하면서 공간들 정리해 봅시다.

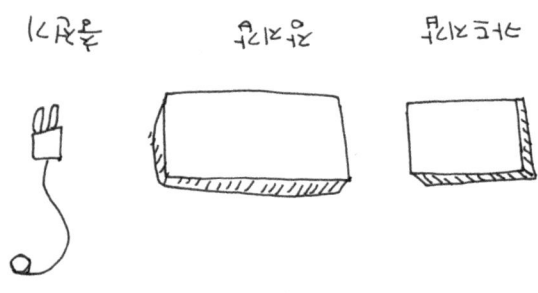

가드지갑   동전지갑   충전기

● 책상 정리

내 책상에 있어야 할 물건, 버려야 할 물건은 무엇인가요? 책상 위에 있는 물건을 한 장의 그림으로 정리해 봅니다.

• 나의 하루 그리기

나의 하루 24시간을 그림으로 완성합니다.

2장 내가 쓸 미래일기 : 개인이 할 수 있는 미래일기 쓰기

건강, 중장기, 인맥, 시간까지 내 주변의 관계로 관심을 갖는 것으로 점진적으로 다양해집니다. 방향 단계까지를 공통 주제로 미래 일기 쓰기 매뉴얼을 제시하려고 상상을 해보았습니다.

- 나이 확인 그리기
- 핵심 정리
- 기본 인 분기 정리
- 방향 단계 – 공통된 기억하는 새로운 발명
- 인맥 미래일 단어장
- 추가 계획
- 숙원 계획
- 핵심 읽고 나서 미래일 단어장 만들기
- 그림일기 쓰기
- Life History Map – 인생 그래프
- Career Bottle Graph – 직업 병 그래프
- Finger Roadmap – 손이 잡히는 자기계발 로드맵
- 30 Years Roadmap – 30년 인생 로드맵 그리기

품에 말롱 갓 피운이 쑥 사름, 동물, 사물을 그림으로 그리세요.

• 시각적 은유 기법 – 나의 소개

나를 은유적으로 표현할 수 있는 사물, 동물, 식물을 생각한 후 밑줄 친 부분에 적어 문장을 완성하세요.

예시 나는 **일기장** 같은 사물이다.
그 이유는 **비밀이 많기 때문**이다.

사물로 은유하기

나는 _____ 같은 사물이다.

그 이유는 _____ 이다.

동물로 은유하기

나는 _____ 같은 동물이다.

그 이유는 _____ 이다.

식물로 은유하기

나는 _____ 같은 식물이다.

그 이유는 _____ 이다.

나이 치임:

1. 단어 연상하기: 나이 치임을 표현하는 단어 찾기
2.
3.
4.

이미지 연상하기: 위에 적은 단어를 그림으로 그리기

나이 치임을 생각했을 때 떠오르는 단어를 적고, 내가 적은 단어에 알맞은 이미지를 그려보세요.

시각적 연상 기법 – 나의 직업

나의 직업을 생각했을 때 떠오르는 단어들을 적고, 그림으로 표현해 보세요.

나의 직업 : 일러스트레이터

단어 연상하기 : 일러스트레이터를 생각하면 떠오르는 단어들

1. 그림노트

2. 연필

3. 책상에서 그림 그리는 모습

4. 노트북

이미지 연상하기 : 위에 적은 단어를 그림으로 그리기

'예를'하면 떠오르는 단어를 적고, 내가 적은 단어에 알맞는 그림을 그리세요.

단어 연상하기 : '예를'하면 떠오르는 단어 적기

1.
2.
3.
4.

이미지 연상하기 : 위에 적은 단어를 그림으로 그리기

• 시각적 연상 기법 – 단물 시각화하는 방법

시각적 연상 기법이란 생각하는 것들이나 표현해야 할 것들을 구체적으로 머릿속에 이미지화 시켜 그림으로 표현하는 것입니다.

단어 연상하기: 다음 단어를 떠올리는 것들

1. 꽃잎
2. 나무
3. 새싹
4. 옆은 치마

이미지 연상하기: 위에 적은 단어를 그림으로 그리기

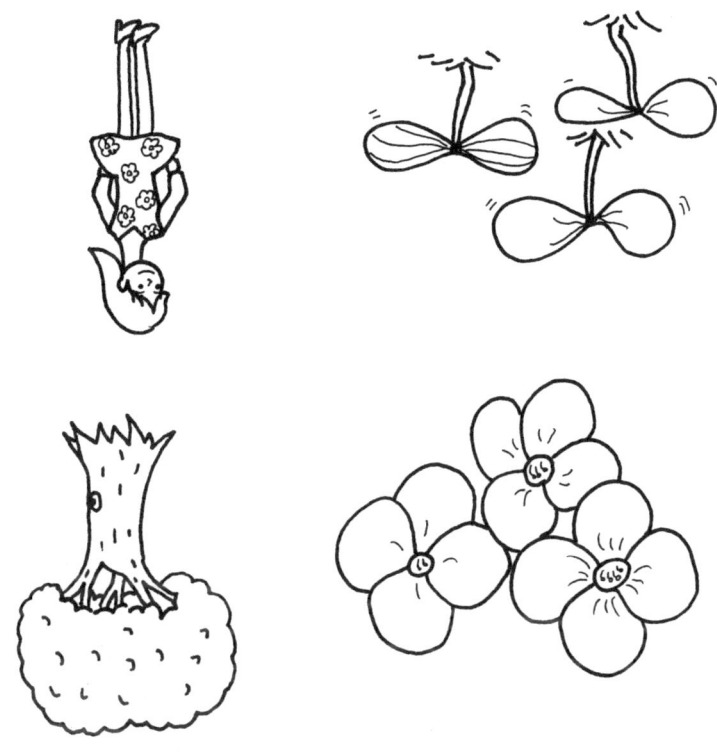

• 시간적 순간 기배 - 글로불

시간적 순간 기배이란 시간적이지 않은 기배를 개별을 시간적인 순간으로 바꿔서 생명화
는 기배입니다. 아래와 같이 공룡이나 달을 시간적 순간 기배로 표현
해 보세요.

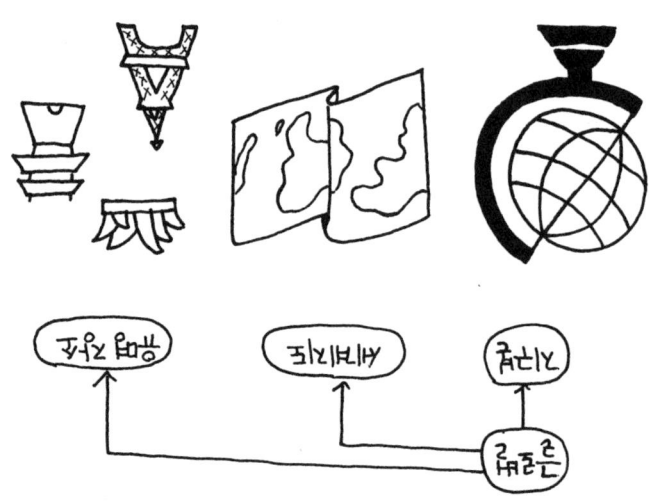

• 문장 시각화 - 노래 가사로 연습하기

김동률의 노래인 [기억의 습작] 중에서 '너의 마음속으로 들어가 볼 수만 있다면'이라는 노래 가사를 시각화한 그림입니다. 자신이 좋아하는 노래 가사를 정하고 그림으로 표현해 보세요.

예시 god의 사랑해 그리고 기억해 가사 중 - '널 위해 흘릴 눈물만큼 넌 꼭 행복해야 해'

● 문장 시각화 – 아이디어는 손에서 나온다

'아이디어는 손에서 나온다'라는 문장을 읽고 그림으로 표현해 보세요.

• 단어 시각화 – 내가 좋아하는 순간

아래 제시된 카드들의 의미들을 그림으로 그려 보세요.

나무

구름

햇살

아침

올라가다

자라다

성장하다

• 단어 시각화 – 책 제목을 이미지로 바꾸기

책의 내용을 함축하는 단어를 뽑고, 그 단어를 이미지로 표현한 그림입니다. 아래 도서제목을 보고 그림으로 표현해 보세요.

보랏빛 소가 온다
−재인

창의력이 솔솔, 여섯 색깔 모자
−한언

티핑포인트
−21세기북스

바람이 분다 당신이 좋다
−달

셈을 할 줄 아는 까막눈이 여자
−열린책들

기억 전달자
−비룡소

• 단어 시각화 – 브레인스토밍

아래는 여러 사람의 아이디어와 생각을 모으는 작업을 지칭하는 '브레인스토밍' 이라는 단어를 이미지로 표현한 그림입니다. 당신이 생각하는 '브레인스토밍'이 라는 단어를 그림으로 표현해 보세요.

- 시각화 응용 기법 - 아이 소개
- 시각화 응용 기법 - 아이 지정
- 시각화 응용 기법 - 몸을 시각화하는 방법
- 시각화 응용 - 콜라주
- 문장 시각화 - 브레인 가지로 연결하기
- 문장 시각화 - 아이디어 숲에서 나오다
- 단어 시각화 - 내가 좋아하는 것
- 단어 시각화 - 짧 채색을 이미지로 바꾸기
- 단어 시각화 - 브레인스토밍

● 회사에서 줄 수 있는 비즈니스 선물

판촉용 아이디어를 만들고 그 아이디어를 잘 정립할 수 있다면, 회사에서 사용할 수 있는 시기적절한 선물 상품을 표현해보도록 합시다.

리본으로 제목 강조하기

제목을 강조할 때 사용하기 좋은 다양한 리본 리본입니다. 어떤 리본을 사용하는 것이 좋을지 고민이 되거나 그림이 따라 그리기 어색할 때는 그림을 따라 그리기 연습을 하세요.

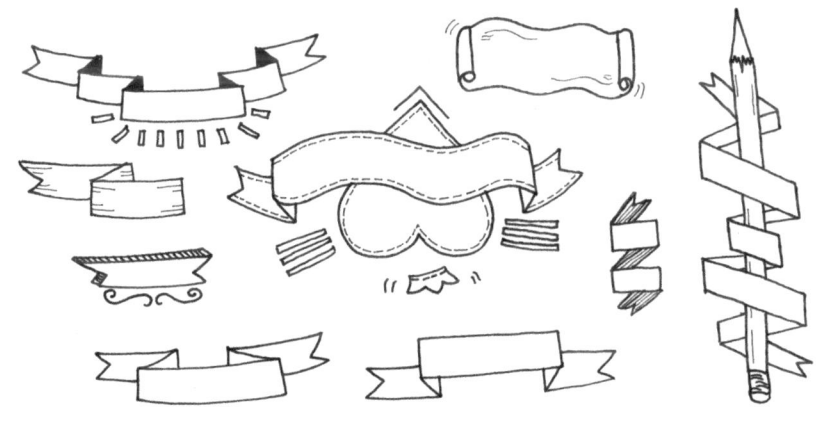

이미지형 화살표 따라 그리기

화살표와 이미지를 결합하여 독특하고 강조적인 이미지 디자인이 탄생합니다. 아래 그림들을 따라 그리면서 다양한 이미지형 화살표를 만들어 보세요.

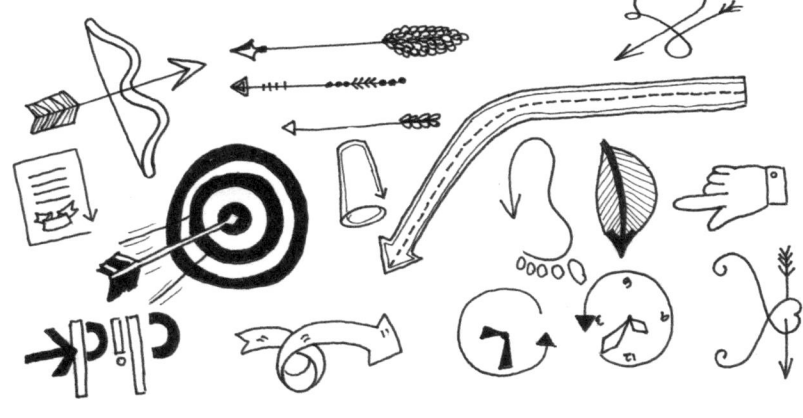

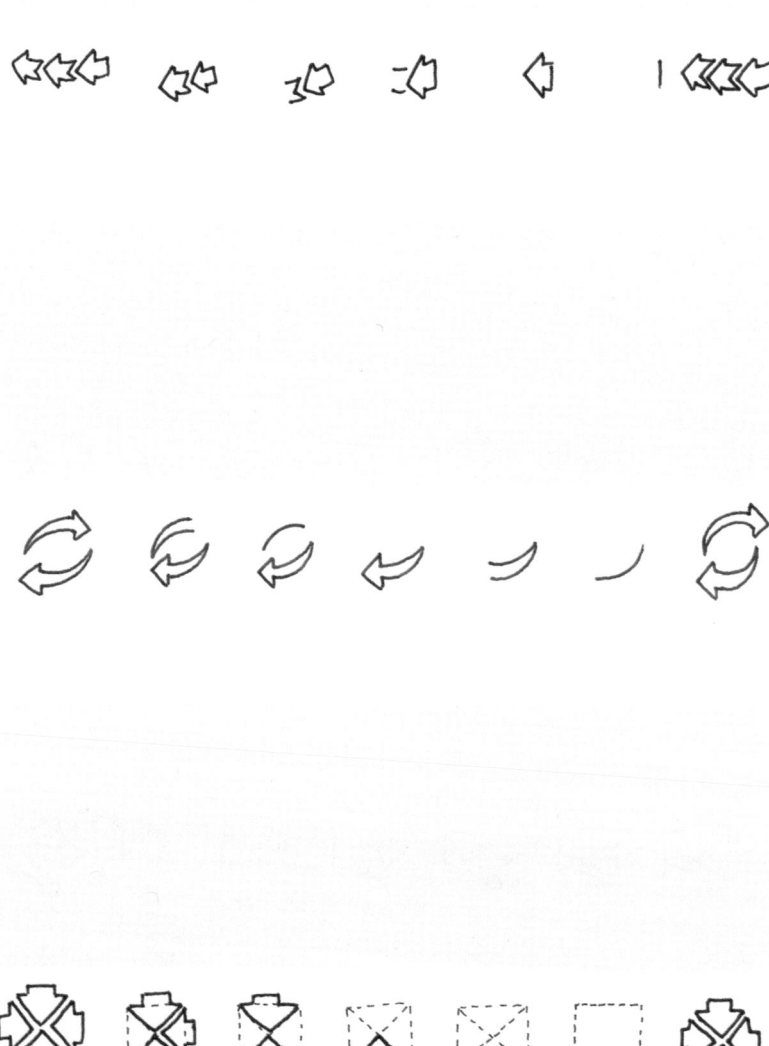

• 화살표 그리기 / 13

• 화살표 그리기

화살표는 프로세스를 표현할 때 유용한 표시입니다. 아래 순서대로 화살표를
따라 그려 보세요.

↱ | ← | ⇐ ⇦ ⇦ ⇦ ⇨

⇒ = ⇃ ⇂ ⇃ ⇃ ⇃

↶ | ↻ ↺ ↺ ↺ ↶

• 말풍선 그리기

말풍선은 생각과 느낌을 표현하는 시각언어입니다. 말풍선을 따라 그리고 말풍선 안에 대화를 넣어 보세요.

12 / 비주얼 씽킹

선으로 다양한 나무 그리기

선으로 나무 줄기, 가지, 잎을 표현하면 다양한 나무를 그릴 수 있습니다.

01 / 비교문 쓰기

● **아이콘으로 사물 표현하기**

사물을 단순화한 아이콘은 따라 그리면 사용이 편리하고 누구든지 빠르게 표현할 수 있다.

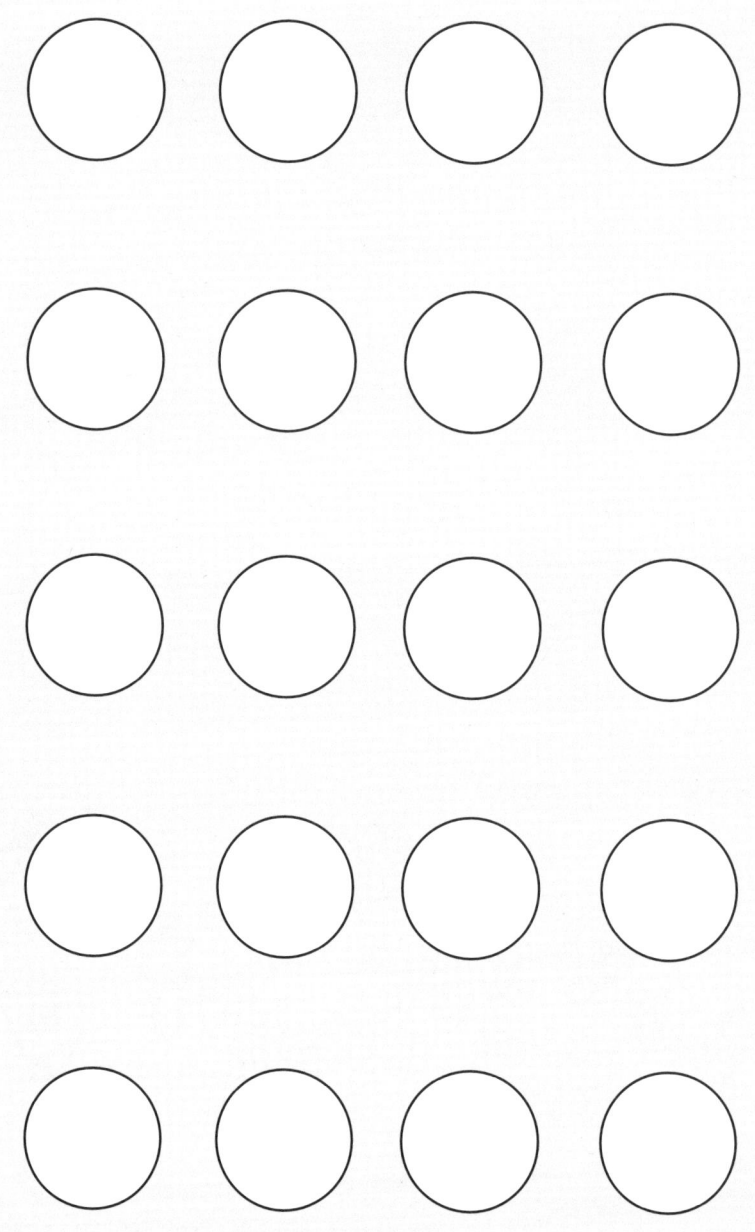

다양한 얼굴 표정 그리기

동그라미를 그린 후에 눈, 입을 그리면 다양한 표정의 얼굴을 그릴 수 있답니다. 아래는 다양한 표정의 얼굴입니다. 어떤 느낌의 얼굴인지 생각해 표정의 이름을 적어보세요.

스틱맨으로 행동 표현하기

스틱맨은 원과 직선으로 사람을 표현하는 방식입니다. 아래 그림을 보고 다양한 행동을 따라 그려 보세요.

• 워밍업 단계 / **7**

● 별사람으로 사람 표현하기

별사람은 별 모양으로 팔과 다리, 몸통을 이어서 표현하는 방식입니다. 아래 순
서대로 별사람을 따라 그려 보세요.

• 한번 그리기

눈을 감고 숨기를 들이쉬고 내쉬는 파도의 움직임을 종이에 표현해 보세요.

짧은 선긋기를 통해 꽃잎들을 표현해 보세요.

● 찾아 그리기

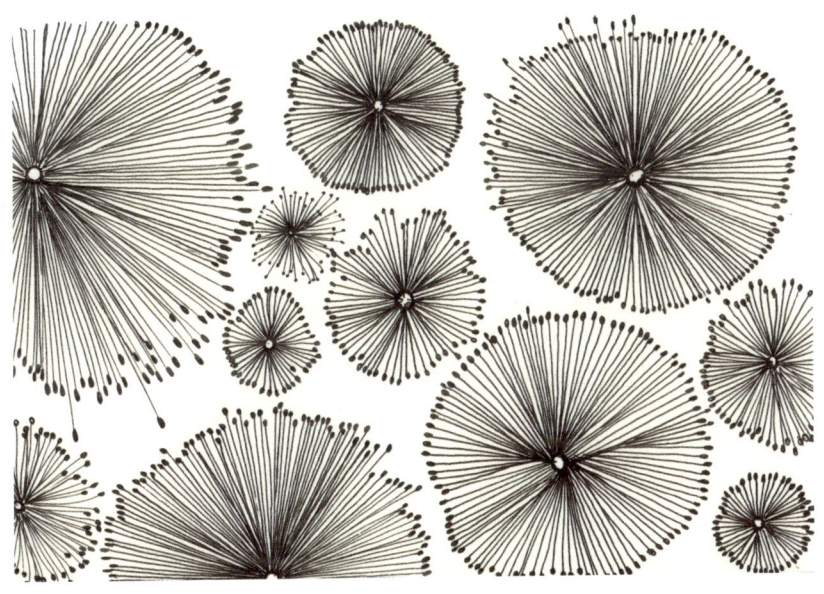

워밍업 단계
그림을 그리는 초간단 방법

비주얼 씽킹을 배우기 위한 워밍업 단계입니다. 직선과 곡선, 다양한 사물과
사람을 표현하면서 비주얼 씽킹의 기초를 배워 보세요.

- 직선 그리기
- 곡선 그리기
- 별사람으로 사람 표현하기
- 스틱맨으로 행동 표현하기
- 다양한 얼굴 표정 그리기
- 아이콘으로 사물 표현하기
- 선으로 다양한 나무 그리기
- 말풍선 그리기
- 화살표 그리기
- 이미지형 화살표 따라 그리기
- 리본으로 제목 강조하기